LAROUSSE

Diccionario de frases hechas de la lengua española

LAROUSSE

Diccionario de **frases hechas** de la lengua española

LAROUSSE

ES UNA OBRA

LAROUSSE

LAROUSSE EDITORIAL, S.A.
Avda. Diagonal 407 bis, 10ª, 08008 Barcelona
Tel.: 93 292 26 66 Fax: 93 292 21 62
editorial@larousse.es / www.larousse.es

ISBN 84-8016-299-6
Depósito legal: B. 17.855-1999
Impresión: Hurope, S.L.
Impreso en España - Printed in Spain

PRÓLOGO

Cuando varias palabras se encuentran formando una frase alcanzan un sentido global que tiene mucho que ver con la suma del significado de todas y cada una de las palabras que forman esa frase.

Sin embargo, cuando oímos o leemos que alguien está *con el agua al cuello*, que *Fulano, para hacer tal cosa, sudó la gota gorda* o que *Zutano es de la acera de enfrente* no estamos diciendo que *alguien se está bañando,* ni que *Fulano, por todo sudar, sudó una sola gota, pero muy grande* ni que *Zutano vive enfrente de nosotros.*

En estas imaginativas construcciones se halla gran parte del genio de una lengua y se recogen multitud de referentes culturales olvidados por el paso del tiempo.

Rescatar esos referentes es tarea muy difícil, casi imposible, porque se hallan normalmente vinculados a experiencias populares que tuvieron fortuna pero sus creadores se han perdido en el anonimato.

Se conoce el origen, cuando sus autores fueron personajes significativos en la vida cultural de una época: *«Manos blancas no ofenden»* sabemos todos que fue una frase pronunciada por Calomarde cuando recibió una soberana bofetada de su reina, el origen de *«como el huevo de Colón»*, sea verdad o no, también lo conocemos. Otros son tan próximos en su significado figurado a su significado real que no pueden ocultar su procedencia: así *cortarle las alas a uno* tiene, indudablemente, el sentido de *privar de libertad* porque eso es lo que se consigue cortando las alas a un ave, impidiéndole volar.

Pero ¿qué significa y de dónde viene *pelar la pava*?, ¿por qué decimos *criado entre algodones* y no *entre sedas* o en *cama blanda* y por qué *estar loco como una cabra* y no *como una liebre de marzo* como dicen los ingleses?

La imaginación de un pueblo, su gracia y su salero, su sentido del humor, e incluso de la vida, se hallan presos en el conjunto de expresiones que, lejanas de la realidad, con ironía, sarcasmo o poesía, sirven para retratar, con un solo rasgo, situaciones a veces muy complejas.

Un Diccionario de frases hechas es en gran medida una radiografía de los éxitos y frustraciones, de los complejos y del sentido que de sí mismos y de las cosas que les rodean tienen sus hablantes.

En los libros de lengua de nuestros muchachos, en los ejercicios que hacen en clase y en los comentarios de texto que se les piden aparece con frecuencia la pregunta ¿qué significa tal locución o frase hecha en este contexto? Nos parece práctico para ellos disponer de una recopilación con la que responder a estas preguntas.

Entre los adultos, de tanto vivir, ver y oír una y otra vez este tipo de construcciones, resultan familiares y conocidas muchas de ellas, pero desconocemos por lo general su procedencia. ¿Por qué decimos *el año de Maricastaña* o *que si quieres arroz Catalina*? o, incluso algunas de las palabras que las forman (¿Qué es *estar mal de la chaveta* o *estar hecho fosfatina*?).

Si pensamos en un extranjero que se acerca a nuestro país o a nuestra lengua, nos resultará fácil pensar en la grave dificultad que hallará para interpretar tantas y tan aparentemente disparatadas frases como son las que constituyen el repertorio de locuciones y frases hechas. Por todo, nos parece muy interesante, a distintos niveles y para muy distintas personas y usos, disponer de un librito de fácil manejo por su extensión y tamaño en el que se hallan recopiladas y comentadas todas estas imaginativas construcciones.

ENRIQUE FONTANILLO MERINO

A

A

A por a y be por be. Punto por punto. Con todo detalle, sin omitir nada (= ce por ce). *Quiero que me lo cuentes todo, a por a y be por be.*

ABUELO

No tener abuela. Se dice de la persona que se alaba inmoderadamente a sí misma: *Fulano presume siempre de ser el mejor; desde luego, no tiene abuela.* Esta expresión alude a la costumbre de las abuelas de atribuir a sus nietos las mejores cualidades.

ACABAR

¡Acabáramos! Exclamación que se emplea cuando por fin se comprende algo o se llega a alguna conclusión: *¡Acabáramos! ¡Haber empezado por ahí!*

¡Se acabó! Exclamación con que se da por zanjado un asunto, se pone fin a una situación o se reconoce que algo ha concluido: *¡Se acabó!¡Esto es intolerable! ¡Se acabó! Ya continuaré el trabajo mañana.*

ACERA

De la acera de enfrente. En lenguaje familiar, homosexual: *Dicen que Fulano es de la acera de enfrente.*

AGALLAS

Tener agallas. Comportarse con audacia u osadía o manifestar resistencia ante la adversidad. Las agallas no son aquí las branquias de los peces, sino las excrecencias redondas que se forman en el roble, el alcornoque y otros árboles y arbustos por la picadura de ciertos insectos al depositar sus huevos. La forma de las agallas recuerda la de los testículos, y a éstos alude eufemísticamente la expresión. *Hay que reconocer que Fulano es un tipo con agallas. ¿Tú crees que tendrá agallas para decírselo?*

AGOSTO

Hacer su agosto. Ganar dinero aprovechando una ocasión especialmente propicia. La locución alude a las faenas agrícolas propias de esa época (siega, trilla), en las que se empleaban en otro tiempo los jornaleros eventuales y también los estudiantes, que de este modo reunían dinero para pasar los meses siguientes. Precisamente ese es el origen de las vacaciones de verano. *Fulano tuvo mucha vista al montar su negocio, porque está haciendo su agosto.*

AGUA

Agua de borrajas. Cosa sin importancia. Referencia a la escasa sustancia del caldo hecho con borraja (planta comestible, *Borago officinalis*): *Quedar un asunto en agua de borrajas.* Se dice también agua de cerrajas con idéntico significado (la cerraja es asimismo una planta, *Sonchus oleraceus*).
Ahogarse en un vaso de agua. Dejarse abrumar o afligir por algo de poca importancia: *Fulano es de los que se ahogan en un vaso de agua.*
De esta agua no beberé. Negativa rotunda a hacer algo en el futuro. Suele usarse con propósito disuasivo: *No digas de esta agua no beberé.*
Estar con el agua al cuello. Encontrarse en un grave aprieto o en una situación de peligro: *Está arruinado y lleno de deudas: con el agua al cuello.*
Estar o nadar entre dos aguas. Adoptar una actitud ambigua para no enemistarse con ninguna de las partes en una disputa.
Hacer aguas. Por analogía con una embarcación a la que se le ha abierto una vía de agua, hallarse un asunto en situación de grave deterioro: *Su negocio está haciendo aguas.*
Hacérsele a uno la boca agua. Recordar con deleite el buen sabor de un manjar. Por extensión, desear ardientemente algo que se contempla. *En cuanto vimos la casa se nos hizo la boca agua y decidimos comprarla.*
Romper aguas. Romperse las membranas que forman la bolsa del líquido amniótico, protector del feto. Dicho líquido se derrama al exterior, lo que indica la inminencia del parto.
Ser algo agua pasada. Pertenecer algo al pasado, de tal modo que no tiene influencia alguna en el presente: *Ese suceso ya es agua pasada.*
Volver las aguas a su cauce. Restaurarse una situación que se considera normal o deseable: *Tuvieron un enfrentamiento grave, pero luego las aguas volvieron a su cauce.*

AGUJA

Buscar una aguja en un pajar. Tratar de localizar algo o a alguien particularmente difícil de encontrar, por hallarse el objeto de la búsqueda confundido entre otros muchos de igual o distinta naturaleza: *La policía tenía la descripción del delincuente, pero en una ciudad tan grande era como buscar una aguja en un pajar.*

AIRE

Al aire libre. A la intemperie: *Dormimos al aire libre* (= al raso).
Cambiar de aires. Cambiar de lugar de residencia. Esta expresión proviene de la recomendación de cambiar de clima que hacían antiguamente los médicos, cuando se creía que muchas enfermedades las transmitía el aire, o que determinados aires sentaban mal a ciertas personas.
Darle a uno un aire. Contraer uno un dolor muscular o articular, que popularmente se atribuye a la exposición a una corriente de aire.
Darse aires. Darse importancia. Adoptar artificiosamente una actitud determinada, por lo general de superioridad: *Fulano se da aires de intelectual.*
Estar en el aire. Hallarse en una situación precaria o pendiente de un suceso de dudosa probabilidad: *Mientras no nos concedan el crédito, el negocio está en el aire.* Estar emitiéndose en un momento dado un programa de radio o televisión (= estar en antena).
Hacer aire. Molestar, incomodar.
Llevarle a uno el aire. Manifestar acuerdo con una persona por razones de prudencia o de cálculo (= seguirle a uno la corriente).
Saltar por los aires. Estallar. Se emplea también en sentido figurado: *Cuando se descubrió el fraude, todo el departamento saltó por los aires.*
Tomar el aire. Respirar al aire libre. *Salir a tomar el aire:* dar un paseo.

AJO

Estar en el ajo. Ser cómplice. Participar en una intriga o asunto secreto: *Hacía ver que no sabía nada, pero en realidad estaba en el ajo.*
Tieso como un ajo. Se dice del que, por afectación, adopta una postura erguida y envarada.

ALA

Ahuecar el ala. Marcharse. Es el primer movimiento que hacen las aves al remontar el vuelo.
Cortar a uno las alas. Desanimarle, poner obstáculos a la realización de sus aspiraciones (= impedirle echarse a volar).
Del ala. Locución que, unida a cantidades, pondera el valor o el esfuerzo del gasto: *Me costó diez mil del ala.*

Tocado del ala. Por analogía con el ave herida en el ala, e imposibilitada por ello de sostener el vuelo, se aplica a una persona colocada en una situación irreversible: *Desde que padeció aquella enfermedad, ha quedado tocado del ala. Después de aquel error garrafal, ha quedado tocado del ala; ya no hará carrera.*

ALEGRAR

Alegrársele a uno las pajarillas. Ponerse muy contento, experimentar un gran placer por lo que se ve o por lo que se recuerda: *En cuanto vio lo que había para comer se le alegraron las pajarillas.* Pajarilla o pajarillas era el nombre que se daba antiguamente al bazo, que se consideraba el órgano donde tenían su sede el contento y el placer.

ALERO

Estar en el alero. Hallarse en una situación sumamente inestable y de problemática resolución (= estar en el aire).

ALFILER

No caber un alfiler. Hallarse un recinto atestado de público: *El día del campeonato, en el estadio no cabía un alfiler.*

ALGODÓN

Criado entre algodones. Haber llevado una persona una vida de comodidades y libre de preocupaciones.

ALIVIO

De alivio. Locución con que se expresa ponderación o exageración: *Agarré un resfriado de alivio. Esa señora es de alivio.* Al parecer guarda relación con el alivio de luto, es decir, el período inmediatamente posterior al luto riguroso. Este último (que duraba uno o dos años para los parientes en primer grado del difunto) obligaba a vestir de negro, abstenerse de diversiones y reducir al mínimo la vida social. El alivio permitía introducir en la indumentaria colores distintos del negro, pero tenidos por «serios» (violeta, gris), y empezar a frecuentar lugares públicos. Seguramente muchas personas cometían «excesos» durante el período de alivio, comprensibles tras las obligadas limitaciones del luto riguroso.

ALLÁ

¡Allá cuidados! Exclamación con que se manifiesta despreocupación, propósito de desentenderse de un asunto (= allá películas).

Allá tú (él, vosotros, ellos). Expresión con que se advierte a alguien

que deberá responsabilizarse por entero de las consecuencias de sus actos: *¿Te empeñas en no estudiar? ¡Allá tú!*
El más allá. Lo que hay después de la muerte: *Nadie ha vuelto del más allá.*
Muy allá. En frases negativas y con los verbos estar, andar y otros semejantes, no disfrutar de buena salud: *Fulano no anda muy allá.* También se dice muy allá que allá.

ALMA
Alma de cántaro. Persona ingenua o poco sensible.
Alma de Dios. Alma cándida, persona inocente, bondadosa, ingenua, pobre de espíritu.
Alma en pena. Alma condenada al infierno. *Como alma en pena:* en situación de gran aflicción.
Caérsele a uno el alma a los pies. Sentirse uno decepcionado, perder el ánimo: *Cuando me dio la noticia, se me cayó el alma a los pies.*
Como alma que lleva el diablo. A toda prisa: *Salió disparado, como alma que lleva el diablo.*
Con toda el alma. Con todas las fuerzas, con el mayor empeño, con entrega absoluta: *Lo quería con toda el (o su) alma.*
En el alma. Hondamente: *Lo siento en el alma.*
Entregar el alma. Morir.
Estar con el alma en un hilo. Estar pendiente de una situación de riesgo: *Mientras lo esperábamos, estábamos con el alma en un hilo.*
Llegarle a uno al alma una cosa. Afectarle hondamente: *Sus recriminaciones me llegaron al alma.*
No poder con su alma. Estar agotado: *Después de caminar todo el día, por la noche no podía con mi alma.*

ALMOHADA
Consultar con la almohada. Reflexionar profundamente y con calma sobre un asunto, aprovechando la soledad y tranquilidad de las horas nocturnas: *Lo que me propones me plantea un dilema. En fin, lo consultaré con la almohada.*

ALTA
Causar alta. Tras la pertinente inscripción, ingresar en una sociedad, organismo, empresa, etc. (= ser alta): *La persona por la que se interesa nunca causó alta en nuestra asociación.*
Dar de alta. Declarar curado a alguien que ha estado enfermo o incapacitado para trabajar: *Ya estoy completamente restablecido. Mañana me dan de alta.*
Darse de alta. Inscribirse como socio de una institución: *Simpatizaba con ese partido, pero no llegó a darse de alta como militante.*

ALTO

¡Alto el fuego! Voz de mando para que cesen los disparos de armas de fuego. Se emplea también como expresión sustantivada, refiriéndose a los combates en una guerra: *acordar (declarar, romper, etc.) el alto el fuego.*

Dar el alto. Ordenar una autoridad que alguien se detenga: *Cuando llegó a la frontera le dieron el alto.*

Pasar por alto. No conceder importancia a una cosa o no tomarla en cuenta: *Esta vez pasaré por alto su negligencia.*

Por todo lo alto. Locución tomada del léxico taurino («estocada por todo lo alto»). Tiene sentido ponderativo: lo mejor, lo máximo, lo más lucido: *Dieron una fiesta por todo lo alto.*

ALTURAS

A estas alturas. En este momento, muy avanzado, de un proceso o situación: *A estas alturas del curso y sigues sin saber lo más elemental.*

Quedar uno a la altura del betún. Quedar mal, en posición desairada y de inferioridad. *Poner a uno a la altura del betún:* desacreditarlo, humillarlo, afearle duramente su proceder.

ALUCINE

Ser algo de alucine. Ser alucinante. Puede usarse en sentido ponderativo o para denotar perplejidad o sorpresa. *Hemos visto una película de alucine.*

ALZA

En alza. Que va a más, que mejora, que presenta perspectivas favorables. Proviene del léxico bursátil («valor en alza»). *Después de sus brillantes intervenciones parlamentarias, Fulano es un político en alza.*

Jugar al alza. En la Bolsa, especular con las oscilaciones de los valores, previendo su alza. Por extensión, apoyar algo que se prevé va a mejorar.

AMBAGES

Sin ambages. Sin rodeos ni circunloquios: *Se lo dije sin ambages.* La palabra proviene del latín *ambages*, que significa moverse alrededor.

AMÉN

Decir amén a todo. Conformarse con todo, manifestar acuerdo con todo. La palabra *amén*, con que pone fin a las plegarias, proviene del hebreo y significa «así sea».

En un (decir) amén. En un instante.

AMOR

Al amor de. Al amor del agua: seguir la corriente, contemporizar. Al amor del fuego o de la lumbre: cerca de ella, de modo que caliente pero no queme. *Se reunían por las noches al amor de la lumbre.*

De o con mil amores. Con mucho gusto: *Le hice ese favor de mil amores.*

Por amor al arte. Gratuitamente. Lo que se hace por gusto, sin esperar recompensa. *¿Acaso crees que trabajo por amor al arte?*

Por el amor de Dios. Expresión invocatoria, de súplica o de reproche: *Una limosna, por el amor de Dios. ¡Por el amor de Dios, qué ocurrencia!*

ANCHO

A mis (tus, sus) anchas. A gusto, cómodamente: *Estar o ponerse a sus anchas.*

Ponerse uno muy ancho (o ancho). Engreírse.

Tan ancho. Despreocupado (= tan fresco): *Le suspendieron todas las asignaturas y se quedó tan ancho.*

Venir ancha una cosa a alguien. Ser una tarea, cargo, etc., excesivo para la capacidad de una persona: *Lo nombraron director, pero el puesto le venía ancho.*

ANCLAS

Echar anclas. Fondear un barco.

Levar anclas. Levantarlas; en la práctica, expresión sinónima de zarpar.

ANDADAS

Volver a las andadas. Reincidir una persona en un hábito censurable: *Creíamos que se había corregido, pero no tardó en volver a las andadas.* Andada es sinónimo, ya en desuso, de andanza.

ANDAR

¡Anda! Expresión interjectiva que puede denotar sorpresa, susto, reproche, conminación, etc. *¡Anda, qué exageración!*

Andar derecho. Comportarse bien, obligado por una disciplina inflexible. Suele decirse andar derecho como una vela. *Metieron al chico interno en un colegio para que le hicieran andar derecho.*

Andarse por las ramas. Divagar, recurrir a subterfugios para eludir una explicación clara. El símil arbóreo parece claro: lo esencial no son las ramas, sino el tronco. *No se ande usted por las ramas y vayamos directos al asunto.*

Todo se andará. Locución que expresa la seguridad de que una situación se resolverá a su debido tiempo, o de que ya llegará la ocasión de hacer algo: *No debemos precipitarnos; todo se andará.*

ANILLO

Caérsele los anillos a alguien. Rebajarse una persona a realizar tareas inferiores a las que le corresponden o cree que le corresponden. Suele atribuírsele sentido irónico: *Que se moleste en hacerlo él mismo, que no se le van a caer los anillos por eso.*
Venir algo como anillo al dedo. Suceder algo en el momento más oportuno: *El libro que me prestó me vino como anillo al dedo para preparar el examen.*

ANTECEDENTE

En antecedentes. *Poner a alguien en antecedentes de algo:* Darle una explicación de las causas que han conducido a una situación determinada.

ANTENA

Estar en antena. Estar en funcionamiento una emisora de radio o televisión (= estar en el aire).
Tener la antena puesta. Permanecer atento: *Tú ten la antena puesta por si dicen algo de lo que nos interesa.*

ANTESALA

Hacer antesala. Aguardar a ser recibido por alguien: *Me pasé la mañana haciendo antesala.*

ANTOLOGÍA

Ser algo de antología. Expresión ponderativa: *El cantante dio un recital de antología.* Esta palabra proviene del griego y significa florilegio (*ánthos*, flor). Designa una selección de fragmentos literarios, aunque su aplicación se extiende a textos de otras materias o a la música.

ANZUELO

Caer o picar en el anzuelo. Caer en un engaño o señuelo (= tragar o morder el anzuelo; caer en el lazo o en la trampa). *Se mostró tan persuasivo, que piqué en el anzuelo.*
Echar el anzuelo. Atraer con engaño, tender una trampa.

AÑICOS

Hacerse añicos. Romperse en pedazos muy pequeños. Añico procede del árabe *an-niqd*, lo que se deshace, lo roto.

AÑO

Año de la nana (de la pera, de Maricastaña, del catapún). Locución que remite a una época pasada, tan imprecisa como remota. En el caso de Maricastaña, el nombre parece derivar de María Castaño, natural de Lugo, que en algún momento de la historia encabezó una revuelta popular contra el pago de tributo al obispo de aquella diócesis.

De buen año. Gordo: *Estar de buen año.* Parece guardar relación con ciertos animales bien cebados.

Entrado en años. De edad avanzada: *un señor (ya) entrado en años.*

Perder año. Suspender los exámenes de fin de curso.

Quitarse años. Fingir menos edad de la que se tiene: *Estoy seguro de que es mayor de lo que dice; para mí que se quita años.*

APAGAR

Apaga y vámonos. Locución conclusiva, que se aplica a situaciones en las que uno se considera forzado a desistir (= déjalo correr). Se cuenta que dos sacerdotes hicieron una apuesta, que ganaría el que dijera la misa con mayor rapidez. El primero la comenzó como siempre, aunque recitando las fórmulas con la máxima celeridad. Pero el otro, más avispado, empezó por el final, pronunciando el *Ite Missa est* con que se despide a los fieles. El primero, sorprendido por esta argucia, se interrumpió y, dirigiéndose al monaguillo, le dijo: «Anda, apaga y vámonos».

APAÑAR

Apañarse. Componérselas, arreglárselas, resolverse uno sus propios asuntos sin ayuda ajena: *Yo no pienso ayudarle; que se apañe.*

Estar o ir apañado. Estar uno en situación comprometida o a punto de ocurrirle algo desagradable (= estar listo, estar aviado): *Si os descubren, vais apañados.*

ARA

En aras de. Sacrificar una cosa por una razón muy concreta y justificada: *Renunció a las comodidades en aras de su vocación.* Se refiere, en sentido figurado, al sacrificio depositado en el ara del altar.

ARDER

Estar que arde. Hallarse una persona presa de gran agitación o muy enfadada. Estar una situación en un momento dramático o potencialmente peligroso: *El jefe está que arde. Los ánimos están que arden.*

ARMAS

Alzarse en armas. Rebelarse contra el orden establecido un ejército o parte de él.

De armas tomar. Persona que muestra bríos y resolución para acometer empresas arriesgadas.

Hacer uno las primeras armas. Iniciarse en una tarea. Se aplica a menesteres que nada tienen que ver con las armas, por analogía con la instrucción que recibían los caballeros en la Edad Media: *Hizo sus primeras armas como periodista en la redacción del semanario Tal.*

Medir las armas. Contender con alguien en igualdad de condiciones. La expresión proviene de los usos caballerescos. *Son dos profesionales de gran valía; habrá que ver cómo miden sus armas.*

Pasar por las armas. Fusilar: *El reo fue pasado por las armas.*

Presentar armas. Adoptar los soldados la posición de saludo que consiste en mantenerse firmes, con el fusil en posición vertical, sujetándolo con ambas manos a distinta altura, paralelamente a la hilera de botones del uniforme. La presentación de armas forma parte de los máximos honores militares, que sólo se rinden al Santísimo, a las banderas e himnos nacionales, a jefes de Estado o sus representantes y a capitanes generales.

Tomar las armas. Partir para la guerra o emprender una acción militar.

Velar las armas. Ceremonia previa a armar a uno caballero, que consistía en permanecer en vela ante las armas, por lo general en una iglesia, la noche anterior a la investidura. Por analogía, en nuestra época se aplica a la situación previa a un acontecimiento importante: *El equipo está velando sus armas, dispuesto para el partido de mañana.*

ARO

Entrar o pasar por el aro. Por analogía con un ejercicio muy común que se impone a ciertos animales domesticados, verse obligada una persona a transigir en una situación o a plegarse a las exigencias de otra: *Al principio se mostraba reacio, pero acabó pasando por el aro.*

ARRASTRE

Estar para el arrastre. Por analogía con el arrastre del toro muerto, una vez concluida la lidia, a cargo de un tiro de mulillas, hallarse una persona en pésimo estado físico o de ánimo o, simplemente, muy cansada: *Cuando terminé aquel trabajo, quedé para el arrastre.*

ARREGLO

Arreglárselas. Componérselas, apañárselas, resolverse sus propios asuntos sin ayuda ajena: *Tendrás que arreglártelas sin mí.*

ARRIBA

De arriba (a) abajo. De un extremo a otro, completamente: *Registraron la casa de arriba abajo. Me miró de arriba abajo.*

ARROZ

Que si quieres arroz, Catalina. Expresión que se emplea para subrayar una negativa que se recibe: *Fui a cobrar lo que me debían, y que si quieres arroz, Catalina.* Se cuenta que en tiempos de Juan II de Castilla (1405-1454) vivía en Sahagún (actualmente provincia de León) una tal Catalina, casada con un judío converso. Esta mujer se alimentaba casi exclusivamente de arroz, al que atribuía toda clase de virtudes nutritivas y curativas. Habiendo enfermado de gravedad, sus familiares le ofrecían constantemente arroz, a lo que Catalina, en su postración, no lograba siquiera responder. El cuento precisa que Catalina falleció al poco tiempo sin haber llegado a probar el arroz.

ARTE

No tener ni arte ni parte. Ser totalmente ajeno a algo: *Yo no tuve arte ni parte en ese asunto.*
Por arte de birlibirloque o de magia. Se dice de un fenómeno que se produce por sorpresa y sin causa aparente: *Desapareció (como) por arte de magia* (= por ensalmo).
Séptimo arte. El cine. Esta expresión la empleó por vez primera en 1916 el italiano Ricciotto Canudo, poeta y teórico del cine.

ARTÍCULO

Hacer el artículo. Expresión tomada del léxico de los viajantes de comercio y de los vendedores. Alabar insistentemente las cualidades de algo o alguien para lograr su aceptación. *No me hagas más el artículo, que ese asunto no me interesa.*

ASCO

Estar hecho un asco. Hallarse en pésima situación física o anímica: *Esta gripe me ha dejado hecho un asco.*
Hacer ascos. Manifestar repugnancia por algo: *La comida no era buena, pero como tenía mucha hambre no le hizo ascos.*

ASCUA

Arrimar uno el ascua a su sardina. Modificar el desarrollo de un asunto en propio beneficio. Aprovechar una ocasión para lograr

los propios fines. Según un autor, antiguamente en los cortijos solían dar sardinas a los trabajadores, y cada uno tomaba un ascua para asar su pescado, con lo que la lumbre acababa por apagarse.
Estar en o sobre ascuas. Estar muy impaciente. Experimentar gran inquietud a la espera de un acontecimiento. *Mientras no nos digan los resultados de la prueba, estamos sobre ascuas.*

ASÍ
Así así. Regular: *Ayer me sentía muy mal; hoy me encuentro así así.*

ASIENTO
Tomar asiento. Sentarse.

ASOMO
Ni por asomo. Ni remotamente, de ninguna manera. Asomo significa indicio, traza, señal, sospecha (= lo que asoma).

ASTA
A media asta. Ondear la bandera en la mitad del mástil y no en lo alto. Es señal de luto.

ATENCIÓN
A la atención de. Fórmula que se emplea en los envíos (cartas, paquetes, etc.) para significar que deben ser entregados a una persona concreta: *Mande usted la nota en un sobre a la atención de don Fulano.*
En atención a. Atendiendo a, en consideración a: *No quise armar un escándalo en atención a quienes estaban descansando.*
Llamar la atención. Atraer la atención: *Se comporta así para llamar la atención.*

AÚPA
De aúpa. Locución que se usa indistintamente en sentido ponderativo o peyorativo: *Fue una fiesta de aúpa. Es un frescales de aúpa.* Aúpa es una interjección que se usa para animar a los niños a que se levanten, y en general para inducir a subir algo. Deriva del francés *houp* u *hop là*, de idéntico significado.

AUSENCIA
Brillar por su ausencia. Resultar evidente que una persona no se halla en el lugar que debiera: *El conserje brillaba por su ausencia.* En el libro III de los *Anales*, Tácito relata el funeral de Junia, viuda

de Casio y hermana de Bruto, los asesinos de Julio César. Era costumbre en las exequias romanas colocar ante la urna los retratos de los deudos del difunto, y en esa ocasión, las efigies de Casio y Bruto eran las que más brillaban, pese a encontrarse ausentes los representados. En su *Tiberio*, el dramaturgo y poeta francés Marie-Joseph Chénier (1764-1811) recoge este episodio y dice textualmente que aquellos personajes *brillaient par leur absence.*

AUTO

De o en autos. Relativo al material utilizado en un proceso judicial. En la práctica, se aplica a lo que se recoge en el sumario o al sumario mismo. (Auto significa escritura o documento, en una acepción en desuso.) *El acusado se hallaba a esa hora en el lugar de autos. El testigo así lo admitió, según consta en autos.*

AVARICIA

Con avaricia. Siempre en sentido negativo, al máximo, extremadamente: *Malo con avaricia, feo con avaricia.*

AVIADO

Estar uno aviado. Estar en situación comprometida o a punto de ocurrirle algo desagradable (= estar listo, estar apañado): *Como se entere el director, estás aviado.* Aviar significa disponer, arreglar, componer y también aderezar la comida.

AVISO

Andar o estar sobre aviso. Estar advertido de algo y tomar las precauciones oportunas: *El delincuente fue detenido porque la policía estaba sobre aviso.*

AYUNAS

Estar en ayunas. Ignorar algo: *El profesor le preguntó la lección, y él estaba en ayunas.*

AZAR

Por azar. Por casualidad: *Lo descubrí por azar.*

AZOTEA

Estar mal de la azotea. Estar mal de la cabeza, estar mentalmente perturbado.

B

BABA

Caérsele a uno la baba. Experimentar gran complacencia viendo u oyendo algo que resulta grato: *Se le caía la baba presenciando la actuación de su hijo.*
Tener mala baba. Observar un proceder perverso y vengativo; mostrar afán de perjudicar a alguien, por lo general verbalmente.

BABIA

Estar en Babia. Estar distraído, ajeno a aquello de lo que se trata. Babia es una comarca de la provincia de León.

BACALAO

Cortar el bacalao. Mandar y disponer en un asunto, tener una influencia decisiva en una colectividad o en un asunto: *Aquí quien corta el bacalao es Fulano.* El bacalao seco fue durante mucho tiempo uno de los alimentos básicos de las clases populares, y tal vez se simbolizaran la autoridad y la jerarquía en la persona que se encargaba de distribuir producto tan esencial.

BAILE

Bailar al son que tocan. Adoptar una actitud de conformidad con la situación imperante: *No le quedó más remedio que bailar al son que los otros tocaban.*
Bailar con la más fea. Verse obligado a realizar la parte más desagradable de una tarea. Tocarle a uno la peor parte. *A mí siempre me toca bailar con la más fea.*
Bailarle el agua a uno. Adularle, halagarle; seguirle la corriente con el propósito de obtener algo de él.
Baile de san Vito. Enfermedad convulsiva llamada así porque se invocaba a ese santo para que la curase. En realidad se trata de la corea de Sydenham, enfermedad infecciosa de naturaleza estreptocócica que ataca a niños y adolescentes y que se manifiesta con las citadas convulsiones y otros síntomas. San Vito, llamado también Guido, fue un mártir siciliano que vivió en el s. IV.

Empezar el baile. Iniciarse una acción, por lo general muy movida o fatigosa: *En cuanto llegó el jefe, empezó el baile.*
Otro que tal baila. Otro que se comporta igual que el anterior o anteriores.

BAJA
Darse de baja. Dejar de pertenecer por voluntad propia a una institución: *En el club reina un desorden tal, que voy a darme de baja.*
Jugar a la baja. En Bolsa, aprovechar los precios bajos con el propósito de lucrarse cuando suban, situación esta última que se da por supuesta.

BAJO
Bajo cuerda o bajo mano. Lo que se entrega al margen de la legalidad o extraoficialmente: *Percibía comisiones bajo cuerda.*
Por lo bajo. Con disimulo: *Esos dos están diciéndose algo por lo bajo.*

BALA
Como una bala. Con gran rapidez. Se dice también como las balas. *Llévame este recado como una bala.*
Tirar con bala. Hablar con mala intención: *Se puso a hablar y empezó a tirar con bala contra Fulano.*

BALANZA
Inclinar o inclinarse la balanza. Resolverse un asunto tras un período de indecisión: *Tras el empate, la balanza se inclinó a favor de nuestro equipo.*

BALDE
De balde. Gratis: *entrada de balde.*
En balde. En vano, inútilmente: *Hicimos el esfuerzo en balde.* Balde proviene del árabe *batil*, vano, inútil.

BALÓN
Echar balones fuera. Desviarse del asunto que más importa, con o sin el propósito deliberado de distraer de él a los demás.

BALSA
Balsa de aceite. Símil que se aplica a un lugar, conjunto de personas, situación, etc., particularmente tranquilos y apacibles: *En aquel país nunca pasa nada; es una balsa de aceite.*

BANCA
Saltar la banca. En los casinos, ganar un jugador más dinero del que dispone la banca (esto es, la cantidad con que cuenta cada mesa).

BANDA

Cerrarse en (o a la) banda. Negarse rotundamente a admitir las razones del otro. Obstinarse en algo. Proviene del orden o disposición de una banda armada para no permitir el paso al adversario.
Coger a alguien por banda. Aprovechar una circunstancia para acercarse a alguien con ánimo de transmitirle una comunicación verbal. Aquí por banda habría que entender lado o costado, esto es, la parte más accesible.

BANDEJA

Pasar la bandeja. Por analogía con la bandeja que se pasa en las iglesias, pedir un favor o servicio a quien antes uno ha servido o favorecido.
Servir o poner en bandeja. Dar las mayores facilidades. También se dice en bandeja de plata.

BANDERA

Bajar o levantar bandera. Conectar o desconectar el taxímetro, que va provisto en su parte superior de una banderita o cartela donde pone «libre». En la marina de guerra, bajar (arriar) la bandera significa rendirse un buque. En lenguaje de la milicia, levantar o alzar bandera quiere decir convocar para el combate. Esta última locución se usa también en sentido figurado: convocar para una tarea.
De bandera. Locución ponderativa que suele aplicarse a las mujeres de belleza llamativa. Quizá la asimile con el abanderado, el soldado que abre un desfile.
Jurar bandera. Prestar un soldado juramento de fidelidad a la patria, simbolizada en la enseña nacional.

BANDOLERA

En bandolera. Arma, bolsa o cualquier otro objeto colocado alrededor del cuerpo, con una correa de sujeción de lado a lado del tronco (de un hombro a la cintura del otro lado). Parece provenir de bandola, instrumento de cuerda parecido a la guitarra, que se transportaba de esa forma.

BAÑO

Baño de sangre. Matanza de personas particularmente sangrienta.
Baño María. Forma de cocción que consiste en poner a la lumbre un recipiente con agua, en el cual se introduce otro recipiente cuyo contenido recibe de este modo un calor suave y constante. La tradición atribuye esta modalidad de cocción a María, hermana de Moisés. Algunos historiadores de la ciencia se la adjudican a María la Judía, alquimista que vivió en Alejandría en el s. IV d.C.

Darle a uno un baño. Dejar a una persona en situación de inferioridad, abrumándola otra con sus superiores conocimientos.

BARBA

En las barbas de alguien. En su presencia (= en sus narices): *Robó un dineral en las mismas barbas del cajero.*
Por barba. En una distribución, lo que corresponde a cada persona: *Nos toca a dos trozos por barba.* Algún autor relaciona esta locución con las cantidades asignadas en las comidas a los frailes de cierta orden (que, cabe suponer, llevaban barba).
Subirse uno a las barbas de otro. Avasallarlo. Negarle cualquier consideración o respeto y forzarle a aceptar la propia voluntad. Suele aplicarse a los inferiores que se imponen a sus superiores: *El sargento no tenía dotes de mando y los reclutas se le subían a las barbas.*

BARRER

Barrer hacia dentro (para dentro o para casa). Obrar de manera interesada y egoísta.

BARRIGA

Rascarse o tocarse la barriga. Permanecer ocioso y complacerse en ello (= tocarse las narices, tumbarse a la bartola).

BARRIO

Irse alguien al otro barrio. Morir.

BARTOLA

Tomarse una cosa a la bartola. Considerar un asunto de manera irresponsable, con ligereza: *Le encargaron el trabajo y él se lo tomó a la bartola.* Proviene de Bartolo, hipocorístico de Bartolomé.
Tumbarse a la bartola. Permanecer ocioso y complacerse en ello (= tocarse la barriga o las narices).

BÁRTULOS

Liar los bártulos. Disponerse para un viaje o una mudanza (= liar el petate). La palabra proviene de Bartolo (pronúnciese Bártolo), jurista italiano del siglo XIV. Se aplicaba al principio a los estudiantes que debían cargar con gran número de libros (*bártolos*, esto es, los textos escritos por ese autor), y luego se extendió a cualquier otro tipo de bultos.

BASE

A base de bien. Intensamente: *De aquí a fin de curso debo estudiar a base de bien.*

BASILISCO

Estar hecho un basilisco. Estar muy irritado y manifestarlo airadamente: *Cuando se lo dije, se puso hecho un basilisco.* El basilisco es un animal fabuloso que en los bestiarios (colecciones de noticias sobre animales, muy comunes en la Edad Media) se describe como una serpiente pequeña, que vivía en un desierto que ella misma iba creando a su paso, pues acababa con todo rastro de vida. Su mirada transformaba en piedras todo cuanto veía. La única manera de dar muerte al basilisco era ponerle un espejo delante, y de este modo él mismo se convertía en piedra. La palabra proviene del griego *basilískos*, reyezuelo.

BASTIDORES

Entre bastidores. Locución tomada del léxico teatral (bastidor: armazón que sostiene el decorado): en privado, en lo escondido. Suele aplicarse a las verdaderas causas de un asunto, desconocidas para el común de las personas.

BATALLA

De batalla. Por analogía con el uniforme que visten los militares en campaña, se aplica sobre todo a las prendas que se usan mucho (en el trabajo, etc.).

BATERÍA

En batería. Modo de colocar determinados objetos en paralelo: *En esta calle se aparca en batería.* La disposición es la misma que la de las piezas de artillería (batería) desplegadas para hacer fuego.

BATUECAS

Estar en las Batuecas. Estar distraído, ajeno a aquello de lo que se trata. Las Batuecas es una comarca de la provincia de Salamanca, cerca de las Hurdes. Durante mucho tiempo el territorio permaneció aislado, y a sus habitantes, sumidos en el atraso, se les consideró, con manifiesta injusticia, simples y cerriles.

BATUTA

Llevar la batuta. Dirigir, llevar la iniciativa (= llevar la voz cantante). Por analogía con el director de orquesta. Batuta viene del italiano *battuta*, pulsación (de *battere*, batir).

BAZA

Meter baza. Locución tomada de los juegos de naipes: intervenir en una conversación. *Fulano habló tanto, que no dejó meter baza a los demás.* El término baza deriva del árabe *bazza*: ganancia obtenida tras una disputa.

BEMOLES

Tener algo bemoles. Ser muy difícil. Esta locución proviene de las dificultades que los bemoles plantean al leer una partitura. (Bemol: nota cuya entonación es un semitono más baja que la de su sonido natural.)

BERENJENAL

Meterse en un berenjenal. Meterse en dificultades (= meterse en un buen o en un mal berenjenal). Parece aludirse a las dificultades para transitar por un campo en el que crecen berenjenas *(Solanum melongena)* a causa de sus tallos rastreros. También podría guardar relación con la propiedad de causar la locura, que de antiguo se atribuía a esta planta (los botánicos del s. XVI la llamaban «manzana loca»).

BESO

Comer o comerse a besos a uno. Besarlo repetidamente y con vehemencia: *Al bajarse del tren, su madre se lo comió a besos.*

BIBLIA

Ser algo la Biblia. Ser la pura verdad (= ser algo el Evangelio).
Ser algo la Biblia en pasta o en verso. Ser algo innecesariamente farragoso. Ser muy completo: tras una enumeración de cosas, para manifestar abundancia o poner de relieve lo bien acabado del conjunto, se añade *y la Biblia en verso.* José María Carulla y Estrada, natural de Manresa y establecido en Madrid, dio a conocer durante la segunda mitad del s. XIX una obra muy vasta, que abarcaba todos los géneros y que puso al servicio de sus ideales tradicionalistas. Fundó y dirigió el periódico *La civilización* y se distinguió como polemista católico, por lo que el Vaticano le distinguió con la cruz Pro Ecclesia et Pontifice. Carulla puso en verso el Génesis, el Éxodo y los libros de Tobías y Judit, y el resultado literario de su esfuerzo resultó tan mediocre y los versos estaban tan plagados de ripios, que este autor, hoy olvidado, se convirtió en blanco de bromas y chanzas entre los escritores y críticos, en cuyos círculos se acuñó la locución que comentamos.

BICHO

Bicho viviente. Cualquier persona o ser vivo. Se usa en expresiones como *No haber bicho viviente, todo bicho viviente* y análogas.
Mal bicho. Mala persona.

BIEN

De bien. Como es debido. Se aplica a personas: *Es un hombre de bien.*

De bien a bien. De buen grado: *Si no acepta de bien a bien, habrá que obligarle.*
Estar a bien. Estar en buena relación: *Ése siempre está a bien con los que mandan.*
Gente bien. Personas de buena reputación, de buena consideración social o de sólida posición. Puede dársele matiz despectivo o irónico. *Fulano sólo se trata ahora con gente bien.*
Tener a bien. Dignarse hacer algo: *Le ruego tenga a bien considerar mi ofrecimiento.*

BIES
Al bies. Al sesgo, oblicuamente.

BIRLIBIRLOQUE
Por arte de birlibirloque. Se dice de un fenómeno que se produce por sorpresa y sin causa aparente (= por arte de magia o de encantamiento, por ensalmo): *Desapareció por arte de birlibirloque.*

BLANCO
Dar en el blanco. Acertar.
Estar sin blanca. No tener nada de dinero. La blanca era una moneda antigua de vellón, de plata.
Quedarse en blanco. Olvidar de pronto aquello que se sabe: *Me preguntaron en clase y me quedé en blanco.*
Pasar la noche en blanco. No dormir.
Ser el blanco de todas las miradas. Atraerlas. En sentido figurado, concitar la atención ajena. Aquí hay que entender blanco en su acepción de diana, objeto al que se dispara.

BLEDO
Importar (o no importar) a alguien un bledo una cosa. Importarle muy poco o nada. Alude al poco aprecio que se atribuye a esta planta comestible (familia de las quenopodiáceas).

BLOQUE
En bloque. En conjunto, a la vez: *Despidieron a la sección en bloque* (= a toda la sección).

BOCA
A boca de jarro o a bocajarro. Refiriéndose a un disparo de arma de fuego ligera, a quemarropa (= a boca de cañón). En sentido figurado, decir algo abruptamente, sin preparación previa.
A pedir de boca. Conforme a los propios deseos.
Abrir boca. Despertar el apetito (= hacer boca).

Andar de boca en boca o en boca de todos. Ser objeto de los comentarios ajenos, por lo general murmuraciones.
Boca a boca. Con las bocas juntas: *respiración boca a boca.*
Boca de lobo. Dícese de un lugar muy oscuro: *La noche estaba como boca de lobo.*
Cerrarle a uno la boca. Hacerle callar: *Le dio una réplica tan contundente, que le cerró la boca.*
Con toda la boca. *Mentir con toda la boca:* con el mayor descaro.
Decir algo con la boca chica. Decir algo obligado por las circunstancias, pero sin sentirlo realmente.
Hablar uno por boca de otro o por boca de ganso. Repetir uno la opinión de otro, o lo que ese otro le sugiere. En otros tiempos, se daba el nombre de ganso al ayo o pedagogo de los niños. De ahí procede la locución, o sea de los niños que se limitaban a repetir lo que habían oído a los encargados de su educación.
Hacer boca. Despertar el apetito (= abrir boca).
Hacérsele a uno la boca agua. Recordar con deleite el buen sabor de un manjar. Por extensión, desear ardientemente algo que se contempla.
Meterse uno en la boca del lobo. Caer en una trampa o exponerse a un peligro voluntaria o inadvertidamente.
No decir esta boca es mía. Guardar silencio. Callar alguna cosa. *Se lo pregunté, pero no dijo esta boca es mía.*
Quitar algo a alguien de la boca. Anticiparse uno a algo que otro está a punto de decir.
Quitarle (o quitarse) el pan de la boca. Privarse de algo en beneficio de otro.
Tapar a alguien la boca. Hacerle callar (= cerrarle a uno la boca).

BOCADO

Buen bocado. Locución ponderativa que, en sentido figurado, se aplica a algo apetecible, por lo general una ganancia (= buen pellizco): *Si este negocio nos sale bien, podemos llevarnos un buen bocado.*
Con el bocado en la boca. Recién comido. Suele decirse cuando tiene uno que acudir precipitadamente a un lugar, inmediatamente después de comer.
No probar bocado. No comer: *No has probado bocado. ¿No te sientes bien?*

BOFETADA

Darse de bofetadas. Aplícase a las cosas incompatibles o que no armonizan. *Lo que dijiste ayer y lo que sostienes hoy se dan de bofetadas. Ese bolso y esos zapatos se dan de bofetadas.*

BOGA

Estar en boga. Tener buena aceptación, fortuna o felicidad creciente. Estar de moda. Lo que en un momento dado está en plena acción (bogando, esto es, remando).

BOLA

Correr la bola. Divulgar noticias inquietantes.
Dejar que ruede la bola. Abstenerse de intervenir en un asunto.
En bolas. En cueros vivos (= en pelota o en pelotas). Es posible que provenga de *bola,* que en germanía significa feria o mercado público. Estar en bolas sería exponerse desnudo públicamente, como exhibiéndose en una feria.
Pasar la bola. Descargar en otro la resolución o responsabilidad de un asunto. Correr la bola.

BOLSILLO

De bolsillo. El objeto que, por su reducido tamaño, cabe en un bolsillo. Se aplica también a ciertos objetos desusadamente pequeños en relación con los otros de su especie (teatro de bolsillo, submarino o acorazado de bolsillo). *Dinero de bolsillo:* Cantidad más o menos reducida que uno lleva consigo para atender gastos menudos.
Meterse o tener a alguien en el bolsillo. Ganarse su voluntad: *En cuanto empezó a hablar, se metió al público en el bolsillo.*
Rascarse el bolsillo. Pagar, generalmente forzado por las circunstancias: *Como resultó que ellos no llevaban dinero, yo hube de rascarme el bolsillo.*

BOMBA

Caer como una bomba. Suceder algo que causa gran sorpresa o escándalo: *La noticia de su destitución cayó como una bomba en el departamento.*
Pasarlo bomba. Divertirse al máximo.

BOMBARDEO

Apuntarse a un bombardeo. Se aplica a las personas que por afán de notoriedad, por sacar provecho de una vida social intensa o sencillamente por no quedarse en casa, se muestran dispuestas a aceptar cualquier invitación: *¿Que si vendrá Fulano? Ése se apunta a un bombardeo.*

BOMBO

A bombo y platillo. Con la máxima publicidad, tal como sugieren esos ruidosos instrumentos.

BOQUILLA

De boquilla. Aquello que se dice sin sentirlo realmente: *Manifestó su buena disposición, pero yo creo que hablaba de boquilla.*

BORBOTONES

A borbotones. Erupción de un líquido al manar o hervir. Atropelladamente (= a borbollones, produciendo borbollas o burbujas).

BORDA

Echar o tirar por la borda. Símil marinero: desistir de continuar algo a lo que previamente se había dedicado tiempo y esfuerzo. Renunciar uno sin provecho a algo valioso que le pertenecía. *Tiró por la borda su carrera. Tiró por la borda fama y fortuna.*

BORDO

A bordo. En la embarcación.

BORRÓN

Borrón y cuenta nueva. Dar por concluida una situación y comenzar de nuevo. Olvido o perdón para una falta, deuda, etc.

BOTA

Morir con las botas puestas. Por analogía con los soldados que perecen en combate, morir en pleno trabajo: *Sólo vive para su profesión; morirá con las botas puestas.*
Ponerse las botas. Locución que seguramente deriva del despojo de los cadáveres en el campo de batalla: sacar provecho.

BOTE

A bote pronto. De buenas a primeras; sin reflexionar. *A bote pronto se me ocurre que...*
Chupar del bote. Medrar aprovechándose del cargo que se desempeña.
De bote en bote. Dícese del local, vehículo, etc., atestado de público. Proviene del francés *de bout à bout,* de un extremo al otro.
Meter o tener a alguien en el bote. Ganarse su voluntad.
Tonto del bote. Tonto de remate.

BOTICA

Haber de todo como en botica. Disponer de una gran variedad de cosas.

BOTICARIO

Como pedrada en ojo de boticario. Locución figurada y familiar en la que se expresa que una cosa viene muy a propósito de lo que se está tratando. Esta expresión ha acabado por tomar un sentido contrario al que tenía en principio. En efecto, no se trata del ojo del boticario, quien por disponer de los remedios podría aplicárselos rápida y eficazmente, sino del ojo de la botica. Este es el nombre del sitio donde antiguamente se guardaban los ingredientes o medicamentos de más valor, y que en lenguaje técnico se llamaba cordialera. Resulta evidente, pues, que su apedreamiento, lejos de resultar oportuno, habría de causar grave perjuicio.

BOTÓN

Botón de muestra. Dícese de lo que, a escala reducida, puede dar idea cabal de algo mayor: *Para que comprendáis bien cuál es la situación, he aquí un botón de muestra.*

BRAVA

A las bravas o por las bravas. Por las buenas, arbitrariamente, con violencia, sin atenerse a normas: *Vino y se lo llevó por las bravas.*

BRAZO

A brazo partido. Luchar sólo con los brazos, sin armas. Luchar o defender algo con denuedo, con el mayor empeño.
Con los brazos abiertos. Con agrado, con la mejor disposición: *Lo acogió con los brazos abiertos.*
Cruzarse de brazos o estar de brazos cruzados. Permanecer inactivo. Adoptar una postura pasiva ante los acontecimientos.
Dar uno o no su brazo a torcer. Rendirse, ceder, transigir (o no). Está claro el símil con una lucha cuerpo a cuerpo.
Ir uno hecho un brazo de mar. Ir muy bien vestido. El brazo de mar es un canal ancho y largo del mar que penetra tierra adentro. Sus aguas son tranquilas, y quizá la belleza del paisaje haya dado nacimiento a esta locución.
Ser el brazo derecho de alguien. Ser el principal ayudante o la persona de máxima confianza de alguien (= ser su mano derecha).

BRECHA

Abrir brecha. Introducir en un asunto o situación el propio criterio. Brecha, en germanía, significa rotura, abertura.
Estar uno siempre en la brecha. Permanecer en todo momento en el puesto de trabajo. Estar siempre dispuesto (= estar siempre al pie del cañón). La brecha se refiere al hueco abierto en una muralla o a una discontinuidad en la formación defensiva.

BRETE

Estar o poner en un brete. Enfrentar a una dificultad o dilema. De *brett*, que en germanía quiere decir tabla, madero estrecho donde, como es lógico, sólo se puede mantener un equilibrio precario.

BREVA

No (me, te...) caerá esa breva. No se (me, te...) brindará este beneficio, obtenido sin esfuerzo. La breva es una variedad de higo.

BROCHA

De brocha gorda. Se aplica al pintor de paredes (por tanto, al que no es artesano ni artista). En sentido figurado, algo chabacano, burdo o procaz: *Humor de brocha gorda.*

BRUTO

En bruto. Sin refinar o pulir. Sin restar la tara del peso total. Sin descontar de una cantidad los impuestos y otras deducciones.

BUCHE

Tener o guardar algo en el buche. Dejar de decir algo, ocultarlo. Tener alguna reserva mental: *¿Nos habrá dicho todo lo que sabe o crees que se ha guardado algo en el buche?*

BUENO, A

A la buena de Dios. De cualquier manera, al azar.
¡Buenas! Fórmula de saludo que da por sobreentendidos los términos tardes, noches, etc. No se considera cortés su empleo.
De buenas. De buen humor, alegre y complaciente: *Parece que el jefe está hoy de buenas.*
De buenas a primeras. Sin previo aviso, a primera vista. *De buenas a primeras se nos presentó en casa. De buenas a primeras este trabajo no parece difícil.*
¡Estaría bueno! Exclamación suscitada por algo que no debe tolerarse (= no faltaría más, hasta ahí podíamos llegar): *Nos ha servido usted una pieza defectuosa ¿y pretende cobrarla? ¡Estaría bueno!*
Por las buenas. Sin previo aviso o preparación; de manera arbitraria o irreflexiva: *Nos lo exigió por las buenas.*

BUEY

¡Habló el buey y dijo mu! Comentario irónico o de censura suscitado por las necedades que profiere alguien, y que se comparan con la falta de significado de un mugido.

BULTO

A bulto. En conjunto. Aproximadamente. Bulto viene del latín *vultus*, rostro.
De bulto. Manifiesto, evidente, que se deja ver.
Escurrir el bulto. Eludir una situación comprometida.
Estar (o ir) de bulto o hacer bulto. Estar presente en una reunión sin tomar parte activa.

BURLA

Burla burlando. Sin darse cuenta: *Burla burlando, consiguió de él lo que quería.*

BURRO

Apearse, bajarse o caer alguien del burro. Reconocer uno su error, ceder: *Es muy terco; no hay quien lo apee del burro.*
No ver tres en un burro. No ver o no darse cuenta de nada. Tener mala vista. Tan mala como para no distinguir a tres personas montadas en un burro. Una locución equivalente, aunque menos usada, es «no ver a tres curas en un montón de harina», alusión al gran contraste entre el negro de las sotanas y el blanco de la harina. *Fulano está muy mal de la vista; no ve tres en un burro. Enciende la luz, que aquí ya no se ve ni a tres en un burro.*

BUSCAR

Buscarse la vida o buscárselas. Procurarse medios de ganarse la vida.
Buscársela. Hacerse uno merecedor de un castigo o represalia: *Él se lo ha buscado. Te la estás buscando.*

C

CABAL

No estar en sus cabales. Estar mentalmente perturbado. Cabal viene de cabo, y significa ajustado a la medida. El desequilibrio mental es, en definitiva, un «desajuste».

CABALLERO

Armar caballero. Conferir a alguien la dignidad de caballero, siguiendo el ceremonial correspondiente.

CABALLO

A caballo. Ir montado en el caballo. Estar una cosa situada entre otras dos y en contacto con ambas: *La finca está a caballo de dos provincias.*
A mata caballo. A toda prisa, atropelladamente (como para matar a un caballo de fatiga).

CABER

No caber alguien en sí de gozo. Alcanzar la máxima satisfacción: *Le dieron matrícula de honor y no cabía en sí de gozo.*

CABEZA

Bajar o doblar uno la cabeza. Conformarse, humillarse, acceder a lo que se le impone (= agachar la cabeza).
Calentar a alguien la cabeza. Tratar de convencerlo con argumentos insistentes o prolijos: *Antes no pensaba así; yo creo que le han calentado la cabeza* (= comer el coco a alguien).
De cabeza. Decididamente: *Si me llama, voy de cabeza.* Se aplica al que desempeña una tarea que requiere mucha actividad y permanente dedicación: *Anda todo el día de cabeza.* Se dice de quien está continuamente abrumado por las exigencias de otros: *Al pobre lo traen de cabeza.*
Estar mal de la cabeza. Estar mentalmente perturbado.
Estar pasado de cabeza. Estar aquejado de demencia senil.

Levantar cabeza. Recuperarse. *No levantar cabeza:* Estar atareado continuamente; no mejorar de situación.
Metérsele a alguien algo en la cabeza. Obstinarse en algo.
No caber en la cabeza. No poder comprender algo. Resistirse a admitir algo. *No me cabe en la cabeza que Fulano haya podido cometer un error tan garrafal.*
Perder la cabeza. Perder el juicio.
Quitarle o quitársele a uno algo de la cabeza. Disuadir. Cejar en una obstinación. *Quítate de la cabeza esa idea; no te saldrás con la tuya.*
Romperse la cabeza. Cavilar, meditar.
Sentar cabeza. Volverse sensato: *Era frívolo e irresponsable, pero luego sentó cabeza.*
Subírsele a uno algo a la cabeza. Engreírse por alguna razón concreta: *El dinero (el cargo, las lisonjas, etc.) se le ha subido a la cabeza.*
Tener uno la cabeza llena de pájaros. No tener juicio. Tomar las propias fantasías por realidad (= tener uno la cabeza a pájaros).
Tener uno mala cabeza. Proceder con ligereza, sin buen juicio: *Él se lo ha buscado, por su mala cabeza.* Tener mala memoria o escasa agudeza: *No se me ocurrió; ¡qué mala cabeza la mía!*

CABLE

Echar un cable. Símil marinero (el cabo o cable que se lanza a quien se ha caído al agua): prestar ayuda.

CABO

Al fin y al cabo. En definitiva, después de todo.
Atar cabos. Relacionar unos datos para alcanzar una conclusión: *Al principio no sospechaba nada, pero luego he ido atando cabos y ya no me cabe ninguna duda.*
Cabo suelto. Lo que queda sin resolver, lo que se descuida: *La trama de esta novela está mal desarrollada; deja muchos cabos sueltos.*
De cabo a rabo. De principio a fin, completamente: *Léete el libro de cabo a rabo.*
Estar al cabo de la calle. Estar enterado. (Haber llegado al final de la calle y conocer ésta en toda su longitud.) *¿Crees acaso que ellos lo ignoran? ¡Pero si están al cabo de la calle!*

CABRA

Estar como una cabra. Estar loco. Observar un comportamiento alocado y arbitrario. Cuando las cabras andan por el monte, suelen dar saltos y efectuar movimientos bruscos que, a los ojos humanos, no parecen tener propósito alguno.

CAER

Caer bien o mal. Resultar simpático o antipático. Causar buena o mala impresión. *La primera vez que lo vi ya me cayó mal.*
Caer muy bajo. Perder la dignidad. Degradarse.
Dejar caer. Aludir a algo como de pasada, pero con el propósito de que quien escucha tome buena nota: *No lo dijo abiertamente, pero dejó caer unas alusiones inequívocas.*
Estar al caer. Estar a punto de ocurrir o de llegar. *La notificación oficial está al caer.*
No tener donde caerse muerto. Hallarse en la mayor pobreza (= ser un muerto de hambre).

CAJA

Con cajas destempladas. Despedir o echar de alguna parte a alguien con gran aspereza o enojo. En las ejecuciones públicas o en el acto de degradar a un militar, los tambores redoblaban con un ruido particularmente desagradable (destemplado), pues se les aflojaban las cajas.
Entrar en caja. Pasar los mozos a la jurisdicción militar. En sentido figurado, imponérsele a uno una disciplina.
Hacer caja. Recaudar.

CAJÓN

De cajón. Natural, corriente, manifiesto.

CAL

A cal y canto. Completamente cerrado (= a piedra y lodo). Alusión a la mezcla de argamasa y piedra empleada por los albañiles.
De cal y canto. Fuerte, macizo, duradero.
Una de cal y otra de arena. Alternar alabanzas y censuras.

CALABAZAS

Dar calabazas. Suspender en un examen. Rechazar la mujer a un pretendiente. Se da el nombre de calabaza a la persona inepta e ignorante. Dar calabazas equivaldría a asimilar con ese símbolo a la persona reprobada.

CALDO

Hacer a alguien el caldo gordo. Obrar de modo que aproveche a otro (resulta evidente que el caldo espeso es más nutritivo que el claro), por lo general involuntaria o inadvertidamente.
Poner a uno a caldo. Hacerle objeto de reconvención (= ponerlo verde).

CALIENTE

En caliente. Inmediatamente.

CALLE

Abrir calle. Apartar la gente que está aglomerada, para que pase alguien por medio.
Echar a alguien a la calle. Expulsarlo, despedirlo.
Echar o tirar por la calle de en medio. Lanzarse a resolver algo actuando sin miramientos: *Hay que terminar el trabajo como sea, así que tiremos por la calle de en medio.*
Echarse a la calle. Salir precipitadamente a la calle: *Me eché a la calle en busca de una farmacia de guardia.*
Hacer la calle. Practicar la prostitución callejera.
Llevarse de calle a alguien. Convencerlo plenamente o conquistar su voluntad. Suele aplicarse a las personas particularmente dotadas para seducir o persuadir: *Fulano se lleva de calle a su clientela.*
Traer o llevar a uno por la calle de la amargura. Hacerle la vida imposible, atormentarle. La calle de la amargura es probablemente la Vía Dolorosa, que recorrió Jesús llevando la cruz a cuestas.

CALLO

Dar el callo. Trabajar duramente (hasta el punto de producirse callosidades): *Nosotros aquí dando el callo, y ellos descansando tranquilamente.*

CALOR

Al calor de. Al amparo de, con la ayuda y protección de.
Entrar en calor. Quitarse el frío del cuerpo.

CAMA

Caer en cama. Enfermar.
Estar en (o guardar) cama. Estar enfermo.
Hacerle a uno la cama. Hacerle el trabajo o facilitarle las cosas al máximo, por lo general sin proponérselo.
Levantar la cama. Levantar las ropas de la cama después de haber dormido en ella, para que se ventilen antes de volver a hacerla.

CAMBIO

A la primera (o a las primeras) de cambio. De buenas a primeras.

CAMINO

Abrirse camino. Prosperar: *Fulano ha sabido abrirse camino en la vida.*
Camino trillado. El que es común, usado y frecuentado. Modo común o regular de obrar o discurrir. Trillar significa aquí precisamente frecuentar, seguir una cosa de manera continua. *Escriba algo original y apártese de los caminos trillados.*

De camino. Por el camino. De viaje. *Almorzaremos de camino.*
Ir por buen o mal camino. Observar o no una conducta honrada: *Ese chico va por mal camino.* Hacer algo bien o equivocarse: *Ahora que has rectificado aquel error en la cuenta, vas por buen camino.*
Llevar camino de. Proceder de manera que el futuro resulta previsible: *Lleva camino de convertirse en un excelente profesional.*

CAMISA

Cambiar de camisa. Dejar el bando o partido que se seguía y adoptar el contrario (= cambiar de chaqueta).
Dejar sin camisa. Arruinar a alguien.
Meterse en camisa de once varas. Inmiscuirse en lo que no le importa a uno. Complicarse innecesariamente la vida. En la Edad Media, cuando en ciertos lugares se adoptaba a alguien como hijo, se celebraba una ceremonia en la que al adoptado le colocaba el adoptante una camisa muy ancha, metiéndosela por la cabeza. Cuando se la había vestido, le besaba la frente y la adopción adquiría carácter oficial. En muchas ocasiones el adoptado acababa por decepcionar al adoptante, por lo que se acuñó esta locución como advertencia a quienes ponen sus esperanzas en algo que no se sabe qué puede deparar en el futuro, sentido que no coincide exactamente con el que le damos en la actualidad.
No llegarle a alguien la camisa al cuerpo. Estar muy ansioso o asustado: *Cuando el atracador me amenazó, no me llegaba la camisa al cuerpo.*
Quedarse en camisa, perder hasta la camisa. Arruinarse.

CAMPANA

Doblar las campanas. Tocar las campanas a muerto. El sonido que producen es repetido (doble), con intervalos de silencio entre un toque y otro.
Echar las campanas al vuelo. Dar publicidad con júbilo a alguna cosa. Significa hacer girar las campanas sobre sí mismas para producir un toque continuo. Se hace así en las celebraciones más señaladas.
Oír campanas y no saber dónde. Entender mal una cosa o tergiversar una noticia.

CAMPANILLA

De muchas campanillas. Muy importante: *Era un personaje de muchas campanillas.* Tal vez la locución esté relacionada con la campanilla como símbolo de autoridad, ya que es instrumento propio de jueces, presidentes de corporaciones, etc., que la hacen sonar para reclamar silencio.

CAMPO

Dejar el campo libre. Ceder ante otro. Retirarse para permitir que otro actúe. *Comprendí que merecía el cargo más que yo y le dejé el campo libre.*

Levantar el campo. Abandonar una tropa su campamento. Por analogía, retirarse, marcharse: *En vista de que no acudían, optamos por levantar el campo.*

CANA

Echar una cana al aire. Divertirse, por lo general de forma esporádica: *Aprovechando que viajó a la capital, echó una cana al aire.* Se relaciona con la costumbre de ciertas personas maduras, que se arrancan las canas para parecer más jóvenes.

Peinar canas. Ser de edad avanzada.

CANAL

Abrir en canal. Abrir de arriba abajo, por lo general el tronco de una persona o animal.

En canal. De arriba abajo.

CANCIÓN

Esa es otra canción. Ese es otro asunto (= eso es otro cantar).

CANDELERO

En (el) candelero. En situación destacada, como una vela en un candelero. Se aplica a personas que se mantienen en posición preeminente: *Fulano sigue en el candelero.*

CANTAR

Cantar de plano. Confesar todo lo que se sabe. «De plano» significa enteramente, sin reservas (= llanamente).

Cantar las cuarenta. Expresión tomada de un juego de naipes, en que cantar significa decir el punto o calidades. Decirle a uno con resolución y desenfado lo que se piensa de él aunque le moleste (= cantar las verdades).

Ser algo otro cantar. Ser cosa distinta.

CÁNTAROS

A cántaros. Caer un líquido copiosamente y con fuerza. Se dice de la lluvia: *llover a cántaros* (= a cubos).

CANTO

Al canto. Inmediata y efectivamente. A veces inevitablemente: *Se presentó al examen sin saber nada, y suspenso al canto* (= que te

crió). Aquí el canto es el borde: cuando algo llega a él, cae indefectiblemente.
Darse con un canto. Darse por contento con algo adverso, pero no tanto como se esperaba. El canto rodado, por carecer de aristas y puntas, puede causar menos daño que otras piedras menos pulidas. Suele decirse *con un canto en los dientes, en los morros,* etc.
De canto. De lado, no de plano.
Por el canto de un duro. Por muy poco: *Faltó el canto de un duro para que la emprendiera a bofetadas con él.*

CANUTAS

Pasarlas canutas. Atravesar una situación penosa. En el antiguo léxico marinero, dar el canuto significaba despedirle a uno (seguramente porque se notificaba el cese en un papel enrollado), dejarle sin destino o empleo. Pero es muy posible que se trate de un simple eufemismo por «pasarlas putas».

CAÑA

Dar o meter caña. Pegar (con una caña). Por analogía, maltratar de palabra.

CAPA

De capa caída. En decadencia.
Defender a capa y espada. Defender con gran empeño a una persona o una causa.
Hacer uno de su capa un sayo. Obrar con entera libertad, sin consideración a los demás. El sayo era una prenda de vestir holgada y sin botones que llegaba hasta la rodilla. Parece que la capa, más larga, daría de sí para someterla a esa transformación.

CAPILLA

En capilla. Aguardar el reo su ejecución. Por analogía, las últimas horas antes de un acontecimiento importante: *Mañana es el examen, así que estoy en capilla.* Felipe II dispuso que en las cárceles se habilitaran capillas para que los reos pudieran oír misa y comulgar, después de lo cual, «por el decoro que se debe tener a tan gran Sacramento no se ejecutase la sentencia de muerte hasta el día siguiente...». Con anterioridad, a los condenados se les confesaba pero no se les permitía comulgar, y se les ajusticiaba de inmediato: no entraban, pues, en capilla.

CAPÍTULO

Llamar a capítulo. Por analogía con la reunión del capítulo (junta) de una comunidad u orden religiosa, convocar a alguien para dirigirle una reprimenda.
Ser capítulo aparte. Ser algo especial.

CAPOTE

Echar un capote. Símil taurino (cuando un miembro de la cuadrilla atrae al toro con su capote para distraerlo tras una cogida, para que desista de embestir al caballo del picador, etc.): prestar ayuda.

CARA

A cara descubierta. Sin disimulo.
A cara o cruz. Al azar: *No puedes jugarte tu carrera a cara o cruz.*
Caérsele a uno la cara de vergüenza. Avergonzarse en grado sumo: *Después de lo que ha hecho, no sé cómo no se le cae la cara de vergüenza.*
Cara a cara. Frente a frente: *Me gustaría encontrármelo cara a cara* (se da por supuesto que con propósito de enfrentamiento).
Cruzar la cara a alguien. Abofetearlo.
Dar la cara. Actuar abiertamente, responsabilizarse de las propias acciones. *Dar la cara por otro:* defenderlo (= sacar la cara por alguien).
De cara. De frente.
De cara a. Hacia, con vistas a, en previsión de: *Convendría hacer algunas reformas de cara a la próxima temporada.*
Echar en cara. Recriminar: *Ése no tiene nada que echarme en cara.*
Echarle cara. Adoptar una actitud de descaro, permanecer inmutable y aun desafiante cuando se debería estar avergonzado.
Hacer cara a. Oponerse, resistir.
Lavar la cara. Proceder a una limpieza o renovación superficial: *El edificio sigue en mal estado; se limitaron a lavarle la cara.*
No mirar a alguien a la cara. Ignorar deliberadamente su presencia: *Después de lo que ha hecho, nadie le mirará a la cara.*
Plantar cara. Desafiar.
Por su linda cara o por su cara bonita. Se dice de quien recibe algún beneficio sin haberse hecho acreedor a él: *Le dieron el puesto por su cara bonita.*
Romper la cara a alguien. Pegarle.
Sacar la cara por alguien. Defenderlo (= dar la cara por alguien).
Verse las caras. Avistarse una persona con otra para manifestar vivamente enojo o para reñir: *Ése y yo tenemos que vernos las caras.*

CARABINA

Ser la carabina de Ambrosio. No servir para nada. Se dice que cierto labriego, de un pueblo cercano a Sevilla, abandonó el campo para convertirse en salteador de caminos, armado con una carabina cargada con cañamones, sin pólvora. Era tal la candidez de Ambrosio y su aspecto resultaba tan inofensivo, que las personas a las que asaltaba no se sentían intimidadas y no le hacían el menor caso, por lo que acabó volviendo a su anterior trabajo de labriego.

CARAMELO

A punto de caramelo. Grado de concentración que se da al almíbar por medio de la cocción y en virtud del cual, al enfriarse, se endurece, convirtiéndose en caramelo. Por analogía, estar algo en el momento más propicio.

CARGA

Llevar una carga. Soportar una responsabilidad.
Volver a la carga. Insistir. En combate, la carga es la acción de disparar a un tiempo muchas armas de fuego, especialmente mientras se avanza.

CARGAR

Cargarse a uno. Matarlo. En sentido figurado, eliminarlo.
Cargársela. Recaer la culpa en uno.

CARGO

Hacer cargos a alguien. Imputarle algo, reconvenirle por algo.
Hacerse uno cargo. Asumir una responsabilidad: *Se hizo cargo de la dirección.* Comprender: *Después de escuchar sus quejas, se hizo cargo de su problema.*

CARNE

Abrírsele a uno las carnes. Angustiarse: *Se me abren las carnes sólo de pensarlo.*
Carne de cañón. Símil de origen militar, que hace referencia a la tropa que se lanzaba a la carga y en la que, como cabe imaginar, la artillería enemiga causaba estragos. Persona utilizada por otros para que se enfrente a situaciones de riesgo.
Echar o poner toda la carne en el asador. Aportar el máximo esfuerzo.
En carne viva. Parte del cuerpo de una persona o animal despojada de la piel. En sentido figurado denota extrema sensibilidad.
Entrado o metido en carnes. Gordo.
No ser ni carne ni pescado. Mantener una actitud o conducta ambigua.

Ponérsele a uno la carne de gallina. Asustarse, angustiarse. Alude al aspecto que toma la piel cuando, por efecto de una fuerte impresión, la superficie del cuerpo queda momentáneamente privada del riego sanguíneo normal.
Ser uno de carne y hueso. Expresión que viene a subrayar las flaquezas propias de la condición humana: *Acabó conmoviéndose; al fin y al cabo es un ser de carne y hueso.*

CARO

Costar caro. Pagar las consencuencias, particularmente graves, de una acción: *Si te niegas a hacerlo, te va a costar caro.*

CARPETAZO

Dar carpetazo. Dar por concluido un asunto. Desistir de continuarlo hasta su resolución. Sobreseer. Se refiere a la carpeta en que se archivan los casos cerrados.

CARRERA

A la carrera. A toda prisa (como si se participara en una carrera).
Hacer carrera. Conseguir cargos cada vez más altos.
Hacer la carrera. Ejercer la prostitución.

CARRERILLA

De carrerilla. Lo que se dice de memoria y sin vacilación alguna: *Contestó las preguntas de carrerilla.*

CARRETERO

Fumar como un carretero. Fumar continuamente (= fumar más que Bocanegra).
Hablar como un carretero. Emplear sistemáticamente palabras malsonantes (= jurar como un carretero, utilizar lenguaje tabernario).

CARRO

Aguantar carros y carretas. Transigir con todo (= dejar pasar carros y carretas).
Parar el carro. Renunciar a pretensiones desmesuradas o abandonar una actitud arrogante, generalmente forzado por la oposición resuelta de otro: *¿Con quién crees que estás hablando? ¡Para el carro!*

CARTA

A carta cabal. Completamente. Cabal significa perfecto, completo. *Honrado a carta cabal.*

Dar carta blanca. Conceder a alguien atribuciones para obrar en un asunto según su propio criterio, con plena libertad: *Le dieron carta blanca para que decidiera en nombre de todos.*
Echar las cartas. Consultar los naipes con fines de adivinación.
Jugar alguien bien las cartas. Sacar el mejor partido posible de los propios recursos.
Poner las cartas boca arriba. Sincerarse. En los naipes, descubrir el juego que tiene uno. *Si vamos a colaborar en este asunto, lo mejor será que pongamos todos las cartas boca arriba.*
Tomar carta de naturaleza. Nacionalizarse. En sentido figurado y más usual, establecer, legitimar, adquirir reconocimiento oficial: *Con el tiempo, aquella costumbre tomó carta de naturaleza.*
Tomar cartas en un asunto. Intervenir en él.

CARTEL
En cartel. Estar un espectáculo en exhibición: *La película lleva tres semanas en cartel.*
Tener (mucho, poco) cartel. Gozar de predicamento.

CARTERA
Tener algo en cartera. Reservarse algo. Tener un proyecto.

CARTUCHO
Quemar el último cartucho. Echar mano del último recurso de que se dispone.

CASA
Caérsele a uno la casa encima. Sentirse fastidiado por tener que permanecer en casa. A esta expresión se le han atribuido significados distintos con el tiempo. Por ejemplo, ocurrirle a uno una desgracia o una contrariedad grave. En el s. XVII quería decir perder uno en el juego por haber hecho trampas su contrincante.
Como Pedro por su casa. Con familiaridad y soltura por casa ajena como si fuera la propia. *Ver* **PEDRO.**
De o para andar por casa. Se aplica a lo que no es apropiado exhibir ante personas que no sean de total confianza, en particular prendas de vestir. En sentido figurado y peyorativo, cosa de poca consistencia, impresentable, para salir del paso.
Echar o tirar la casa por la ventana. Hacer un gran gasto: *Dio una fiesta y tiró la casa por la ventana.*
Quedar todo en casa. Resolverse un asunto sin que trascienda del ámbito familiar (= quedar todo en familia).

CASAR

No casarse con nadie. Mantener la propia independencia: *Me pidieron que me afiliara a aquel partido, pero yo no me caso con nadie.*

CASCABEL

Poner el cascabel al gato. Realizar una acción arriesgada, necesaria para resolver un asunto.
Ser un cascabel. Ser muy alegre.

CASCAJO

Estar hecho un cascajo. Estar decrépito. *La enfermedad lo dejó hecho un cascajo. Debo cambiar el coche; éste lo tengo hecho un cascajo.* Una de las acepciones de cascajo (deriva de cascar) es vasija rota y también trasto viejo e inútil.

CÁSCARA

Ser de la cáscara amarga. Ser travieso, enredador. En otro tiempo se decía de las personas de ideas avanzadas.

CASCARÓN

Recién salido del cascarón. Por analogía con el polluelo que sale del huevo, novato, falto de oficio o de experiencia.

CASCO

Calentarse o romperse los cascos. Alude a los cascos del caballo tras una larga galopada. Obsesionarse: *El asunto no es tan importante, así que no te calientes los cascos.*

CASILLAS

Sacar a alguien de sus casillas. Alude a las casillas del tablero de ajedrez, y a las piezas que el perdedor se ve obligado a retirar de ellas. Alterar o irritar a alguien, agotar su paciencia (= sacarle de quicio).
Salir o salirse uno de sus casillas. Alterarse, irritarse, perder la paciencia.

CASO

En último caso. Como último recurso, en última instancia: *En último caso, acudiré personalmente.*
Hacer al caso. Ser oportuno, venir a cuento: *Eso que dices no hace al caso.*
Hacer caso. Prestar atención, tomar en cuenta.
Hacer caso omiso. No prestar atención, ignorar deliberadamente.

Ni caso. No prestar la mínima atención: *Acudió a verles y no le hicieron ni caso.*
No hacer o venir al caso. No ser oportuno, no guardar relación con lo que se hace o se dice.
Ser un caso. Por analogía con los casos clínicos o dignos de estudio, se dice de la persona que observa un comportamiento muy peculiar. *Ser un caso perdido:* No tener remedio.

CASTAÑA

Sacar a alguien las castañas del fuego. Librar a alguien de una situación comprometida. Hacer el trabajo de otro. *Él siempre confía en que alguien le saque las castañas del fuego.*
¡Toma castaña! Expresión interjectiva que alude al golpe físico o moral que se infiere a alguien.

CASTAÑO

Pasar de castaño oscuro. Aproximarse al negro. Ser una cosa o situación intolerable.

CASTAÑUELAS

Estar como unas castañuelas. Estar muy alegre.

CASTILLO

Hacer castillos en el aire. Alimentar esperanzas infundadas.

CÁTEDRA

Poner o sentar cátedra. Opinar y actuar con autoridad.

CATEDRAL

Como una catedral. Muy grande: *Una estafa como una catedral.*

CATÓLICO

No estar alguien muy católico. No encontrarse bien de salud: *Hoy no estoy muy católico; creo que he pillado la gripe.*

CAUSA

Hacer causa común. Sumar los propios esfuerzos a los ajenos para lograr un mismo fin: *Hizo causa común con los que hasta entonces habían sido sus adversarios.*

CAZA

A la caza de algo. En su busca. Tratar de lograr algo: *Salió a la caza de clientes.*
Dar caza a alguien o algo. Alcanzarlo.
Espantar la caza. Asustar a los animales que van a ser cazados.

Por analogía, impedir que alguien consiga algo de otra persona: *Ya lo tenía medio convencido, pero llegué yo y le espanté la caza.*
Levantar la caza. Conseguir que los animales que van a ser cazados se pongan a tiro. Por analogía, llamar la atención sobre algún asunto, dando lugar a que otro se entremeta en él.

CE

Ce por be. Locución que indica una sustitución indebida de una cosa por otra: *Decir ce por be.*
Ce por ce. Pormenorizadamente, en detalle: *Se lo contó ce por ce.*
Por ce o por be. De un modo o de otro: *Por ce o por be siempre encuentra excusa para no devolverme lo que me debe.*

CECA

De la ceca a la Meca. De aquí para allá. Se trata de un juego de palabras: la ceca es el establecimiento donde se acuña la moneda, y la Meca, la ciudad santa del islam. *A Fulano el trabajo no le cunde porque se pasa el día (yendo) de la ceca a la Meca.*

CEJA

Entre ceja y ceja. Se usa en expresiones como *Metérsele a uno algo entre ceja y ceja,* con el sentido de concentrarse en un pensamiento o propósito.
Hasta las cejas. Hasta lo sumo, hasta el extremo: *Está metido hasta las cejas en ese asunto.*

CENCERRO

Estar como un cencerro. Estar loco. El cencerro es una campana de forma toscamente cilíndrica que se ata al pescuezo de las reses. Emite un sonido grave conforme el animal se va moviendo. *Fulano está como un cencerro* (= como una cabra, mal de la azotea, para que lo aten, etc.).

CENIZA

Reducir a cenizas. Destruir, arruinar algo reduciéndolo a partes muy pequeñas: *Los bombardeos redujeron la ciudad a cenizas.*

CENTENAR

A centenares. A cientos. En grandes cantidades: *Comete los errores a centenares.*

CÉNTIMO

No tener ni un céntimo. No tener dinero, estar sumido en la pobreza.

CEPA

De pura cepa. De raíz, de origen reconocido: *Andaluz de pura cepa.* La cepa es la parte del tronco de un árbol o arbusto que permanece enterrada y está unida a la raíz.

CEPORRO

Dormir como un ceporro. Dormir profundamente. Con seguridad se refiere a la acepción de ceporro como persona torpe e ignorante.

CERA

Dar cera. Frotar con cera el piso u otra superficie a fin de sacarle brillo.

No hay más cera que la que arde. Sólo se dispone de lo que está a la vista (no hay más velas que las que en este momento están encendidas).

CERO

A cero. Con verbos como estar, quedar, etc., significa no tener nada, haber agotado aquello de lo que se disponía: *Gasté tanto, que me quedé a cero.*

Al cero. Referido al corte del pelo, al rape. Se refiere al más bajo de los números que constan en la maquinilla de tonsurar, y que corresponden a otras tantas longitudes del cabello. Se emplea con los verbos cortar y pelar.

De o desde cero. Desde el principio. Partir de una situación en la que se carece de todo: *Aquí donde me ves, yo empecé desde cero.*

Ser uno un cero a la izquierda. Ser inútil, no valer para nada, lo mismo que el cero a la izquierda de una cantidad no le resta ni le añade nada.

CERRAR

Cerrar filas. Estrechar la unión de un grupo de personas para lograr un fin o enfrentarse a una amenaza.

Cerrarse en (o a la) banda. Obstinarse en una actitud, negándose a ceder (impedir ser atacado por la banda o costado, quizá la parte más vulnerable).

CERRO

Irse por los cerros de Úbeda. Decir cosas incongruentes o fuera de propósito. Divagar o extraviarse en el discurso. Hace referencia a los cerros o lomas que en el término de Úbeda (Jaén) forman la divisoria de aguas entre los ríos Guadalquivir y Guadalomar. Se dice que un alcalde de esa localidad tenía una amante que vivía en la zona de los cerros, y a la que acudía a visitar con frecuencia. En cierta ocasión, durante un pleno municipal, un concejal le atajó cuando divagaba y se alejaba del asunto tratado, diciéndole con sorna que no se fuera por los cerros de Úbeda.

CERVIZ

Bajar o doblar la cerviz. Humillarse. La cerviz es la nuca. En latín, una de las acepciones de *cervix* es osadía, atrevimiento. La locución podría interpretarse, pues, en doble sentido: literal, como agachar la cabeza, o como deponer una actitud arrogante.
Ser duro de cerviz. Ser indómito.

CHAMUSQUINA

Oler a chamusquina. Sospechar que un asunto encierra mayor gravedad de la que aparenta. Chamusquina viene de chamuscar, quemarse algo por su parte exterior. *Aquel asunto me olía a chamusquina.*

CHAPA

Hacer chapas. Ejercer la prostitución. En los antiguos burdeles, los clientes pagaban al entrar y se les proveía de una chapa, que ellos entregaban a la pupila de su elección. Al concluir la jornada, la mujer cobraba según el número de chapas que había logrado reunir.

CHAPADO

Chapado a la antigua. Anticuado. Chapar significa guarnecer o revestir con chapa. La persona chapada a la antigua sería, pues, la que presenta aspecto anticuado o se comporta con arreglo a principios y hábitos superados.

CHAQUETA

Cambiar de (o la) chaqueta. Dejar el bando o partido que se seguía y adoptar el contrario (= cambiar de camisa; ser un chaqueta vuelta).

CHARCO

Pasar o cruzar el charco. Pasar el mar. Suele utilizarse en el sentido de cruzar el Atlántico desde España a América o viceversa.

CHASIS

Estar o quedarse en el chasis. Quedarse en los huesos. Adelgazar mucho. Por analogía con el chasis de los vehículos, que es la parte esencial de su estructura.

CHAVETA

Estar chaveta o estar mal de la chaveta. Estar loco.

Perder uno la chaveta. Perder el juicio. La chaveta es una clavija o pasador que atraviesa una barra o eje, y actúa como tope para que no se salgan las piezas que dicha barra sujeta. Si se pierde la chaveta, las piezas resbalan y el mecanismo se descompone.

CHAVO

Estar (o no tener o quedarse) sin un chavo. Quedarse sin dinero (chavo= ochavo, moneda antigua).

CHICHA

De chicha y nabo. De poca importancia, despreciable. La chicha es la carne comestible, que aquí no tiene otra guarnición que un humilde nabo.

No ser ni chicha ni limonada. No valer para nada. Se usa también para significar ambigüedad, indefinición. Aquí la chicha es una bebida alcohólica de origen americano, obtenida por fermentación del maíz en agua azucarada.

CHINA

Tocarle a uno la china. Tocarle la mala suerte. En algunos juegos infantiles, para decidir quién había de desempeñar el papel que nadie deseaba, se echaba a suerte, escondiendo en las manos una piedrecita (china). El que elegía la mano en que estaba la piedra, debía representar dicho papel.

CHINO

Engañar a alguien como a un chino. Engañar a una persona muy crédula. Resulta evidente que la locución proviene del extravagante prejuicio de que los chinos son estúpidos.

Ser algo trabajo de chinos. Ser algo que requiere una gran paciencia y dedicación, virtudes que se atribuyen a los chinos, cuya laboriosidad y constancia se reflejan en su artesanía y, cómo no, en la ingente obra de la Gran Muralla.

CHIQUITO, A

Andarse con (o en) chiquitas. Tener contemplaciones, recurrir a pretextos, subterfugios o rodeos para esquivar o diferir un asunto que desagrada (chiquitas= menudencias).

CHISPA

Echar uno chispas. Dar muestras de enojo y furor.

CHITA

A la chita callando. Con mucha cautela. Chita procede de chito (o chitón), voz onomatopéyica que se usa para imponer silencio.

CHIVA

Estar como una chiva. Estar loco. Estar como una cabra: la chiva (femenino de chivo) es la cría de la cabra, y se le da ese nombre durante el período que media entre el destete y la edad de procrear.

CHOCOLATE

El chocolate del loro. Ahorro insignificante en relación con la economía que se busca. Se cuenta que cierta familia de aristócratas experimentó una notable mengua en su hacienda, por lo que decidió reducir los gastos. Cada uno de los miembros de la familia se negó a prescindir de los lujos a que estaba acostumbrado, y al final del debate se acordó que el único ahorro posible era la ración de chocolate del loro, cuya insignificancia no hace falta aclarar.

CHORRO

A chorros. Copiosamente, en abundancia: *Gasta el dinero a chorros.*
Como los chorros del oro. Comparación ponderativa que se aplica a personas o cosas muy limpias.

CHOTA

Estar como una chota. Estar loco. Como una cabra, como una chiva. La chota (femenino de choto) es la cría de la cabra mientras mama.

CHUNGA

Tomar a chunga. Tomar a broma (= a chacota). Proviene de *chungo*, feo en caló.

CHUPA

Poner a alguien como chupa de dómine. Reprenderle agriamente, dirigirle improperios (= ponerle como un trapo, ponerle verde). Chupa de dómine (ant.): chaqueta de maestro o preceptor de gramática latina, cuya falta de aseo era al parecer proverbial.

CHUPAR

Chupar banquillo. En deportes de competición, aplícase al jugador que permanece más tiempo en el banquillo (como reserva, por lesión, por castigo, etc.) que en el terreno de juego.
Chupar cámara. Situarse en primer plano o hacerse notar en detrimento de otras personas. Es una expresión propia del medio televisivo.
Chupar del bote. Medrar aprovechándose del cargo que se desempeña.

Chupar rueda. En ciclismo, colocarse un corredor inmediatamente detrás de otro para utilizarlo como pantalla frente a la resistencia del aire. Copiar, aprovecharse del trabajo de otro.
Chuparse el dedo. Ser o fingirse simple, incapaz para comprender algo: *¿Os creéis que me chupo el dedo?*
Chuparse uno los dedos. Comer algo con mucho gusto. Se emplea en sentido figurado, aplicándolo ponderativamente a cosas o personas o refiriéndose a situaciones que procuran deleite. *Estas natillas están (como) para chuparse los dedos.*

CHURRA

Confundir churras y merinas. No distinguir adecuadamente dos cosas que guardan cierta semejanza pero son distintas. La churra es una raza ovina cuyos ejemplares tienen las patas y la cabeza cubiertas de pelo corto, grueso y rígido, y cuya lana es más basta y larga que la de las ovejas de raza merina. Churras y merinas se emplea en otras locuciones que se construyen con los verbos mezclar, discutir (discutir si son churras o merinas, como ejemplo de debate vano e inútil), etc.

CHUZO

Caer chuzos de punta. Caer granizo, llover o nevar con mucha fuerza (chuzo= carámbano).

CICLÓN

Ser alguien un ciclón. Tener gran empuje, desplegar una actividad incansable, abordar los asuntos con gran energía y resolución, hasta el punto de abrumar y arrollar a los demás. Es obvia la analogía con el huracán.

CIEGO, A

A ciegas. Ciegamente. Sin conocimiento, sin reflexión.
Ponerse ciego. Ofuscarse. Hartarse (de comer o beber).

CIELO

A cielo abierto. Al descubierto: *Por esta parte de la ciudad, la línea férrea discurre a cielo abierto.*
Bajado (llovido o venido) del cielo. Aplícase a la persona que llega o al suceso favorable que acaece en el momento más oportuno: *Aquel dinero me vino como llovido del cielo.*
Estar en el séptimo cielo. Estar en la gloria, alcanzar la mayor felicidad. Según tradiciones antiguas, en el cielo había distintos grados de bienaventuranza, y el séptimo sería el supremo.
Remover cielo y tierra. Acudir a todas las instancias posibles, efec-

tuar incansablemente gestiones para lograr un fin: *Removió cielo y tierra para conseguir aquel permiso.*
Ver el cielo abierto. Presentársele a uno la ocasión favorable para salir de un apuro o para conseguir el fin propuesto: *Cuando Fulano me hizo aquel ofrecimiento, vi el cielo abierto.*

CIEN
Cien por cien. Totalmente (= ciento por ciento).
Ponerse uno a cien. Por analogía con la velocidad de los automóviles, causarle gran excitación: *No me digas eso, que me pongo a cien.*

CIENCIA
A ciencia cierta. Con toda seguridad, sin duda alguna. Suele usarse con el verbo saber. *No pude informarle porque no lo sabía a ciencia cierta.*
No tener o tener poca ciencia. Carecer de conocimientos o tenerlos elementales.

CIENTO
A cientos. En grandes cantidades.
Ciento por ciento. Totalmente (= cien por cien).
Ciento y la madre. Muchedumbre de personas: *Cuando llegamos, allí había ciento y la madre.*

CIERTO
Por cierto. Ciertamente, de verdad.

CIGÜEÑA
Esperar la cigüeña. Esperar un hijo. La atribución a la cigüeña *(Ciconia ciconia)* del papel de portadora de recién nacidos es de origen escandinavo, alimentado sin duda por las costumbres regulares y edificantes de esta ave: su apego a los mismos lugares, su monogamia, los grandes cuidados que prodiga a su prole y a sus progenitores viejos, etc. La leyenda se extendió por el mundo en el s. XIX gracias sobre todo a los cuentos de Hans Christian Andersen.

CIMA
Dar cima a una cosa. Concluirla, llevarla a su fin y perfección: *Tras largos años de investigación, por fin dio cima a su obra.*

CINCO
Esos cinco. La mano: *¡Choca esos cinco! (¡Dame la mano!).*
Estar sin (o no tener ni) cinco. No tener nada de dinero: *Después de efectuar aquellos pagos, me quedé sin cinco.*

CINTURA

De cintura para abajo. Lo relativo a la sexualidad.
Meter en cintura. Sujetar, hacer entrar en razón: *A ese chico hay que meterlo en cintura.*

CINTURÓN

Apretarse el cinturón. Verse obligado a reducir gastos: *Nuestros beneficios se han reducido, así que tendremos que apretarnos el cinturón.*

CIRCULACIÓN

Poner en circulación. Distribuir. Dar a la publicidad. Propagar. *Pusieron en circulación moneda falsa.*
Retirar de la circulación. Apartar algo de su uso público. *Ese modelo de autobús ya está retirado de la circulación.*

CIRCUNSTANCIA

De circunstancias. Lo que requiere la circunstancia. Se aplica a lo que está influido por una situación ocasional. *Hizo una presentación de circunstancias.*

CISCO

Hacer cisco. Romper en trozos pequeños (= hacer añicos): *He hecho cisco un vaso.*

CLARO

A las claras. Manifiesta, públicamente: *Se lo dije a las claras.*
Pasar la noche en claro. No dormir (= pasar la noche en blanco).
Sacar en claro. Aclarar un asunto, alcanzar la comprensión de algo: *Con esas explicaciones que me das, no consigo sacar nada en claro.*

CLAVADO, A

Dejar clavado a uno. Dejarle sin saber cómo reaccionar.

CLAVIJA

Apretar a uno las clavijas. Forzarle con argumentos o reconvenciones a adoptar la actitud que se desea de él.

CLAVO

Agarrarse a un clavo ardiendo. Valerse de cualquier recurso para evitar un mal o para conseguir un fin.
Como un clavo. Se recurre a esta locución para subrayar la puntualidad: *Allí estaba yo, a las seis en punto, como un clavo.*

Dar en el clavo. Acertar: *Por tu reacción, adivino que he dado en el clavo.*

COCO

Comer el coco a alguien. Ejercer sobre alguien una influencia absoluta (= sorberle el seso): *Ese chico no era así; yo creo que alguien le ha comido el coco.*
Comerse uno el coco. Perder la capacidad de discernimiento. Obsesionarse.
Ser un coco. Ser muy feo. Ser temible. Ser una cosa la peor entre varias: *Este curso el coco son las matemáticas.*

CODO

Codo con codo. Unión estrecha de dos o más personas, con objeto de cooperar para lograr un fin o para apoyarse unas a otras: *Si no trabajamos codo con codo, no sacaremos adelante el proyecto.*
Empinar el codo. Beber mucho vino o licores: *Había empinado el codo y se puso pesadísimo.*
Hablar por los codos. Hablar demasiado.
Hincar uno el codo (o los codos). Estudiar con ahínco: *O hincas los codos (en la mesa) o no sacas el curso.*

COGER

Coger a uno de nuevas una cosa. No tener noticia alguna de ella, por lo que al enterarse le produce sorpresa: *Me lo dijo, y la verdad es que me cogió de nuevas.*
Cogerla. Se sobreentiende una borrachera. Tomarla con algo, empeñarse en algo.
Cogerla con uno. Tomarla con uno, tenerle ojeriza.

COJEAR

Cojear del mismo pie. Se aplica a dos o más personas que comparten ideas, intereses o actitudes.
Saber de qué pie cojea. Saber cuáles son sus ideas, intereses o actitudes: *Lo conozco desde hace años y sé de qué pie cojea.*

COJO, A

A la pata coja. Servirse de un solo pie para avanzar. En sentido figurado, quedar algo o alguien en situación inestable.

COLA

Tener o traer cola. Traer consecuencias desagradables: *Ya decía yo que este asunto traería cola.*

CÓLERA

Montar en cólera. Airarse, encolerizarse.

COLGADO, A

Estar o quedarse colgado. No poder concluir un asunto. Quedarse en situación precaria. *Esperaba que me trajera el material que necesito para continuar el trabajo, pero me ha dejado colgado.*

COLMILLO

Enseñar a uno los colmillos. Manifestar fortaleza, hacerse temer o respetar.
Tener el colmillo (o los colmillos) retorcido. Ser astuto o sagaz por la edad o la experiencia, y difícil de engañar (= sabérselas todas).

COLMO

Ser el colmo. Alcanzar el límite de lo tolerable.

COLOR

De color de rosa. Se aplica a las situaciones que se consideran de un modo halagüeño: *Para Fulano la vida ha sido siempre de color de rosa.*

COMBA

Dar a la comba. Hacerla girar para saltarla o para que la salten otros.
No perder comba. No desaprovechar ninguna ocasión favorable.

COMBATE

Fuera de combate. Imposibilitado de proseguir la lucha. Se emplea con los verbos estar, quedar, dejar, etc.

COMEDIA

Comedia de capa y espada. La que refleja costumbres caballerescas, preferentemente del s. XVII

COMER

Comerse (vivo) a alguien. Abrumarlo, anularlo, poner de manifiesto su inferioridad: *No puedo competir con él; ése se me come vivo.*
Sin comerlo ni beberlo. Sin haber intervenido en un asunto ni haber sufrido daño ni obtenido provecho de él (= sin tener ni arte ni parte): *Lo metieron en un lío sin comerlo ni beberlo.*

COMINO

Importar un comino. No importar nada. Alude a la extrema pequeñez de las semillas de esta planta *(Cuminum cyminum).*

COMPONER

Componérselas. Ingeniarse para salir de un apuro o lograr un fin (= apañárselas, arreglárselas): *Ya me las compondré por mi cuenta.*

COMPOSICIÓN

Composición de lugar. Se emplea con el verbo hacer. *Hacer la composición de lugar:* Meditar todas las circunstancias de un asunto para tener una idea cabal de él. *Antes de tomar una decisión, hay que hacer la composición de lugar.*

COMPUESTO, A

Quedarse una mujer compuesta y sin novio. Ser abandonada por el novio cuando se halla a punto de casarse. Aquí debe entenderse compuesta como ataviada y engalanada.

CONCHA

Meterse uno en su concha. Retraerse, aislarse, como los moluscos que se introducen en la concha para protegerse de sus enemigos.
Tener muchas conchas (o más conchas que un galápago). Ser muy reservado, disimulado y astuto. (Como si estuviera protegido por un caparazón.)

CONCIENCIA

A conciencia. Se dice de las cosas que se hacen con el máximo rigor y propiedad: *Estos muebles están hechos a conciencia.*
Cargo de conciencia. Culpa que pesa sobre la conciencia: *Rechacé su proposición porque no quiero tener ese cargo de conciencia.*
En conciencia. De conformidad con la propia conciencia: *En conciencia, no puedo acceder a lo que se me pide.*
Remorderle a uno la conciencia. Acusarle a uno su propia conciencia por una culpa.

CONCILIAR

Conciliar el sueño. Dormirse: *No lograba conciliar el sueño.*

CONEJILLO

Conejillo de Indias. Nombre que se da al cobayo *(Cavia cobaya)*, un roedor de origen sudamericano que se emplea para experimentos de laboratorio porque es susceptible a muchas de las enfermedades que afectan al hombre, y porque resulta muy fácil de criar y mantener. Por analogía, se aplica este nombre a las personas a las que otras utilizan para probar en ellas los efectos de una determinada situación peligrosa o desfavorable: *Al pobre lo hicieron servir de conejillo de Indias.*

CONFESAR

Confesar de plano (o de pleno). Declarar una cosa sin ocultar nada.

CONOCIMIENTO
Con conocimiento de causa. Conociendo plenamente los antecedentes de un asunto: *Hablaba con conocimiento de causa.*

CONSIDERACIÓN
De consideración. De importancia: *Sufrió heridas de consideración.*
En consideración. En atención: *La sanción fue leve, en atención a su impecable hoja de servicios.*
Tener o tomar en consideración. Considerar algo digno de atención: *Hay que tomar en consideración todos los pros y contras del asunto.*

CONSTAR
Hacer constar. Manifestar o notificar: *Hicieron constar su protesta.*

CONSUMAR
Consumar el matrimonio. Tener los casados su primera relación sexual.

CONTADO
Al contado. Pago inmediato que se realiza en dinero efectivo o su equivalente: *¿Paga usted al contado o con tarjeta de crédito?*

CONTANTE
Contante y sonante. Se aplica al dinero efectivo (sonante = que suena, como era lógico tratándose de monedas metálicas).

CONTENTO, A
Darse o tenerse por contento. Darse por satisfecho, aceptar algo de buen grado: *Puede darse por contento de haberse librado sólo con una multa.*
No caber uno de contento. Sentirse muy satisfecho: *Cuando me vio no cabía (en sí) de contento.*
Ser uno de buen (o mal) contentar. Ser fácil (o no) satisfacerle: *No causa ninguna molestia; es de buen contentar.*

CONTRA
Hacer o llevar la contra. Oponerse a la voluntad ajena: *El único en discrepar fue Fulano; ya sabes que siempre lleva la contra.*

CONTRACORRIENTE
A contracorriente. En contra de la opinión general: *Actuar a contracorriente tiene sus riesgos.*

CONTRAPELO

A contrapelo. Por analogía con la acción de ir en contra de la dirección del pelo, actuar contra el curso natural de los acontecimientos.

CONTRATIEMPO

A contratiempo. En música, se emplea esta expresión cuando la duración de una nota se extiende a dos tiempos del compás, no comprendiendo sino una parte del primero. En sentido figurado, lo que resulta intempestivo.

COPA

Ir de copas. Recorrer un grupo de amigos varios bares, haciendo consumición en cada uno de ellos.

COPETE

De alto copete. De la aristocracia. En otro tiempo se aplicaba sólo a las damas, porque era costumbre entre las nobles llevar el peinado alto (copete = pelo levantado sobre la frente).

CORAZÓN

A corazón abierto. Intervención quirúrgica que implica desviar extracorpóreamente la circulación sanguínea, y abrir las cavidades cardíacas.

Anunciarle, decirle o darle a uno una cosa el corazón. Presentirla: *Me lo decía el corazón.*

Con el corazón en la mano o de todo corazón. Con toda franqueza y sinceridad: *Yo acudí a él con el corazón en la mano, y se aprovechó de mi buena fe.*

El corazón en un puño. Locución que indica estado de angustia, aflicción o depresión. Se emplea con los verbos estar (con), meter, poner, tener, etc.: *Tardaba tanto, que me tenía con el corazón en un puño.*

Encogérsele a uno el corazón. Desanimarse: *Aquella escena le encogía a uno el corazón.*

No caberle a uno el corazón en el pecho. Estar muy sobresaltado e inquieto por algún motivo de pesar o de ira. Ser magnánimo, denodado.

Partir o romper el corazón. Causar gran aflicción.

Romper o partir corazones. Seducir a las personas del otro sexo. *Ser un (o una) rompecorazones:* ser un(a) seductor(a).

Tener buen o mal corazón. Tener o no tener nobleza de sentimientos. Ser o no compasivo. Se dice también ser todo corazón, tener un gran corazón o ser duro de corazón, no tener corazón.

CORO

A coro. Decir varias personas simultáneamente una misma cosa: *Respondieron a coro.*
Hacer coro. Sumarse a las opiniones de otro: *Fulano siempre le hace coro al director.*

CORONAR

Coronar una posición. Alcanzarla.

CORONILLA

Andar, bailar o ir de coronilla. Hacer algo con el mayor afán y diligencia.
Estar hasta la coronilla. Estar cansado y harto de una persona o situación: *Estoy hasta la coronilla de su insistencia.*

CORRER

A todo correr. Con la máxima celeridad posible.
Correr con. Hacerse cargo de: *Yo corro con todos los gastos.*
Correrla. Ir de juerga: *Trabajaremos hasta muy tarde, y luego, a correrla.*
Dejar correr. Desentenderse de algo. Alude seguramente a dejar correr el agua cuando no se precisa. *Ese asunto ya no tiene arreglo; dejémoslo correr.*
El que no corre, vuela. Locución que da a entender la presteza con que obra alguien para procurarse beneficio.

CORRIDA

De corrida. Con presteza, sin estorbos (= de corrido).

CORRIDO

De corrido. Con presteza, sin estorbos (= de corrida).

CORRIENTE

Al corriente. Enterado: *estar al corriente un asunto, ponerle a uno al corriente de la situación.*
Corriente y moliente. Común, ordinario: *No le veo nada de particular; lo encuentro corriente y moliente.*
Ir contra corriente. Llevar la contraria. No seguir la opinión de la mayoría.
Seguir la corriente. Seguir la opinión ajena sin someterla a examen: *No tiene criterio propio; se limita a seguir la corriente.*

CORSO

Tener patente de corso. Tener licencia para hacer algo que normalmente no está permitido. Estar exento de obligaciones que afectan a los demás. En otro tiempo designaba la campaña que hacían los buques mercantes con patente (permiso) de su gobierno para actuar contra barcos enemigos o piratas (del latín *cursus*, carrera).

CORTADO, A

Estar cortado. Estar cohibido, perplejo, confuso, avergonzado: *Su contestación me dejó cortado.*
Estar cortado por el mismo patrón. Ser dos o más personas iguales en carácter, sustentar las mismas opiniones, etc.

CORTAR

Cortar por lo sano. Poner fin decididamente a una situación indeseable, como el cirujano que corta una parte sana para prevenir la extensión de un mal.

CORTE

Dar corte. Quedar uno cohibido o avergonzado ante determinada situación o persona: *La verdad es que me da corte decírselo.*
Dar o hacer un corte de mangas. Ademán obsceno y despectivo que se interpreta como negativa o rechazo. Se usa también en sentido figurado, esto es, con idéntico significado pero sin que se produzca físicamente el ademán: *Si se lo pides, lo más probable es que te haga un corte de mangas.*
Hacer la corte. Cortejar.

CORTÉS

Lo cortés no quita lo valiente. Locución con que se da a entender que son compatibles las buenas maneras y la defensa de los propios derechos o principios: *Yo le diré muy claro lo que pienso, que al fin y al cabo lo cortés no quita lo valiente.*

CORTO, A

A la corta o a la larga. Tarde o temprano. Se aplica a lo que forzosamente ha de suceder, aunque no se le pueda señalar plazo. *A la corta o a la larga terminará cediendo.*
Ni corto ni perezoso. Con decisión, diligentemente: *Ni corto ni perezoso, fue a protestar ante el director.*
Quedarse corto. Obrar con timidez y poca resolución: *Se quedó corto en sus demandas.* No llegar a rematar un asunto, errar un cálculo por defecto: *Creí que el trabajo iba a ocupar cuarenta folios, pero me quedé corto.*

COSA

A cosa hecha. Con éxito seguro: *ir a cosa hecha.*
Como quien no quiere la cosa. Con disimulo, fingiendo indiferen-

cia ante lo que realmente se desea: *Lo dijo como quien no quiere la cosa.*
Como si tal cosa. Sin darle importancia. Como si no hubiera pasado nada. *Después de lo que nos hizo, vino a vernos como si tal cosa.*
Cosa de. Cuando a esta locución le sigue un verbo en infinitivo, significa que debe cumplirse lo que éste significa: *Será cosa de estudiarlo.*
Decir a alguien cuatro cosas. Hacerle objeto de reconvenciones merecidas (= cantarle las verdades).
Lo que son las cosas. Fórmula que se intercala en la exposición de un asunto, para subrayar el carácter insólito o casual de lo que va a referirse: *Estábamos hablando de él y, lo que son las cosas, se abre la puerta y se nos presenta.*
No sea cosa que. Locución que expresa prevención o cautela: *Date prisa, no sea cosa que lleguen.*
No ser cosa de. No ser conveniente u oportuno aquello a lo que se hace referencia: *En las actuales circunstancias, no es cosa de meterse en gastos.*
Poquita cosa. Locución que se aplica a lo que es insignificante, de poca monta. Generalmente hace referencia al físico de las personas: *Tan poquita cosa que es y tiene una salud de hierro.*
Por una(s) cosa(s) u otra(s). Por varias razones al mismo tiempo y ninguna en concreto: *Por unas cosas u otras, este trabajo nunca se termina.*

COSECHA
De la cosecha de uno. De su propia invención: *Cuando leí aquel texto, comprendí que no era de su cosecha.* También se dice *no haber salido esa lechuga del huerto de uno.*

COSER
Ser algo coser y cantar. Ser muy fácil: *El examen fue (como) coser y cantar.* Parece claro que las costureras hábiles están tan habituadas a su trabajo, que se pueden permitir cantar mientras cosen.

COSQUILLAS
Buscarle a uno las cosquillas. Provocarle, causarle enojo recurriendo a los medios más apropiados: *Será mejor no buscarle las cosquillas; no sabemos cómo puede reaccionar.*

COSTA
A costa de. Locución con que se expresa el trabajo o fatiga que se pone a contribución para lograr un fin: *Se enriqueció a costa de su*

propia salud. A expensas o en detrimento de otro: *Se divirtieron a su costa.* La costa es la cantidad que se paga por algo (= coste).
A toda costa. Sin limitación en el gasto o en el trabajo: *He de conseguirlo a toda costa* (= cueste lo que cueste).

COSTADO

Por los cuatro costados. Por todas partes, enteramente: *El edificio ardió por los cuatro costados.*

COSTAR

Costarle caro. Acarrearle mucho perjuicio o daño: *Ese error le va a costar caro.*

COTO

Poner coto. Impedir que continúe una situación indeseable. Coto es un terreno acotado, esto es, con el acceso limitado. *Hay que poner coto a sus excesos.*

CRÁNEO

Ir de cráneo. Desempeñar una tarea que requiere mucha actividad y permanente dedicación. Estar continuamente abrumado por las exigencias de otros (= andar o ir de cabeza).

CRÉDITO

A crédito. A plazos. Adquirido con dinero obtenido mediante crédito.
Dar crédito a una cosa. Creerla, tenerla por verdadera: *No daba crédito a lo que estaba oyendo.*

CRESTA

Dar a uno en la cresta. Pegarle en la cabeza (= cresta). Se usa en sentido figurado: mortificarlo, reconvenirlo de manera contundente y certera.

CRISTIANO, A

Hablar en cristiano. Emplear un lenguaje inteligible.

CRISTO

Armar un Cristo. Promover un alboroto o una discusión acalorada. Es probable que se trate de una simplificación de *armar la de Dios es Cristo,* como también lo sería *armarse la de Dios.*
Armarse o ser la de Dios es Cristo. Organizarse un gran alboroto, una riña. El origen de esta locución parece hacer referencia a las disputas teológicas suscitadas durante el concilio de Nicea (325) a

propósito de la naturaleza humana y divina de Cristo (esto es, si Cristo era Dios o sólo hombre).
Como a un Cristo dos pistolas. Locución que suelen introducir verbos como caer, ir, sentar, pegar, etc., y que se aplica a lo que resulta manifiestamente inadecuado o impropio y a las cosas incompatibles entre ellas: *Le sienta como un par de pistolas a un Santo Cristo.*
Donde Cristo dio las tres voces. En un lugar muy distante o extraviado. Esta locución hace referencia al desierto al que Cristo se retiró durante cuarenta días para orar. El demonio acudió a tentarlo tres veces, y otras tantas lo rechazó Cristo dirigiéndole las frases o «voces» a que alude este dicho (Mateo, 4, 1-11 y Lucas, 4, 1-13). A veces se añade: «y donde nadie le oyó».
Hecho un Cristo. Maltratado, herido.
Ni Cristo que lo fundó. Locución con que se refuerza una negativa rotunda.
Todo Cristo. Todo el mundo.

CRUZ
A cara o cruz. Al azar. Se refiere a la cara y la cruz de una moneda.
Cruz y raya. Locución con que suele expresarse el propósito de no volver a hacer algo: *Comimos tan mal en aquel restaurante, que no volveremos más: cruz y raya.*
En cruz. En forma de cruz: *brazos en cruz.*
Hacerse uno cruces. Manifestar admiración o extrañeza por algo: *Cuando se enteró se hacía cruces.*

CRUZAR
Cruzarle a uno la cara. Abofetearlo.

CUADRO
Estar en cuadro o quedarse en cuadro. Refiriéndose a un grupo de personas, quedar éste reducido al mínimo: *Empezó a marcharse la gente y nos quedamos en cuadro* (= cuatro y el cabo, cuatro y el de la guitarra).

CUAJO
De cuajo. De raíz, enteramente. Suele utilizarse con el verbo arrancar.

CUAL
A cuál más. Locución con que se pondera que una cualidad o defecto está de tal modo arraigado en un grupo de personas, que no

puede precisarse cuál de ellas aventaja a las demás: *Los hermanos eran a cuál más inteligente.*
Tal cual. Igual, sin cambios: *Lo encontré tal cual lo había dejado.*

CUANDO

Cuando más o cuando mucho. Todo lo más. Tiempo máximo que se calcula para algo.
Cuando menos o cuando poco. Al menos. Tiempo mínimo que se calcula para algo.
De cuando en cuando o de vez en cuando. Algunas veces, de tiempo en tiempo: *Viene a vernos de vez en cuando.*

CUARENTA

Cantar a uno las cuarenta. Expresión tomada de un juego de naipes, en que cantar significa decir el punto o calidades. Decirle a uno con resolución y desenfado lo que se piensa de él aunque le moleste (= cantarle las verdades).

CUARTO, A

De tres al cuarto. De poca monta: *abogadillo de tres al cuarto.*
Echar uno su cuarto a espadas. Tomar parte oficiosamente en la conversación de los otros. En la época en que era común el uso de espadas, recorrían los pueblos unos maestros de esgrima que daban lecciones improvisadas. El que deseaba intervenir en los combates organizados con fines de aprendizaje o perfeccionamiento, no tenía más que depositar unas monedas (cuartos) en un platillo dispuesto con este fin, aunque no conociera al maestro ni a los demás alumnos.
Tres cuartos. Tres cuartas partes. Refiriéndose a una prenda de vestir, chaquetón o tabardo más largo que una chaqueta y más corto que un abrigo.
Tres cuartos de lo mismo. Más o menos igual.

CUBA

Estar como una cuba. Estar borracho.

CUBIERTO

A cubierto. Resguardado, defendido, protegido, tanto en sentido literal *(empezó a llover y nos pusimos a cubierto)* como en sentido figurado *(me asesoré legalmente para ponerme a cubierto de cualquier reclamación).*

CUCHARA

Meterle a alguien una cosa con cuchara. Explicársela con todo detalle a fin de facilitarle su comprensión (= darle una cosa mascada).

CUELLO

Cortar el cuello. En sentido figurado, acabar con alguien, sacrificarlo, eliminarlo de un lugar, apartarlo.
Estar con el agua al cuello. Encontrarse en un grave aprieto o en una situación de peligro.

CUENTA

A cuenta. Dícese de la cantidad depositada como garantía de que se va a completar un pago. Por cuenta de, con cargo a.
Ajustarle a alguien las cuentas. Darle su merecido.
Caer en la cuenta. Comprender: *No caigo en la cuenta de lo que me dices.*
Dar cuenta de. Informar de: *El secretario dio cuenta de sus gestiones.* Acabar con: *Dimos (buena) cuenta de la suculenta comida.*
Darse cuenta de. Comprender, percibir, percatarse.
En resumidas cuentas. En conclusión, como resumen.
Hacer o hacerse uno cuenta o la cuenta. Darse cuenta. Dar por supuesto.
Las cuentas del Gran Capitán. Las que resultan desorbitadas y arbitrarias: *Nos presentó la factura y aquello eran las cuentas del Gran Capitán.* Es bien conocida la leyenda de estas cuentas, relacionadas con la conquista de Nápoles por Gonzalo Fernández de Córdoba, llamado el Gran Capitán. Sus campañas en Italia, en los primeros años del s. XVI, culminaron con la conquista del reino de Nápoles para Fernando el Católico. Se le pidieron cuentas de los gastos de la guerra, y el Gran Capitán consideró que aquello era una mezquindad después de haber dado un reino al monarca. Por esta razón, le envió una disparatada lista millonaria, en la que figuraban partidas como limosnas para que frailes y monjas rezaran por los españoles; palas, picos y azadones para enterrar a los enemigos; y, para terminar, una elevadísima cantidad por su paciencia por tener que descender a tales pequeñeces.
No querer uno cuentas con otro. No querer tratos con él.
Perder la cuenta. No conseguir expresar numéricamente ciertas cosas por su antigüedad o elevada cantidad: *Se lo he advertido tantas veces que ya he perdido la cuenta.*
Por o de cuenta y riesgo de. En nombre de, a expensas de: *Que se haga por mi cuenta y riesgo.*
Salir o estar fuera de cuentas. Haber cumplido una mujer el período de gestación: *Su hermana salió ayer de cuentas.*

Vivir a cuenta de. Vivir a cargo de, a expensas de. Depender enteramente de.

CUENTO

Dejarse de cuentos. Ir directamente a un asunto, prescindir de subterfugios, proceder sin ambages: *Déjate de cuentos y vamos a lo que nos interesa.*
El cuento de nunca acabar. Situación, por lo general indeseable, que tiende a perpetuarse. La locución se refiere a un juego de palabras infantil, que consiste en decir que se va a contar un cuento, pero ni siquiera se empieza. («¿Quieres que te cuente un cuento?» «Sí.» «No me digas que sí ni que no; yo te pregunto si quieres que te cuente un cuento», y así una y otra vez. Este cuento que no es tal se llama a veces *El cuento de la buena pipa* o *El cuento de Parampampules.*) *Si no ponemos fin a esta situación, va a convertirse en el cuento de nunca acabar.*
Tener mucho cuento. Ser exagerado o presuntuoso. Ser hábil en inventar excusas. Antes se decía «tener más cuento que Calleja», recordando a este editor madrileño, cuyas colecciones de cuentos, muy populares, llegaron a reunir gran cantidad de títulos.
Venir a cuento. Venir al caso, a propósito, ser una cosa oportuna: *Lo que dijo no venía a cuento.*
Vivir del cuento. Vivir sin trabajar, aprovechándose de los demás (contándoles cuentos, esto es, inventando excusas) o de una situación ventajosa.

CUERDA

Andar o bailar en la cuerda floja. Hallarse en una posición precaria, como los funambulistas del circo, lo que explica este símil.
Bajo cuerda. Secretamente (= bajo mano).
Dar cuerda a algo. Dar largas, demorar.
Dar cuerda a alguien. Halagarle para lograr algo de él. *Dar cuerda (o soga) a alguien para que se ahorque*: Abstenerse de poner fin a una situación indeseable, y permitir que el responsable de ella se comprometa cada vez más, a fin de que recaigan plenamente sobre él las consecuencias que pudieran derivarse.
Ser de la misma cuerda. Se dice de las personas que sustentan las mismas ideas: *Ésos dos se entienden muy bien porque son de la misma cuerda.*
Tener cuerda para rato. Tener por delante mucha vida: *Pese a su edad, goza de una excelente salud, o sea que tiene cuerda para rato.*

CUERNO

Al cuerno. Expresión de rechazo que podría guardar relación con alguna de las acepciones menos frecuentes de este término: el cuerno de la luna, el cuerno o ala de un ejército, el cuerno de orinar u orinal, etc. *¡Que se vayan todos al cuerno!*
Coger el toro por los cuernos. Enfrentarse resueltamente a una situación.
Importarle algo a uno un cuerno. No importarle nada.
Oler o saber a cuerno quemado. Despertar algo sospechas, producir algo una impresión desagradable (= oler a chamusquina).
Romperse los cuernos. Esforzarse al máximo.
¡Un cuerno! Expresión interjectiva de negación.

CUERO

En cueros o en cueros vivos. Completamente desnudo (cuero=piel, del latín *corium*).

CUERPO

A cuerpo. Sólo con el traje, sin abrigo. A veces se añade «gentil».
A cuerpo de rey. Con todo regalo y la mayor comodidad: *Lo trataron a cuerpo de rey.*
A cuerpo limpio. Modo de pelear sin armas o con armas blancas. Se usa también en sentido figurado.
Cuerpo a cuerpo. Manera de luchar apretadamente (un cuerpo contra el otro).
Cuerpo a tierra. Voz de mando para que los soldados se arrojen al suelo, a fin de ponerse a salvo del fuego enemigo.
De cuerpo presente. Se dice del cadáver, durante el tiempo que media entre el fallecimiento y el entierro.
De medio cuerpo. Retrato en el que sólo se reproduce la mitad superior del cuerpo.
En cuerpo y alma. Totalmente, con la mayor dedicación o entrega: *Está comprometido en cuerpo y alma con esa causa.*
Pedirle a alguien una cosa el cuerpo. Apetecerle, desearla: *El cuerpo me está pidiendo algo dulce.*
Quedarse alguien con algo en el cuerpo. Omitir algo, conteniéndose de decirlo por algún motivo.
Tomar cuerpo. Aumentar una cosa. Adquirir algo su aspecto definitivo. *La evidencia iba tomando cuerpo.*

CUESTA

A cuestas. Le precede el verbo llevar: cargar con algo o alguien. *Salió de casa con un cajón a cuestas.*
Cuesta de enero. Período de dificultades que coincide con este mes

a consecuencia de los gastos extraordinarios hechos durante las fiestas de Navidad. La expresión proviene de una costumbre antigua, anterior a la implantación de la paga extra navideña, que consistía en adelantar a los funcionarios el sueldo de enero a la víspera de Navidad. Como es lógico, dicho sueldo llegaba muy mermado al término de las celebraciones.

Hacérsele a uno cuesta arriba una cosa. Hacerla con repugnancia o con gran esfuerzo. *La verdad es que ese viaje se me hace muy cuesta arriba.*

CUIDADO

Al cuidado. A cargo, bajo la responsabilidad de. *La edición está al cuidado de Fulano. Dejó a los niños al cuidado de su abuela.*

Allá cuidados. Locución que indica despreocupación o desinterés por un asunto: *Yo les entregué lo que me habían pedido, y allá cuidados.*

De cuidado. Que ha de ser tratado con cautela, que es peligroso: *Es un tipo de cuidado.* Grave: *Está enfermo de cuidado.*

CULO

A culo pajarero. Con las nalgas desnudas. Posiblemente alude a que los pájaros tienen las plumas más cortas bajo la rabadilla.

Con el culo al aire. En posición desairada, inerme, al descubierto. Se usa con verbos como encontrarse, estar, quedarse, etc.

Confundir el culo con las témporas. Tomar una cosa por otra con la que no guarda la menor relación. Como no la guardan, ciertamente, esa parte del cuerpo y las cuatro témporas o período de ayuno establecido por la Iglesia, con el que comenzaba cada una de las estaciones del año.

Culo de mal asiento. Persona inquieta o inestable, que no se siente a gusto en ninguna parte. Se aplica en particular a la que cambia con mucha frecuencia de domicilio, ocupación, etc.

De culo. Se emplea con los verbos andar e ir. Desempeñar una tarea que requiere mucha actividad y permanente dedicación. Estar continuamente abrumado por las exigencias de otros (= andar o ir de cabeza o de cráneo). Mostrar un celo excesivo en el cumplimiento de la tarea encomendada.

CUÑA

Meter cuña. Introducir motivos de malestar o discordia. Entrometerse. Intervenir en un asunto o conversación: *No paró de hablar; no dejó a nadie meter cuña.* La cuña es una pieza de madera o metal, terminada en ángulo diedro muy agudo, que sirve para hender cuerpos sólidos, ajustar, apretar, cubrir alguna raja o hueco, calzar una parte móvil (por ejemplo, una puerta, con el fin de inmovilizarla), etc.

CUÑO

De nuevo cuño. Se aplica al que ha ingresado recientemente en una profesión, gremio o clase social. También a cualquier cosa recién adoptada o incorporada. Cuño es un troquel o sello que se imprime, y proviene de la misma raíz que cuña.

CURADO, A

Estar alguien curado de espanto. A causa de la experiencia acumulada, no extrañarse ni escandalizarse ante situaciones anómalas. Suele usarse en plural: espantos. *Después de lo que me ha tocado presenciar en esta vida, ya estoy curado de espantos.*

D

DADO, A

Ser dado a. Ser propenso o aficionado a: *Fulano es dado a las bromas pesadas.*

DANZA

En danza. En movimiento, en actividad: *Yo madrugo mucho: a las seis ya estoy en danza.*

DAR

Ahí me las den todas. Expresión que denota desinterés, desapego por algo o alguien.

¡Dale! ¡Dale que dale! ¡Dale que te pego! Exclamaciones de enfado ante la reiteración de un hecho o la obstinación ajena: *Se le advirtió que no lo hiciera, pero él, ¡dale que te pego!*

Dar a entender. Insinuar algo sin decirlo con claridad: *¿Qué quieres dar a entender con eso?*

Dar de sí. Extenderse, ensancharse: *Este jersey me viene algo justo, pero ya (se) dará de sí.* Producir beneficios. Dar rendimiento una persona o cosa. *El negocio ya no da más de sí.*

Dar en. Empeñarse en: *Dio en hablar mal de él en cuantas ocasiones se le presentaban.*

Dar que decir. Observar una conducta censurable que suscita comentarios ajenos (= dar que hablar).

Darle a uno por ahí. Adoptar una determinada costumbre o idea: *Va al cine todas las tardes; ahora le ha dado por ahí (o por eso).*

Darse cuenta. Percibir. Comprender.

Dárselas de. Aparentar algo que no se es: *Se las da de entendido en la materia.*

Donde las dan las toman. Locución que se aplica a situaciones de desquite o venganza.

No dar una o ni una. Cometer una equivocación tras otra: *Déjalo ya, que no das ni una.*

Para dar y tomar. En abundancia: *Había suciedad para dar y tomar.*

DECIR

Dar que decir. Observar una conducta censurable que suscita comentarios ajenos (= dar que hablar).
Decir por decir. Hablar por hablar. Hablar sin fundamento. *Eso lo dijo por decir.*
El qué dirán. Los comentarios ajenos, generalmente de censura: *A mí no me preocupa lo más mínimo el qué dirán.*
Es decir. O sea; esto es.
Es un decir. Expresión que se intercala en una frase con el significado de «por ejemplo», «supongamos», etc.
Que digamos. Locución con que se afirma y pondera lo mismo que se dice con negación en el primer elemento de la frase: *Y Fulanita no es guapa, que digamos.*
Ya es decir. Lo que resulta evidente o es sabido de todos: *Era el primero en un grupo de superdotados, lo que ya es decir.* La adición del adverbio de cantidad *(Ya es mucho decir)* introduce un matiz de concesión: *Suponiendo que te admitan, lo que ya es mucho decir.*

DEDILLO

Al dedillo. Lo que se ha aprendido perfectamente y se sabe con todo detalle.

DEDO

A dedo. Nombramiento que no se hace por elección, sino por designación directa.
Cogerse o pillarse los dedos. Sufrir las consecuencias desfavorables de un descuido, improvisación, error de cálculo, etc. *Se han pillado los dedos en ese negocio.*
Chuparse el dedo. Ser o fingirse simple, incapaz de comprender algo.
Chuparse los dedos. Comer algo con mucho gusto. Se emplea en sentido figurado, aplicándolo ponderativamente a cosas o personas o refiriéndose a situaciones que procuran deleite.
Hacérsele a alguien los dedos huéspedes. Ser excesivamente receloso o suspicaz. Suele decirse «Antojársele...».
No tener dos dedos de frente. Ser de poco entendimiento.
Poner el dedo en la llaga. Conocer y señalar el verdadero origen de un mal, el punto más difícil de una cuestión, aquello que más afecta a una persona.

DEFECTO

Por defecto. Por carencia o falta. *Calcular por defecto:* fallar en el cálculo por no llegar a la cantidad adecuada.

DEFENSIVA

Estar o ponerse a la defensiva. Ponerse en situación de defenderse, previendo el ataque del contrario.

DEJAR

Dejar mucho o bastante que desear. Distar una persona o cosa mucho o bastante de lo que se espera de ella: *En cuanto a competencia profesional, Fulano deja mucho que desear.*
Dejarse ver. Aparecer, mostrarse: *¿Acudirás a la reunión? Sí, me dejaré ver por allí a eso de las siete.*

DELANTERO, A

Tomar la delantera. Anticiparse: *Llegamos en cuanto pudimos, pero él nos había tomado la delantera.*

DERECHO, A

A derechas. Como es debido: *No hacéis nada a derechas.*

DERECHURA

En derechura. Directamente.

DESCONTADO, A

Dar algo por descontado. Darlo por supuesto: *Al encargarle este trabajo, doy por descontado que posee usted la calificación adecuada para llevarlo a cabo.*
Por descontado. Desde luego, ciertamente.

DESCOSIDO

Como un descosido. Sin medida, con exceso: *Comió como un descosido.*

DESCUBIERTO, A

Al descubierto. Descubiertamente. Se dice de la operación mercantil en la cual los contratantes no tienen disponible lo que es objeto de la misma.
Poner al descubierto. Descubrir. Exponer públicamente.

DESHACER

Deshacerse de algo. Prescindir de ello. Eliminarlo.
Deshacerse de alguien. Evitar su compañía: *No sé cómo deshacerme de ese pelmazo.* Matarlo.

DESIERTO

Predicar o clamar en el desierto. Argumentar en vano ante interlocutores mal predispuestos a avenirse a razones. La locución se remite a la «voz que clama en el desierto» a que se refiere Isaías (40,3) y que recoge en su predicación san Juan Bautista (Mateo, 3, 3).

DESPEDIR

Despedirse a la francesa. Marcharse sin despedirse. El origen de esta expresión tal vez haya que buscarlo en algún episodio bélico en que el adversario (francés, en este caso) se retiró imprevistamente. Dadas las escasas simpatías que se profesan los vecinos de la vieja Europa, también podría ser una forma de ironizar sobre la mala educación de unos y otros. Los ingleses, asimismo vecinos y rivales históricos de los franceses, dicen *to take french leave.* Y los franceses les devuelven la cortesía diciendo *filer à l'anglaise.*

DESPERDICIO

No tener desperdicio. Ser muy útil, de mucho provecho: *Lee este artículo; no tiene desperdicio.*

DESPUÉS

Después de todo. Al fin y al cabo, en definitiva.

DESTAJO

A destajo. Por un tanto. Se dice de la tarea que se efectúa por una remuneración previamente fijada según la cantidad de trabajo realizado. En sentido figurado, aquello que se hace con empeño, sin descanso, para acabar cuanto antes. Destajo deriva de destajar (tajar = cortar): ajustar y expresar las condiciones en que ha de hacerse una cosa

DETALLE

Al detalle. Venta al por menor. Lo que se hace pormenorizada, cuidadosamente: *Lo calculó todo al detalle.*
Con o en detalle. Detalladamente.

DÍA

A días. Unos días sí y otros no. De vez en cuando: *¿Que si hay mucho trabajo? Eso va a días.*
A tantos días vista. En el ámbito mercantil, plazo establecido para el cobro de letras o pagarés.
Al día. En el día. Al corriente: *¿No te has enterado? Pues no estás al día.* Sin más recursos que para pasar un día: *Gasta todo lo que gana, así que vive al día.*
Como del día a la noche. Locución que refuerza frases en las que se pone de manifiesto algo radicalmente distinto, que contrasta,

que es incompatible, etc.: *Desde que se incorporó el nuevo director, aquello ha cambiado como del día a la noche.* Se dice también como de la noche al día.
Dar los buenos días. Saludar diciendo buenos días. Cuando se dice de alguien que no da ni los buenos días se da a entender que es avaro, mezquino o seco de carácter.
De un día a otro. De hoy a mañana (= de un día para otro). Se aplica a lo que muda con rapidez: *Esto está deteriorándose de un día a otro* (= de día en día). También a lo que es inminente: *Resulta inevitable; sucederá de un día a otro.*
Del día. De hoy: *periódico del día, pan del día,* etc.
Día y noche. A todas horas, sin interrupción.
El día de mañana. El porvenir: *No sabemos qué nos reserva el día de mañana.*
En su día. En el momento que le correspondió o le corresponderá: *Cuando, en su día, me llegó su recado...*
Haber más días que longanizas. Haber por delante muchos días, disponer de mucho tiempo: *No tengas prisa, que hay más días que longanizas.*
Hoy día u hoy en día. En el presente, en nuestro tiempo.
Tener días. Ser desigual en el comportamiento, humor, estado de salud, etc. *¿Cómo sigue el enfermo? Tiene días.*
Tener los días contados. Hallarse al final de la vida: *Está muy grave. Tiene los días contados.*
Un día es un día. Situación que se aparta de lo acostumbrado, pero que se justifica por algún motivo especial, generalmente gozoso: *Ande, anímese y tome una copita con nosotros, que un día es un día.*

DIABLO

Andar o estar el diablo suelto. Haber perturbaciones, desórdenes o inquietudes en un lugar: *Últimamente ocurren cosas terribles; se diría que el diablo anda suelto.*
Como el diablo. Locución que sigue a diversos adjetivos y que pondera o exagera su significado: malo, listo, rápido, caliente, feo, amargo, etc.
Llevarse algo el diablo. Perderlo, desaprovecharlo, gastarlo sin beneficio para nadie: *Tanto que nos esforzamos, y aquel trabajo se lo llevó el diablo.*
Llevárselo a uno los diablos. Estar furioso, de pésimo humor: *El jefe estaba que se lo llevaban (todos) los diablos.*
Mandar al diablo. Despedir con malos modos (= mandar al cuerno, a hacer gárgaras, a paseo, etc.).

Pobre diablo. Persona insignificante: *Ése no es más que un pobre diablo.*
Tener el diablo en el cuerpo. Ser muy astuto o muy revoltoso.

DIARIO, A

A diario. Todos los días.
De diario. Lo ordinario, lo de todos los días, lo que no se usa en ocasiones especiales: *traje de diario.*

DIBUJOS

No meterse en dibujos. No complicarse la vida. Limitarse a hacer lo que corresponde, sin excederse.

DICHO, A

Dicho y hecho. Lo que se realiza con prontitud, sin dilaciones.
Mejor dicho. Expresión con sentido explicativo o aclaratorio que se coloca entre dos frases, la segunda de las cuales perfecciona o concreta lo que se dice en la primera. *Se lo comuniqué a Fulano; mejor dicho, le mandé una nota muy detallada.*

DICTADO

Al dictado. Siguiendo puntualmente las indicaciones ajenas.

DIENTE

Armarse hasta los dientes. Ir muy bien provisto de armas.
Dar uno diente con diente. Tiritar de frío o de miedo.
Enseñar o mostrar los dientes. Amenazar, por lo general implícitamente. Analogía con los perros y otros animales, que muestran los dientes, como aviso, antes de atacar.
Estar alguien que echa los dientes. Estar furioso, de pésimo humor: *Esta mañana me lo he encontrado, y estaba que echaba los dientes.*
Hablar o decir entre dientes. Refunfuñar, murmurar, hablar de manera ininteligible: *¿Qué estás diciendo entre dientes?*
Hincar o meter el diente. Apropiarse de algo. Participar en algo. Acometer un asunto que se presenta difícil.
Pelar el diente. Sonreír mucho por coquetería.
Poner una cosa los dientes largos. Desearla vehementemente: *Miras el escaparate de esa pastelería y se te ponen los dientes largos.* Causar dentera.

DIESTRO, A

A diestro y siniestro. Sin orden, sin miramiento: *No se pueden hacer acusaciones a diestro y siniestro; hay que probarlas.*
A la diestra. A la derecha. No se emplea habitualmente, ni siquie-

ra en lenguaje literario. Incluso en la versión más reciente del Credo se ha sustituido la fórmula *a la diestra de Dios Padre* por *a la derecha del Padre.*

DIFERENCIA
Partir la diferencia. Ceder cada una de las partes que intervienen en una negociación o disputa, a fin de coincidir en un justo medio.

DIÑAR
Diñarla. Morir (caló).

DIOS
A la buena de Dios. De cualquier manera, improvisadamente (= como Dios le da a entender a uno).
Anda o vaya con Dios. Fórmula de despedida (= adiós).
Como Dios. Insuperablemente.
Como Dios le da a uno a entender. De cualquier manera, sin reflexión (= a la buena de Dios).
Como Dios manda. Como es debido.
Costar o necesitar algo Dios y ayuda. Ser muy laborioso y difícil: *Nos costó Dios y ayuda, pero al fin lo conseguimos.*
Dejado de la mano de Dios. Olvidado, abandonado a su suerte.
Dios mediante. Si Dios quiere. Fórmula piadosa que acompaña a previsiones, proyectos, etc.: *El próximo verano, Dios mediante... Cuando, Dios mediante, concluyan las obras...*
Ni Dios. Absolutamente nadie.
No haber Dios que... No haber nadie que...
¡Por Dios! Locución interjectiva muy común, que se aplica a las más variadas situaciones: súplica, rechazo, aquiescencia, sorpresa, etc.
Que venga Dios y lo vea. Invocación en que se pone a Dios por testigo de un asunto o situación inadmisible.
¡Sabe Dios! ¡Cualquiera sabe! Locución con que se manifiesta ignorancia o inseguridad respecto de algo.
Sin encomendarse a Dios ni al diablo. Sin reflexión, impulsivamente.
Todo Dios. Todo el mundo, todos sin excepción.
¡Válgame Dios! Exclamación de sorpresa o disgusto.
Venir Dios a ver a uno. Sucederle inesperadamente algo favorable, sobre todo si se hallaba en situación apurada.

DIRECTO, A
En directo. En emisiones radiofónicas o televisivas, las que se transmiten directamente, sin estar grabadas.

DISCORDIA

Manzana de la discordia. Objeto de disputa: *Aquella herencia fue la manzana de la discordia.* Según la mitología griega, los dioses fueron invitados a los esponsales de la diosa marina Tetis y de Peleo, uno de los argonautas. Sólo quedó excluida de la invitación la Discordia, para evitar que promoviese disidencias. Afrentada por ello, depositó secretamente sobre la mesa, al término del festín, una manzana de oro con la inscripción «Para la más hermosa». El héroe Paris fue designado para actuar como juez en aquel singular concurso de belleza, en que el título se dirimía entre Hera, Palas Atenea y Afrodita. Paris se decidió por esta última (la Venus de los romanos), desoyendo las promesas de las otras dos y atrayéndose con ello su enemistad.

DISCRECIÓN

A discreción. A voluntad: *Sírvanse ustedes mismos a discreción.*

DISGUSTO

A disgusto. Contra la voluntad o el gusto de uno: *Fui, pero a disgusto.*

DISPARADERO

Poner a alguien en el disparadero. Ponerle en situación de perder la paciencia, de no contenerse más y exteriorizar su ira o enfado. El disparadero es el disparador o dispositivo de las armas de fuego que sirve para dispararlas.

DISTANCIA

Guardar las distancias. Mantenerse alejado de algo o alguien por respeto, prevención o cálculo (= mantener las distancias).

DOCTOR

Doctores tiene la Iglesia. Comentario que se hace para eludir una respuesta o una responsabilidad, remitiéndose a autoridades reconocidas, especialistas en la materia, etc. *De eso no sé nada. Doctores tiene la Iglesia.* La expresión está tomada del catecismo del padre Astete, que la da como contestación a una pregunta sobre la naturaleza de lo que enseña la Iglesia.

DOLER

Ahí le duele. Locución que da a entender que se ha acertado con el motivo de disgusto o preocupación de una persona. Dar con lo esencial, con la clave del asunto.

DON

Tener don de gentes. Poseer un conjunto de cualidades que hacen atractiva a una persona (o sea que atrae a las gentes).

DOS

Cada dos por tres. A cada momento: *Cada dos por tres se está estropeando.*
Como dos y dos son cuatro. Evidentemente, que no precisa demostración.

DUEÑO

Hacerse dueño de. Apropiarse de. Adquirir un conocimiento completo. Conquistar, dominar una situación: *Llegó y se hizo el dueño* (= el amo).
Poner a alguien como no digan dueñas. Hablar mal de él, criticarlo, comentar desfavorablemente su mal proceder. Dueña era en otro tiempo el equivalente de ama de llaves, gobernanta, y de modo más general se daba ese nombre a las mujeres casadas y viudas, sobre todo a las de cierto rango social.
Ser dueño de uno mismo. Dominar los propios impulsos, tener serenidad.
Ser muy dueño de hacer algo. Tener libertad o estar legitimado para hacerlo: *Con su permiso, voy a atender una llamada. No faltaba más; es usted muy dueño.*

DURO, A

A duras penas. Apenas. Difícilmente. *A duras penas lo conseguimos.*
Duro de oído. Parcialmente sordo: *Hable más alto, por favor; soy algo duro de oído.*
Estar a las duras y las maduras. Aceptar una situación incondicionalmente, con lo que de bueno o de malo pueda acarrear: *Yo estoy con ustedes a las duras y a las maduras.*
Lo que faltaba para el duro. Exclamación suscitada por un nuevo inconveniente que se suma a una situación ya de por sí desfavorable. El origen de la locución hay que buscarlo en la época en que un duro era bastante dinero. El duro en cuestión se cambiaba y se consideraba que ya se había hecho bastante gasto. Entonces, otro gasto imprevisto acababa con las vueltas, es decir, con lo que faltaba para el duro (mejor sería decir con lo que restaba de él).
Por el canto de un duro. Por muy poco. Aunque los duros de antaño no fueran tan delgados como los actuales, cabe imaginar que su canto tendría un par de milímetros como máximo. *Faltó el canto de un duro para que lo expulsaran.*

E

ECHAR

Echar a perder. Estropear. *La comida se echó a perder. A ese chico lo han echado a perder las malas compañías.*

Echar a rodar. Malograr un asunto, desbaratarlo, como algo que se pierde al rodar por una pendiente. *Con su habitual falta de habilidad, echó a rodar todo el negocio.*

Echar de menos. Experimentar pena o contrariedad por la falta de algo o la ausencia de alguien (= echar en falta).

Echar las cartas. Consultar los naipes con fines de adivinación.

Echar o echarse tras uno. Perseguirlo, acosarlo: *La policía se echó tras el delincuente.*

Echar un cable o una mano. Prestar ayuda. *Necesitaba que le echaran un cable, pero nadie le ayudó. A ver si me echáis una mano en este trabajo.*

Echarse a dormir. En sentido figurado, despreocuparse de un asunto.

Echarse atrás. Desdecirse, desistir de algo: *Parecía estar conforme, pero luego se echó atrás.*

Echarse encima. Llegar, ser inminente: *Se nos echa encima el verano.* Aceptar una tarea, asumir una responsabilidad. *Echarse encima de alguien:* Acosarlo, reprenderlo, tratar de perjudicarle o de darle su merecido.

Echárselas de. Presumir de: *Se las echa de valiente.*

ECO

Hacerse eco de. Repetir: *No hay que hacerse eco de esos infundios.*

Tener eco. Tener aceptación, difundirse: *Sus declaraciones tuvieron mucho eco.*

ECUADOR

Paso del ecuador. Llegada de una tarea, unos estudios, etc., a la mitad de su duración prevista: *Los alumnos organizaron una fiesta para celebrar el paso del ecuador.*

EDAD

De edad. Se aplica a personas, y se sobreentiende de edad avanzada.
Edad de merecer. En las jóvenes, edad de ser cortejadas.
Edad del pavo. La adolescencia. La referencia al pavo se relaciona con la propensión a sonrojarse que se atribuye a los muy jóvenes.
Mayor de edad. Persona que ha alcanzado la plenitud de sus derechos y responsabilidades cívicos (en España, en virtud del art. 12 de la Constitución, y en otros países, a los 18 años).
Menor de edad. El que no ha alcanzado aún la mayoría (esto es, que cuenta menos de 18 años).
Tercera edad. Eufemismo actual para designar a los mayores de 65 años (o sea a los que han llegado a la edad de la jubilación). Los ancianos.

EFECTIVO

En efectivo. En moneda de curso legal: *El pago ha de hacerse en efectivo.*
Hacer efectivo. Pagar: *Sírvanse hacer efectivo el importe.*

EFECTO

Con efecto desde. Con validez desde: *La presente disposición, con efecto desde el día de hoy...*
En efecto. Efectivamente, de verdad.
Hacer o surtir efecto. Dar el resultado que se espera: *Esta medicina tarda en surtir efecto.*
Llevar a efecto. Llevar a cabo, realizar, ejecutar: *¿Cuándo se llevará a efecto la votación?*

EJE

Partir a alguien por el eje. Imposibilitarle de continuar su tarea. Causarle un perjuicio gravísimo o irremediable. Analogía con el vehículo inmovilizado por la rotura de un eje.

EJEMPLO

Por ejemplo. A modo de ejemplo, con el fin de ilustrar o reforzar lo que se dice.
Vivo ejemplo. Se aplica a alguien que personifica un ejemplo: *Fulano es el vivo ejemplo de la distracción (= Es la distracción personificada).*

EJERCICIO

En ejercicio. Que ejerce. Suele aplicarse a profesionales: *Médico en ejercicio.*

EMPANADA

Empanada mental. Confusión de ideas. Enredo de conocimientos dispersos que, al no articularse debidamente, causan desorientación en quien lo padece.

EMPLEADO, A

Dar por bien empleado. Considerarse satisfecho por el esfuerzo, el pago, la pérdida, etc., ya que ha servido para procurar un beneficio: *Nos ha costado un dineral, pero lo damos por bien empleado.*

Estar bien empleado algo a uno. Merecer un castigo o sufrir los efectos negativos que le acarrea su mal proceder.

EMPRENDER

Emprenderla a. Iniciar algo resueltamente, por lo general una acción violenta: *La emprendieron a tiros.*

Emprenderla con. Acometer contra algo o alguien, importunarle, reprenderle: *Como me consideraba responsable, la emprendió conmigo.* Acometer una tarea ardua: *A ver si la emprendo de una vez con esè trabajo.*

ENANO

Como un enano. Trabajosa, esforzadamente. Es también expresión ponderativa: *Disfrutaron como enanos.*

ENCARGO

Como hecho de encargo o ni hecho de encargo. Lo que reúne todas las cualidades apetecidas.

ENCIMA

Estar por encima de todo. Adoptar una actitud de superioridad, menospreciando los detalles y las cosas menudas o prosaicas.

Llevar o traer encima. Llevar o traer consigo.

Por encima. Superficialmente, sin entretenerse en detalles: *Lo leí por encima.*

ENCUENTRO

Al encuentro. Ir en busca de, salir a recibir a: *Fui a su encuentro porque venía muy cargado.* Enfrentarse a: *La infantería partió al encuentro del enemigo.*

ENGAÑO

Llamarse a engaño. Alegar que uno ha sido engañado: *Te lo digo bien claro para que luego no te llames a engaño.*

ENORMIDAD

Una enormidad. Una barbaridad, un exceso: *Eso que dices es una enormidad.*

ENSALMO

Por o como ensalmo. Fenómeno que se produce por sorpresa y sin causa aparente (= por arte de birlibirloque o de magia, como por encanto). El ensalmo es una fórmula mágica que se recita con fines diversos (proviene de salmo, cántico de alabanza a Dios).

ENSUEÑO

De ensueño. Maravilloso, tan bello o placentero que parece irreal: *un paisaje de ensueño.*

ENTENDER

A mi entender. Según creo, según lo entiendo: *A mi entender, él no tiene la culpa.*
Entenderse uno con alguien. Llegar a un acuerdo con él. Compartir opiniones o intereses. *Ésos dos se entienden muy bien.*
Entendérselas uno con alguien. Ser amantes.

ENTERAR

Para que te enteres. En un contexto admonitorio: para que lo sepas, toma buena nota, tenlo en cuenta.
Te vas, se va, se van a enterar. Prevención o amenaza de que se va a amonestar o a dar su merecido a alguien.

ENTRADO, A

De entrada. En principio, para empezar, ante todo, de buenas a primeras: *De entrada, aceptamos sus condiciones; ahora estudiemos los detalles.*
Entrado en años. De edad avanzada.

ENTRAÑA

Echar hasta las entrañas. Vomitar con violencia y en gran cantidad (= echar las tripas, echar hasta la primera papilla).
No tener entrañas. Ser cruel, desalmado.
Sacar las entrañas a uno. Despojarle de todos sus bienes. Se emplea también en sentido literal, sobre todo como amenaza: *¡Te sacaré las entrañas!*

ENTRAR

No entrar ni salir. Abstenerse, mantenerse neutral o al margen de un asunto, no sustentar una opinión concreta sobre algo, mostrarse indiferente: *En esta disputa, yo ni entro ni salgo.*

No entrarle a alguien una cosa en la cabeza. No poder comprenderla (= no caberle una cosa en la cabeza).

ENTREDICHO

Poner en entredicho. Juzgar algo indigno de crédito o de aceptación. Proviene de *interdictus*, prohibición de celebrar oficios divinos, recibir o administrar sacramentos, ser enterrado en sagrado, etc., que la Iglesia hacía recaer sobre ciertas personas. También podía afectar a lugares.

ENTUERTO

Deshacer un entuerto. Reparar un error, omisión, acto censurable, etc. Es una evolución moderna del significado primitivo: vengar agravios.

ENVITE

Al primer envite. De buenas a primeras, al comienzo. Envite significa apuesta (y deriva de invitar).

ÉPOCA

De época. De otra época: *vestido de época, mobiliario de época.*

De los o las que hacen época. Locución ponderativa, con deliberado propósito de exageración: *Se armó un lío de los que hacen época.*

Hacer época. Guardar memoria de algo. Ser algo muy relevante, hasta el punto de que señala el comienzo de una época.

ERRE

Erre que erre. Obstinadamente: *Le hicimos ver que se equivocaba, pero él, erre que erre.*

ESCAPAR

Escapársele a uno una cosa. Olvidarla. No preverla. Perder el control sobre ella.

ESCENA

Desaparecer de escena. Ausentarse: *¿Qué es de Fulano? Últimamente ha desaparecido de escena.*

Entrar en escena. Comparecer. Intervenir en un asunto. *En plena discusión, entró en escena su padre.*

Poner en escena. Escenificar. Representar una obra teatral. *La compañía puso en escena una comedia.*

ESCRITO, A

Estar escrito. Estar dispuesto por el destino.

Por escrito. Por medio de la escritura: *Necesito un informe por escrito.*

ESE

Hacer eses. Caminar torpemente por estar borracho, sin poder avanzar en línea recta y describiendo una trayectoria sinuosa (en forma de ese).

ESENCIA

Quinta esencia. Lo más puro, lo más concentrado, lo más excelente, pero que conserva todas las propiedades de aquello de lo que deriva. Proviene de la concepción cosmológica antigua (Empédocles, Aristóteles) que consideraba que además de los cuatro elementos (aire, fuego, agua y tierra) existía un quinto elemento, el éter sutil, del que estaban compuestos los cuerpos celestes. Los alquimistas trataban de reducir la materia a esta quinta esencia, purgándola de las otras, más groseras.

ESPADA

Ceñir a alguien la espada. Ponérsela durante la ceremonia de armarlo caballero.

Ceñir espada. Llevarla al cinto. Ser militar.

Echar uno su cuarto a espadas. Tomar parte oficiosamente en la conversación de otros. *Ver* **CUARTO.**

Entre la espada y la pared. En grave dilema. Se emplea con verbos de situación, como colocar, encontrarse, estar, poner, quedarse, etc.

Espada de Damocles. Amenaza permanente. Según la leyenda, Damocles era un funcionario de la corte del tirano Dionisio I de Siracusa (432-367 a.C.). Como manifestara envidia de la felicidad que proporciona el poder, Dionisio quiso demostrarle lo precario y peligroso de la posición de un tirano. A tal efecto, mandó suspender sobre la cabeza de Damocles una espada sujeta por una crin de caballo, que en cualquier momento podía romperse.

Espada de dos filos. Se aplica al asunto que si por una parte puede favorecer, por otra puede causar perjuicio (= arma de doble filo o de dos filos).

ESPALDA

A espaldas de. Detrás de. Obrar a espaldas de alguien significa que se le mantiene ignorante de lo que se hace. *Tomaron la decisión a mis espaldas.*

Dar la espalda. Prescindir de, ignorar a, no tomar en cuenta. *Fue a saludarle y le dio la espalda. Vive de espalda a la realidad.*

Echarse una cosa a la espalda. Mostrarse indiferente a ella, tomársela a la ligera.
Echarse una cosa sobre las espaldas. Cargar con ella, hacerse responsable de ella.
Guardar las espaldas. Resguardarse o resguardar a otro, protegerse de las consecuencias desfavorables de un asunto.
Hablar de uno a sus espaldas. Hablar de él en su ausencia en términos desfavorables u ofensivos.
Medirle a uno las espaldas. Azotarle, pegarle, darle una paliza (= medirle las costillas).
Tener cubiertas las espaldas. Tener garantizada la seguridad, la protección o la impunidad.
Tirar de espaldas. Causar una gran impresión: *Se presentó en un cochazo que tiraba de espaldas.* Se aplica también a lo que resulta repugnante, en especial a los olores: *Hedía que tiraba de espaldas.*
Volver la espalda. Huir de algo o alguien. Ignorarlo deliberadamente, abandonarlo, no tomarlo en consideración (= dar la espalda).

ESPANTO

De espanto. Que causa espanto. Terrible.
Estar alguien curado de espanto. A causa de la experiencia acumulada, no extrañarse ni escandalizarse ante situaciones anómalas. Suele usarse en plural: *Después de lo que me ha tocado presenciar en esta vida, ya estoy curado de espantos.*
Ser algo un espanto. Causar espanto, ser terrible. Ser muy feo.

ESPÁRRAGO

Mandar a freír espárragos. Rechazar algo o despedir a alguien con enojo y sin miramientos. Una posible explicación sería la supuesta inutilidad de los espárragos fritos, ya que crudos, cocidos y en otras preparaciones tienen fama desde la antigüedad de poseer notables virtudes curativas (Dioscórides, *Materia médica*, II, 114).

ESPECIE

Bajo la especie de. Con la apariencia de, con el pretexto de. Es traducción literal de la expresión latina *sub specie.*
En especie o en especies. Pago que se efectúa en productos o género, no en dinero.

ESPINA

Darle a uno mala espina. Entrar en sospechas, recelar.
Sacarse la espina. Desquitarse.

ESPÍRITU

Levantar el espíritu. Dar ánimos, levantar la moral.
Pobre de espíritu. Tímido, apocado, débil de carácter. Los pobres de espíritu a que se refieren las Bienaventuranzas son los que menosprecian los bienes y honores mundanos, acepción ésta en desuso.

ESPUMA

Crecer como la espuma. Prosperar con rapidez. Experimentar algo gran incremento en poco tiempo (= subir como la espuma).

ESQUELETO

Menear, mover el esqueleto. Bailar.

ESQUINAZO

Dar esquinazo. Eludir a alguien, huir de alguien. Literalmente significaría desaparecer doblando una esquina.

ESTACADA

Dejar a alguien en la estacada. Abandonarlo a su suerte. Desentenderse de la responsabilidad contraída con otro. Se llamaba estacada antiguamente al campo de batalla y al lugar de desafío.
Quedar en la estacada. Quedar abandonado a la propia suerte. Antes tenía el significado de perecer en combate o ser vencido.

ESTADO

Estar en estado de buena esperanza o interesante. Estar una mujer embarazada.

ESTAR

¿Estamos? Se sobreentiende: ¿estamos de acuerdo?
Estar a bien. Mantener buena relación con alguien. Le sigue siempre la preposición con. *Tú procura estar a bien con tus superiores.*
Estar a la que salta. Estar muy atento a que se presente la ocasión esperada.
Estar a mal. Mantener mala relación con alguien. Le sigue siempre la preposición con.
Estar algo por ver. Ser problemático que suceda: *Eso está por ver.*
Estar con. Estar a favor de, apoyar a.
Estar de más. Estar de sobra. Resultar indeseada la presencia de alguien. *Comprendí que en aquella reunión yo estaba de más.*
Estar en todo. Ser muy previsor, prestar atención a todos los detalles y posibilidades: *Ah, sí, me olvidaba. ¡Menos mal que usted está en todo!*
Estarle a alguien una cosa bien empleada. Merecer un castigo o contratiempo por haber obrado mal.

ESTILO

Por el estilo. Más o menos igual: *No hay mucha diferencia entre uno y otro; son por el estilo.*

ESTRAGOS

Hacer estragos. Causar grandes daños o destrucciones, sobre todo como consecuencia de acciones de guerra. En sentido figurado, seducir a muchas personas del otro sexo: *Fulanita hace estragos entre los hombres.* Del latín *strages*, ruina, escombro (su significado primario es montón, cúmulo).

ESTRELLA

Ver las estrellas. Sentir un gran dolor. *El dentista me hizo ver las estrellas. Cuando agarre a Fulano, le haré ver las estrellas.*

ESTRIBO

Perder los estribos. Se sobreentiende: los estribos de la paciencia, como si ésta fuese una montura. Perder la compostura, montar en cólera, impacientarse mucho: *Fulano, con su incompetencia, me hizo perder los estribos.*

ETIQUETA

De etiqueta. Relativo a los usos que deben observarse en ceremonias y solemnidades: *traje de etiqueta, normas de etiqueta.* La palabra deriva, a través del francés *étiquette*, de la raíz germánica *stik-*, fijar, clavar. Sin duda lo que se fija es, precisamente, el aviso con el detalle de aquellas normas.

EXCELENCIA

Por excelencia. Excelentemente. Por antonomasia. Aquello que constituye el ejemplo más adecuado, lo más destacado (del latín *excello*, sobresalir, distinguirse): *El representante por excelencia de esta escuela pictórica es...*

EXCEPCIÓN

De excepción. Excepcional, insólito, extraordinario: *Fulano es un cantante de excepción. Estado de excepción:* Suspensión temporal de ciertas garantías constitucionales (Constitución española, art. 55).

EXPECTATIVA

Estar a la expectativa. Aguardar que suceda algo. Permanecer a la espera de algo que es probable se produzca. *Yo sigo a la expectativa, porque estoy seguro de que la situación va a cambiar.*

EXPEDIENTE

Cubrir el expediente. Aparentar que se cumple una obligación o compromiso. Hacer lo menos posible para cumplir. Hacer algo sin esmero, para salir del paso.

EXPRESIÓN

Reducir a la mínima expresión. Disminuir algo todo lo posible.

EXTENSIÓN

En toda la extensión de la palabra. Plenamente, sin restricciones: *Es un estafador en toda la extensión de la palabra.*
Por extensión. Por ampliación. Tratándose de palabras o expresiones, ampliación de su significado a otros conceptos con los que guardan relación.

EXTREMO

Con o en extremo. Extremadamente, al máximo, con exceso.
De extremo a extremo. De principio a fin.
En último extremo. En última instancia, como último recurso, como última consecuencia. *En último extremo, pleitearemos con ellos.*
Ir o pasar de un extremo a otro. Mudar de ideas o de ánimo, adoptando los contrarios.
Los extremos se tocan. Locución con que se da a entender que las actitudes radicales o enfrentadas se asemejan mucho, precisamente por su alejamiento de la moderación, aunque se presenten como irreconciliables entre ellas.

F

FACTURA

Pasar factura. Por analogía con esta práctica mercantil, reclamar a alguien compensación o pago por un favor.

FALSO, A

En falso. Falsamente, engañosamente. *Jurar en falso. Cerrarse una herida en falso.* Sin la debida seguridad y resistencia: *Dar un paso en falso* (en sentido literal y figurado).

FALTA

Echar en falta. Notar, experimentar pena o contrariedad por la falta de algo o la ausencia de alguien (= echar de menos).
Hacer falta una cosa. Ser necesaria.
Sin falta. Con toda seguridad, puntualmente: *Preséntese mañana sin falta.*

FALTAR

Faltar poco para. Estar a punto de: *Faltó poco para que nos estrelláramos.*
¡No faltaba más! o ¡Faltaría más! Locución de rechazo: *¿Y tú crees que voy a consentirlo? ¡Faltaría más!* Denota enfado, pero se emplea también como fórmula de cortesía para manifestar conformidad: *Disponga usted como si estuviera en su casa, ¡no faltaba más!*

FAMILIA

En familia. Dentro de la familia o del círculo íntimo. Se emplea también para designar un ámbito de intereses compartidos: *La empresa recibe los suministros de otra empresa del mismo grupo, y así todo queda en familia* (= en casa).

FANTASÍA

De fantasía. Se aplica a vestidos y adornos particularmente originales y vistosos, pero que no suelen estar hechos de materiales nobles: *Llevaba pendientes de fantasía* (= de bisutería).

FAROL

¡Adelante con los faroles! Exclamación con que se manifiesta el resuelto propósito de iniciar algo o de continuar lo interrumpido. Suele aplicarse a tareas arduas. Parece guardar relación con los faroles encendidos que se portaban encabezando cortejos, procesiones, etc.

Jugar de farol o marcarse un farol. En los juegos de naipes, fingir que se tienen buenas cartas para disuadir a los demás de subir las apuestas. La relación con el farol se explica por el propósito de deslumbrar al adversario. Por extensión, se aplica a otros ámbitos: la vida diaria, los negocios, la política.

FAVOR

A favor. Favorable, propicio: *Viento a favor.* Precediendo a la preposición de, en favor o en apoyo de algo o alguien: *Yo estoy a favor del Real Madrid.*

En favor de. A favor de, en beneficio y utilidad de.

Haz (o haga, haced...)me (o nos) el favor. Fórmula de cortesía con que se pide algo.

Por favor. Fórmula de cortesía o súplica con que se pide algo.

FE

A fe mía. Locución aseverativa: *A fe mía que sucedió como digo.* Para dar solemnidad a la afirmación se invoca la propia fe (religiosa).

Dar fe. Ejercitar la fe pública los notarios. Asegurar una cosa por tener constancia de ella.

Hacer fe. Bastar por sí mismo lo expresado, sin pruebas ulteriores, para que sea creído y aceptado.

FEO, A

Feo como (o más que) un pecado. Feísimo. A veces se añade el adjetivo «mortal».

Más feo que pegarle a un padre. Feísimo.

FIAR

Ser de fiar. Ser digno de confianza.

FIESTA

Aguar la fiesta. Malograrse una celebración o regocijo. Se emplea en sentido figurado el símil de la fiesta que se ve interrumpida por la lluvia.

Arder en fiestas. Celebrarse muchos, vistosos y concurridos festejos. Por lo general se aplica a pueblos, ciudades o países. El verbo

arder guarda necesariamente relación con las luminarias que se encendían.
Estar de fiesta. Celebrar una fiesta, librar del trabajo. Estar risueño y de buen humor.

FILA

En primera fila. En el lugar más destacado.

FILO

Al filo. Exacta y puntualmente: *Al filo de la medianoche.* El empleo de esta locución suele limitarse a horas y otras medidas del tiempo.
De doble filo o de dos filos. Asunto que si por una parte puede favorecer, por otra puede causar perjuicio: *Arma o espada de dos filos.* La expresión *lengua de doble filo* alude a la persona que se muestra amable con alguien y lo critica o calumnia en su ausencia.

FIN

A fin de. Para, con objeto de.
A fin de cuentas. En resumen, en definitiva (= en resumidas cuentas).
Al fin y al cabo. En definitiva, después de todo (= al fin y a la postre).
Al o por fin. Por último. Expresión con que se saluda lo que llega después de una prolongada espera o se logra una vez vencidos los obstáculos.
Dar fin a una cosa. Terminarla.
En fin. Finalmente, por último.
Sin fin. Sin número. Que no tiene término.

FIRME

De firme. Con ahínco. Con fuerza. *Estudia de firme.*
En firme. En operaciones mercantiles, concretar un trato con carácter definitivo: *Pedido en firme.*
Firmes. En la milicia, posición de permanecer cuadrado. Voz de mando para que un soldado o una formación adopte dicha posición.

FLAGRANTE

En flagrante. Que se está produciendo en este momento. Suele aplicarse a los delitos y conductas irregulares. Flagrante significa ardiendo.

FLAN

Estar como o hecho un flan. Temblar por causa del temor o la impaciencia. Estar nervioso o azorado.

FLOR

A flor de. En la superficie de: *a flor de agua, a flor de piel, a flor de tierra.*
En flor. En floración, que tiene flores. En sentido figurado, en el mejor momento, en el más vistoso o prometedor. En el momento que precede a la madurez.
Flor de la edad o de la vida. El mejor momento de la vida.
Flor y nata. Lo mejor y más selecto: *La flor y nata de la profesión.*
Ir de flor en flor. Mostrar inconstancia, cambiando continuamente de ocupación, sin provecho alguno. Se aplica también al hombre que corteja a una mujer tras otra.
Ser uno la flor de la maravilla. Cambiar bruscamente, sobre todo en materia de salud y enfermedad. Alude a la planta así llamada *(Tigridia pavonia)*, cuyas flores se marchitan con grandísima rapidez.

FOGUEO

De fogueo. Proyectil con poca pólvora, que se emplea en ciertos ejercicios militares pero que carece de fuerza para ser usado con fines ofensivos.

FONDO

A fondo. Profundamente, enteramente, hasta el límite de las posibilidades.
Bajos fondos. Los ambientes en que suelen desenvolverse los delincuentes. El hampa.
En el fondo. En lo profundo, lo esencial, lo que constituye la realidad más allá de las apariencias. *Tiene un carácter brusco, pero en el fondo es buena persona.*
Tocar fondo. Llegar a lo más hondo. Los economistas han puesto de moda la expresión *tocar fondo la crisis,* para significar que los indicadores económicos han llegado a su punto más bajo, tras lo cual cabe esperar que se inicie la recuperación.

FORMA

Dar forma. Conformar, configurar, dar apariencia, poner orden.
De cualquier forma o de todas formas. En cualquier caso, sea como fuere. Suele colocarse entre dos frases en principio contrapuestas o no relacionadas, pero al introducir esta locución, la segunda frase completa, aclara o aporta algún matiz al significado de la primera: *Ya es muy tarde para que venga; de todas formas, si no viene a mí me da igual.*

FORO
Por el foro. Con verbos como desaparecer, irse, marcharse, etc., ausentarse sin que se note: *En plena reunión, desapareció por el foro.* Hace referencia a la acepción de foro como parte del escenario o de las decoraciones teatrales opuesta a la embocadura y más distante de ella. Seguramente en los teatros pasa inadvertida la retirada del escenario de los actores por el foro, pues la atención del espectador se dirige más bien a los que se hallan próximos a las candilejas. A veces el símil teatral se refuerza diciendo *hacer mutis por el foro* (hacer mutis: salir de escena).

FORRO
Ni por el forro. Desconocimiento absoluto de una materia o de los libros que tratan de ella. Precisamente el forro en cuestión es el de los libros. Se emplea con verbos como conocer, mirar, ver, etc.: *No lo has visto (o mirado) ni por el (los) forro(s).*

FORTUNA
Correr o probar fortuna. Probar suerte, procurar enriquecerse.
Por fortuna. Afortunadamente, por suerte, por feliz casualidad: *Por fortuna, el médico llegó a tiempo.*

FOSFATINA
Estar hecho fosfatina. Experimentar un cansancio extremo. Estar maltrecho (= estar hecho migas, puré, trizas y locuciones análogas). La fosfatina (marca comercial registrada, de origen francés [phosphatine]) era un reconstituyente que se presentaba en un polvo muy fino.

FRANCÉS, ESA
Marcharse o despedirse a la francesa. Marcharse sin despedirse. *Ver* **DESPEDIR.**

FREÍR
Mandar a freír espárragos. Rechazar algo o despedir a alguien con enojo y sin miramientos. *Ver* **ESPÁRRAGO.**

FRENTE
Al frente de. Encabezando, ocupando el primer lugar, dirigiendo.
Con la frente alta. Orgullosamente, con serenidad, con la convicción de haber cumplido: *El día que me releven del cargo, saldré por esa puerta con la frente muy alta.*
De frente. De cara, hacia delante. En sentido figurado, con auda-

cia y resolución: Hay que acometer este problema de frente (= hay que enfrentarse a él).
Frente a. Enfrente: *Te espero frente al cine.* Enfrentado a: *No se arredraba frente al adversario.*
Frente a frente. Uno frente a otro, cara a cara: *Al cruzar el vestíbulo, nos encontramos frente a frente. Me gustaría que estuviéramos frente a frente para decirle lo que pienso de él.*
Frente por frente. Exactamente enfrente. Frente a frente.
Hacer frente. Enfrentarse: *No se atreve a hacerles frente.*

FRESCO, A

Estar fresco. Estar o quedar en desventaja (= estar apañado, arreglado, listo, etc.). Tener esperanzas infundadas: *Si crees que te lo van a conceder, estás fresco.*
Quedarse tan fresco. Permanecer indiferente, no sentirse avergonzado, mortificado o emocionado: *Cuando se enteró, se quedó tan fresco.*
Traer algo al fresco a alguien. Resultarle indiferente, traerle sin cuidado.

FRÍO

Coger frío. Enfriarse.
En frío. Fríamente. Sin preparación previa, de improviso.
¡Frío! Exclamación con que se advierte a alguien que está lejos de lo que anda buscando. Está tomada de un juego que consiste en dar con una cosa que previamente se ha ocultado.
Quedarse uno frío. Quedarse aturdido, experimentar una impresión desagradable: *Al escuchar la noticia, me quedé frío.* Permanecer indiferente: *Pretendía impresionarme, pero yo me quedé frío.*

FRITO, A

Tener o traer frito a uno. Tenerle mortificado, molestarle continuamente hasta exasperarlo.

FU

Ni fu ni fa. Ni una cosa ni otra. Se usa para expresar ambigüedad o indiferencia: *¿Que si me gustó? Ni fu ni fa* (fu, el bufido del gato).

FUEGO

Atizar el fuego. Avivar una disputa, fomentar discordias: *Los ánimos ya estaban calmados, pero vino él a atizar el fuego.*

¡Fuego! Exclamación con que se avisa de un incendio. Voz de mando para que se disparen las armas de fuego.
Pegar fuego. Incendiar.

FUERA

De fuera. Forastero.
Estar fuera de sí. Estar enajenado a causa de la ira o de una emoción muy fuerte. *Cuando fui a verlo estaba fuera de sí.*
Fuera de. Aparte de, salvo, excepción hecha de (excepto).
Fuera de serie. Único, extraordinario. Tiende a sustantivarse: *Es un fuera de serie.* Aunque parece emplearse más en sentido figurado, en sentido estricto se aplica a los objetos cuya construcción esmerada los distingue de los fabricados en serie.

FUEROS

En su fuero interno. En su conciencia, según su íntima convicción. Una de las acepciones de fuero designa el lugar donde se hace justicia (latín, *forum*). Por tanto, el fuero interno es el juicio personal que a uno le merece una cosa. *En su fuero interno está convencido de su culpabilidad.*
Volver por los fueros de algo. Defenderlo cuando otros lo atacan o menosprecian: *Es preciso volver por los fueros de la justicia.* Aquí fuero remitiría a la acepción de jurisdicción, poder o privilegio.

FUERZA

A fuerza de. Aportando esfuerzo, cantidad, intensidad, dedicación, etc.: *Lo arrastramos a fuerza de brazos. Malcrió a su hijo a fuerza de mimos. Ganó las oposiciones a fuerza de estudiar.*
A la fuerza. Por fuerza, venciendo una resistencia o una voluntad.
Írsele a uno la fuerza por la boca. Alardear de algo que no se es capaz de llevar a la práctica. Se dice también «por el pico».
Por fuerza. Forzada o forzosamente. Ineludiblemente.
Sacar fuerzas de flaqueza. Hacer un gran esfuerzo para lograr lo que, en principio, parece exceder las propias capacidades.

FUNCIÓN

En función de. Lo que depende de otra cosa para realizarse o para tener validez. Es cultismo tomado del léxico matemático, y casi siempre puede sustituirse por «depende de», «está ligado a», «está condicionado por» y expresiones análogas.
En funciones. En el ejercicio de su cargo. Se dice del empleado o funcionario que sustituye al que tiene el cargo en propiedad. También del que habiendo cesado, sigue en el puesto en tanto no tome

posesión de él su sucesor: Ayer se entrevistaron los presidentes electo y en funciones.

FUROR

Hacer furor. Estar muy de moda. Gozar de extraordinaria aceptación. *Esta temporada hacen furor los vestidos con esta combinación de colores.*

G

GAITA

Templar gaitas. Mostrarse complaciente para ganarse la voluntad de alguien o para que no se enoje. Templar equivale a moderar o suavizar, en este caso el instrumento musical, a fin de que emita los sonidos que se esperan de él.

GALA

Hacer gala de. Preciarse de. Mostrar, exhibir: *Fulano hizo gala de sus amplios conocimientos*. La acepción de gala aquí utilizada es gracia, garbo y bizarría en hacer o decir algo (de *wallan*, que en germanía significa bullir, agitarse).
Tener a gala. Preciarse o gloriarse de algo (= hacer gala de): *Fulano tiene a gala ser el socio más antiguo*. Hay que entender gala en su acepción de lo más esmerado y exquisito de una cosa.

GALGO

¡Échale un galgo! Locución, sin duda de origen cinegético, que denota lo inalcanzable de una cosa.

GALLINA

Acostarse con las gallinas. Acostarse muy temprano, como tienen por costumbre estas aves.
Como gallina en corral ajeno. Persona que por no hallarse en el ambiente que le es propio, o por estar en casa ajena o entre desconocidos, no actúa con libertad o espontaneidad y, en definitiva, no se siente segura ni a gusto.

GALLO

Como el gallo de Morón. Se dice de quien después de haber sido humillado aún se muestra arrogante. La locución completa es «Como el gallo de Morón, sin plumas y cacareando».
En menos que canta un gallo. En seguida, con gran rapidez, al instante (= en un periquete).

Otro gallo (me, te...) cantara. Comentario sobre la situación hipotética, y más favorable, en que se hallaría una persona si hubiera actuado de otra manera: *Si en su momento hubieras hecho lo que debías, ahora otro gallo te cantara.*

GANA

Con ganas. Superlativamente: *Es feo con ganas.*
Tenerle ganas a uno. Desear (tener ganas de) enfrentarse con él, querer darle su merecido.

GARETE

Ir o irse al garete. Por analogía con la embarcación a la deriva (al garete), perderse o malograrse algo irremisiblemente: *Perdieron a los clientes más importantes, y el negocio se les fue al garete.* Parece que garete deriva del francés *être égaré*, estar extraviado, perdido.

GARGANTA

Tener a alguien atravesado en la garganta. Detestarlo (= no poderlo tragar o ver, tenerlo sentado en la boca del estómago).

GÁRGARAS

Mandar a hacer gárgaras. Despedir a alguien con enojo y sin miramientos (= mandar al cuerno, a freír espárragos, a paseo): *Mándalos a hacer gárgaras y que no molesten más.*

GARRA

Tener garra. Ser una persona o cosa convincente o atractiva, tener poder de captación (de agarre): *Es un vendedor con garra. Esta campaña publicitaria no tiene garra.*

GAS

A medio gas. A media potencia, a escasa velocidad, con las capacidades mermadas. Comparación con un automóvil (gas = acelerador): *Aún no me he recuperado del todo, así que trabajo a medio gas.*
A todo gas. A toda velocidad, con la máxima potencia y energía.

GASTAR

Gastarlas. Proceder, comportarse. Suele tener connotación negativa: *No cometas ningún error; ya sabes como las gasta el jefe.*

GASTO

Correr con los gastos. Hacerse cargo de los pagos: *No os preocupéis, que yo corro con los gastos.*

Cubrir gastos. Recuperar lo invertido: *Van a hacer un mal negocio; no creo que lleguen a cubrir gastos.*
Hacer el gasto. Gastar. Correr con los gastos.

GATO, A

A gatas. Gatear. Andar valiéndose de brazos y piernas (= a cuatro patas).
Como el gato y el perro. Se dice de las personas que se llevan mal, que son incompatibles, que disputan continuamente: *Se pasan el día como el gato y el perro.*
Cuatro gatos. Concurrencia poco numerosa de personas (= cuatro y el cabo, cuatro y el de la guitarra).
Dar gato por liebre. Engañar a alguien, atribuyendo a una cosa una calidad superior a la que tiene en realidad. Al parecer, la carne de gato es muy semejante a la de conejo y liebre.
Echarle a uno un gato a la cara. Provocarle, causarle gran irritación o enfado: *Me limité a hacerle una pregunta y reaccionó como si le hubiera echado un gato a la cara.*
Haber gato encerrado. Haber misterio o causa oculta. La segunda acepción de gato en el Diccionario de la Real Academia es bolso o talego en que se guarda el dinero, y la tercera, el dinero mismo. La locución que comentamos sin duda se relaciona con estas dos acepciones (llevar escondida una bolsa de dinero) y no con el felino que nos es tan familiar. De todos modos, la razón de que la bolsa se llamara gato se explica porque estaba confeccionada con piel de este animal.
Hasta los gatos quieren zapatos. Comentario que suscitan unas pretensiones desmesuradas.
Lavarse como los gatos. Lavarse mal y a toda prisa.
Llevarse el gato al agua. Triunfar, salirse uno con la suya, ganar en un asunto difícil o con mucha competencia: *Había muchos aspirantes, pero quien se llevó el gato al agua fue Fulano.* Otra de las acepciones de gato es trampa para cazar ratones. Una vez los ratones habían caído en ella, era costumbre introducirla en un recipiente con agua para que se ahogaran. Aunque esta operación no parece particularmente difícil ni arriesgada, podría estar en el origen del dicho.

GENERAL

En general o por lo general. Generalmente, por lo común.

GENTE

Ser gente. Ser como la gente. Se emplea también como sinónimo de persona, casi siempre tras los adjetivos buena y mala.

GLOBO

En globo. Locución que se aplica a un asunto que se prevé va a malograrse, o a una persona a la que aguarda un fracaso o que se va a encontrar en una situación muy desfavorable. Suele emplearse con el verbo ver: *Si la empresa no mejora sus ventas, la veo en globo.*

GLORIA

Estar en la gloria. Estar en una situación inmejorable, que procura gran contento y placer. En Castilla y León se daba el nombre de «gloria» a una estancia de la casa bajo cuyo pavimento circulaba una corriente de aire caliente (el tiro de un fogón) con objeto de caldearla. En invierno se hacía la vida en esa habitación. Su estructura derivaba del *hypocaustum* de los romanos, una cámara calentada mediante un horno situado en los bajos del edificio.
Que en gloria esté. Se dice de los difuntos (= que en paz descanse, que Dios le haya perdonado).
Saber a gloria. Saber muy bien, gustar mucho algo (casi siempre un manjar), disfrutar grandemente con algo. Se trata de una comparación con el pastel llamado gloria, hecho de hojaldre, yemas de huevo, azúcar y otros ingredientes.

GOLPE

A golpe de. A fuerza de: *Se estropeó el motor, y tuvimos que llegar a la costa a golpe de remos.*
De golpe. De pronto, súbitamente: *Todas las desgracias les llegaron de golpe.*
De golpe y porrazo. De pronto, súbitamente. Añade a la expresión *de golpe* un matiz de precipitación y brutalidad.
No dar o no pegar golpe. No trabajar, permanecer ocioso: *Fulano trabaja como un esclavo; en cambio, Mengano no ha pegado golpe en su vida.*

GORDO, A

Armarse la gorda. Sobrevenir un gran trastorno (un tumulto, una pendencia, suscitarse una gran discusión; = armarse la de Dios es Cristo).
Caer gordo. Resultar antipático, odioso.
Ni gorda. Nada de dinero, ni un céntimo (= perra gorda, esto es, diez céntimos; = ni cinco, ni un clavo).

GORRA

De gorra. Gratis. *Hacer la gorra:* Hacer gasto a costa ajena. Podría guardar relación con pasar la gorra (= el platillo) después de un espectáculo callejero.

GORRO

Estar hasta el gorro. Estar harto de una persona o situación (= estar hasta el moño, hasta las narices).

GOTA

Ni gota. Nada en absoluto: *No queda ni gota.*
Ser algo la gota que colma el vaso. Ser lo que faltaba para agotar la paciencia, para llegar al límite de lo tolerable.
Sudar la gota gorda. Costar algo un gran esfuerzo: *Lo conseguí, pero me hicieron sudar la gota gorda.*

GRACIA

Caer en gracia. Resultar simpático a alguien, ganarse su voluntad o su favor: *Desde el primer momento le cayó en gracia al jefe.*
De gracia. Gratuitamente. Sin esperar compensación alguna.
Gracias a. Por intervención de, por causa de. Sólo se aplica si los efectos o resultados son favorables.

GRADO

De buen o mal grado. De buena o mala gana, por propia voluntad o en contra de ella. Del latín *gratus*, grato.

GRANDE

A lo grande. Lo mejor, lo máximo, lo más lucido, con gran dispendio. *Fulano vive a lo grande. Han montado un negocio a lo grande* (= por todo lo alto).
En grande. En conjunto, por mayor. A lo grande.

GRANO

Ir al grano. Atender a lo que realmente importa, prescindiendo de lo superfluo. Ir directamente a un asunto (= separar el grano, lo esencial, de la paja, lo superfluo).

GREÑA

Andar a la greña. Reñir (= agarrarse de la greña, tirarse del pelo). Disputar unas personas continuamente: *Esos dos siempre están (o van) a la greña* (= están como el perro y el gato).

GRITO

A grito pelado o a gritos. Con grandes voces. Pelado significa que el grito es un simple sonido, que no se grita palabra alguna. *Se lo dijo a gritos.*
El último grito. Se sobreentiende de la moda. Lo más actual. Traducción literal del francés *le dernier cri.*

Estar en un grito. Quejarse continuamente de un dolor: *Mientras le curaban, el pobre estaba en un grito.*
Pedir alguien o algo una cosa a gritos. Ser patente y manifiesta la necesidad de algo: *Esa pared está pidiendo a gritos una mano de pintura.*
Poner el grito en el cielo. Quejarse vehementemente de algo, como elevando al cielo sus exclamaciones: *Cuando se enteró, puso el grito en el cielo.*

GUANTE

Arrojar el guante. Antiguamente, gesto ceremonial por el que un caballero desafiaba a otro. En la actualidad, y en sentido figurado, desafiar, proponer algo como si fuera un reto. La expresión correlativa, que se aplica a quien acepta, es *recoger el guante.*
Colgar los guantes. En el boxeo, dejar definitivamente de combatir. Por extensión, retirarse de una actividad, renunciar, desistir.
De guante blanco. Suele aplicarse a personas de modales exquisitos y porte distinguido que disimulan así un proceder censurable: *ladrón de guante blanco.*
Echar el guante a alguien. Capturarlo. Se refiere casi siempre a la detención de delincuentes huidos de la justicia. También a la localización de una persona a la que se anda buscando, por lo general para reprenderla. *¡Verás en cuanto le eche el guante!*
Más suave que un guante o como un guante. Se dice de la persona que ha depuesto su actitud díscola y se ha plegado a la voluntad de otra o ha aceptado una disciplina: *Desde que el director lo castigó, está suave como un guante.*
Sentar como un guante. Adaptarse perfectamente una prenda a la complexión de quien la viste: *Me probé el vestido y me sentaba como un guante.*

GUARDAR

Guardársela a alguien. No echar en olvido un agravio, y aguardar la ocasión oportuna para vengarse o desahogarse: *A ése se la guardo.*

GUARDARROPÍA

De guardarropía. Las cosas que aparentan ostentosamente lo que no son. En el teatro, los trajes y efectos que sirven para las representaciones escénicas, y que por su propia función deben resultar vistosos.

GUARDIA

Bajar la guardia. Relajar la vigilancia, no extremar la atención, ceder en la defensa, confiar en que ya no es necesario permanecer

alerta. Es expresión propia de los deportes en que luchan dos contendientes, como la esgrima, el boxeo, etc.
En guardia. En actitud de defensa. Se usa como expresión interjectiva a modo de advertencia, y en las frases suelen introducir esta locución verbos como estar, permanecer, poner(se) y otros similares. *Tú mantente en guardia por lo que pueda suceder. Aquella indiscreción me puso en guardia sobre sus verdaderas intenciones.*

GUERRA

Buscar o pedir o querer guerra. Adoptar una actitud provocativa: *Vino por aquí pidiendo guerra.*
Dar guerra. Causar molestias, sobre todo si éstas son continuas: *Estos niños dan muchísima guerra.*
De antes de la guerra. Expresión ponderativa, común en la España de la década de 1940, resultado de comparar aquella época de escasez y penuria con la anterior a la guerra civil, en que los productos eran de superior calidad y podían obtenerse fácilmente. Más tarde, habiendo desaparecido las causas que le dieron origen, la locución se empleó para significar algo viejo, superado, pasado de moda.
Declarar la guerra. Notificar el gobierno de un país a otro que en lo sucesivo se le considerará enemigo y se le tratará como tal. En sentido figurado, referencia a las relaciones entre personas.
Guerra sin cuartel. Guerra a muerte, sin treguas, procurando causar al enemigo la mayor mortandad y las peores destrucciones. Una de las acepciones de cuartel es buen trato que los vencedores ofrecen a los vencidos, cuando éstos se entregan rindiendo las armas.
Tener la guerra declarada. Hostigar o contradecir continuamente una persona a otra u otras.

GUIÑAPO

Poner como un guiñapo. Insultar a alguien, rebajarlo, desacreditarlo (= poner como un trapo).

GUISA

A guisa de. A modo de (guisa = modo, manera): *Utilizamos una sábana a guisa de toldo.*

GUSANILLO

Matar el gusanillo. Tomar en ayunas una bebida alcohólica. Por extensión, tomar una comida ligera o tentempié para «matar» o «entretener» el hambre, que cosquillea el estómago como un gusanillo, antes de una comida principal. También, en sentido más amplio, satisfacer un deseo, capricho, curiosidad, etc.

GUSTO

A gusto. Según conviene, agrada o es necesario: *comer, dormir, trabajar, etc., a gusto.*

Cogerle o tomarle el gusto a algo. Aficionarse a ello: *Empecé este trabajo por obligación, pero le estoy cogiendo el gusto.*

Con mucho gusto. Fórmula de cortesía: encantado, satisfecho, con la mejor disposición. *¿Quiere usted acompañarme? ¡Con mucho gusto!*

H

HABA

Ser habas contadas. Ser una cosa cierta y clara. Se dice de las cosas cuyo número es fijo y por lo general escaso, de modo que su distribución resulta fácilmente previsible. *Si hay diez plazas y otros tantos aspirantes, son habas contadas.* El origen del dicho habría que buscarlo en una forma de votación que se utilizaba en capítulos de órdenes religiosas y en instituciones civiles. Consistía en manifestar conformidad o disconformidad introduciendo en un recipiente habas blancas o negras. Se contaban las habas, y se decidía según el color que prevaleciera.

HABER

Como hay pocos. Expresión ponderativa, que pone de manifiesto lo excepcional de algo (= como entran pocos en docena): *Es un profesional como hay pocos.*

De lo que no hay. Lo que es singular. Se emplea casi siempre con significado de censura leve: *Este chico es de lo que no hay* (dando a entender que es travieso).

Habérselas con alguien. Tener con esa persona un enfrentamiento o disputa (= tenérselas con alguien).

No haber o tener por dónde coger. Quedar algo o alguien en situación precaria, ser irrecuperable: *Esta chaqueta no hay por dónde cogerla.* Ser algo tan difícil, estar tan mal hecho o hallarse en tan mal estado, que resulta imposible servirse de ello. *Este libro está tan mal escrito que no hay por dónde cogerlo. Es un problema dificilísimo de resolver; la verdad es que no hay por dónde cogerlo. Nos lo devolvió en tan mal estado, que no había por dónde cogerlo.*

No hay de qué. No hay razón alguna para. Fórmula de cortesía con que suele responderse a una fórmula de agradecimiento (= no se justifica el agradecimiento).

Si los (las) hay o donde los (las) haya. Comentario que sigue a un adjetivo calificativo y refuerza su significado: *Inteligente donde los haya.*

HÁBITOS

Ahorcar o colgar los hábitos. Renunciar un sacerdote o religioso a su condición de tal, y pasar al estado seglar.
Tomar el o los hábitos. Profesar como religioso o ingresar en una orden militar.

HABLAR

Hablar por los codos. Hablar continuamente. En su origen, es posible que esta expresión aludiera a los ademanes con que suele acompañar sus palabras la persona muy locuaz (y que implican, como es lógico, flexionar los codos).
Ni hablar. Rotundamente no.

HACER

Hacer agua. Hacer aguada un buque, tropa, caravana, etc., esto es, aprovisionarse de agua potable. Hacer aguas.
Hacer aguas. Hallarse un asunto en situación de grave deterioro. *Ver* **AGUA.**
Hacer la vista gorda. Fingir no ver algo sobre lo que se tiene alguna responsabilidad: *Los agentes hacían la vista gorda con los infractores.*

HACHA

Desenterrar el hacha de guerra. Por analogía con una costumbre de los indios norteamericanos, popularizada por el cine, y en sentido figurado, iniciar la guerra, decidir enfrentarse a alguien con todas las consencuencias. *La declaración de Fulano equivale a desenterrar el hacha de guerra.*
Ser un hacha. Ser diestro, tener habilidad, descollar en alguna cosa. Parece clara la comparación con el instrumento cortante.

HAMBRE

Más listo que el hambre. Locución con que se pondera la agudeza y perspicacia de una persona, y que se relaciona con la creencia de que el hambre desarrolla el ingenio (para sobrevivir).
Matar de hambre. Obligar a comer, por cicatería, raciones muy escasas. Imponer a una persona, sin necesidad, una forma de vida muy austera. *Me fui de aquella pensión porque la patrona nos mataba de hambre.*
Matar el hambre. Saciarla.
Morir o morirse de hambre. Llevar una vida de pobreza y privaciones: *Le pagaban un sueldo (para morirse) de hambre.*
Muerto de hambre. Expresión despectiva que se aplica a una persona pobre: *Ése es un muerto de hambre.*

HARINA

Estar metido en harina. Estar empeñado en una tarea. Estar comprometido en un asunto. *Aquí nos tienes, metidos en harina.*

Hacer o hacerse harina. Reducir o reducirse a fragmentos muy pequeños (= hacerse añicos, fosfatina, trizas).

Ser harina de otro costal. Ser otro asunto que no guarda relación con el anterior. Se emplea también para acentuar la diferencia entre los dos términos de una comparación. *De momento no tratemos de ese asunto, que es harina de otro costal.* Costal: saco grande en el que se transportan granos, semillas y otras cosas. Proviene del latín *costa,* costilla, alusión a que se lleva sobre las costillas (a la espalda).

HECHO

A lo hecho, pecho. Es preciso arrostrar las consecuencias de las propias acciones: *Cometimos un error gravísimo, pero a lo hecho, pecho.* Pecho hay que entenderlo en su sentido figurado de valor, esfuerzo, fortaleza, constancia.

De hecho. Efectivamente: *De hecho, sucedió como usted dice.* Se aplica a lo que se hace sin ajustarse a norma: *situación de hecho.*

El hecho es que. Lo cierto es que; lo que cuenta es que.

Hecho y derecho. La persona adulta y plenamente responsable: *un hombre hecho y derecho.*

HERRAR

Herrar o quitar el banco. Situación en que se plantea la necesidad de continuar un asunto o renunciar a él definitivamente. El símil parece muy claro: en una herrería, el banco en el que se apoyan las patas de las caballerías para herrarlas es innecesario si no hay herraduras que poner.

HIELO

Romper el hielo. En la relación entre dos o más personas, superar la reserva, el recelo o el distanciamiento impuesto por la etiqueta, y relacionarse con más espontaneidad y llaneza: *Una vez se hubo roto el hielo, la reunión transcurrió a satisfacción de ambas partes.*

HIERBA

Como la mala hierba. Se aplica a lo que prolifera y resulta dañino: *crecer o extenderse como la mala hierba.*

Ver o sentir crecer la hierba. Tener una persona gran agudeza y perspicacia.

HIERRO

Quitar hierro. Restar importancia a algo que es materia de enfrentamiento o discusión. Apaciguar. El hierro parece aquí sinónimo de arma.

HIGO

De higos a brevas. Muy de tarde en tarde (los higos se recogen al comenzar el otoño, y las brevas, al principio del verano).
Estar algo hecho un higo. Estar muy blando, arrugado o estropeado.

HIGUERA

Estar en la higuera. Estar distraído. Permanecer ignorante de un asunto.

HIJO

Como cualquier (cada o todo) hijo de vecino. Como todo el mundo, sin constituir una excepción.

HILAR

Hilar fino o delgado. Discurrir o proceder con sumo cuidado, atendiendo a todos los detalles y considerando todas las posibilidades: *Eso es hilar muy delgado; creo que exageras.*

HILO

Colgar o pender de un hilo. Hallarse una persona o situación amenazada de riesgo inminente. *Está muy grave: su vida pende de un hilo. En la empresa va a haber reducción de personal: el empleo de Fulano pende de un hilo.*
Perder el hilo. En una conversación o discurso, olvidar lo que se estaba tratando.

HINCAPIÉ

Hacer hincapié en algo. Insistir en algo, resaltarlo.

HINCAR

Hincarse de rodillas. Arrodillarse. Del latín *figo*: fijar, clavar.

HINCHAR

Hinchar o hinchársele a uno las narices. Estar uno harto de una persona o situación, tener la paciencia colmada, hallarse en el límite de lo que es capaz de tolerar.

HIPO

Quitar el hipo. Sorprender, asombrar: *¿Has visto a Fulanita? Está que quita el hipo de guapa.* Siempre se ha creído que el mejor remedio para quitar el hipo es llevarse una impresión fuerte.

HISTORIA

Dejarse uno de historias. Omitir los rodeos e ir a lo esencial. Prescindir de subterfugios y excusas (= dejarse de cuentos).
Hacer historia. Expresión ponderativa, que se aplica a lo que por su carácter extraordinario y sobresaliente merece ser recordado.
Pasar a la historia. Merecer el recuerdo de las generaciones futuras: *Su heroísmo le valió pasar a la historia.* Quedar una cosa anticuada, desprovista de valor o interés en la actualidad. *Esa manera de entender la política ya ha pasado a la historia. Las locomotoras de vapor pasaron a la historia.*

HITO

Mirar de hito en hito. Mirar fija y seguidamente.

HOCICOS

Estar o ponerse de hocicos. Mostrar enfado (= de morros, con la cara larga).
Meter el hocico en todo. Entremeterse, inmiscuirse, mostrar una curiosidad inmoderada. Sin duda se trata de una analogía con el continuo olisquear de los perros.

HOMBRE

Como un solo hombre. Con absoluta unanimidad: *Le apoyaron todos como un solo hombre.*
Hacerle a uno un hombre. Protegerle eficazmente, favorecerle de tal manera que su vida mejore.

HOMBRO

A hombros. Sobre los hombros. Llevar algo a cuestas. Si se trata de una persona, es señal de triunfo (es típico de los toreros después de una buena actuación).
Arrimar el hombro. Aportar el propio esfuerzo: *Aquí lo que hace falta es arrimar el hombro.*
Cargado de hombros. Cargado de espaldas. Se dice de la persona que presenta una convexidad exagerada de la columna vertebral.
Encogerse de hombros. Manifestar indiferencia, desinterés; inhibirse de algo. *Le di la noticia y se encogió de hombros.*
Hombro con hombro. En estrecha cooperación: *Trabajan hombro con hombro.*
Mirar por encima del hombro. Manifestar desdén por alguien, considerándolo inferior: *Desde que lo han ascendido, mira a todo el mundo por encima del hombro.*
Sobre mis (o tus, sus, etc.) hombros. Se dice del esfuerzo o la res-

ponsabilidad que recae sobre uno: *Todo el trabajo de la sección recae sobre mis hombros.*

HONOR

Hacer honor a. Proceder de la manera que se espera de uno, como se cree que a uno le corresponde: *Hacer honor a su apellido, a su palabra, etc.*
Hacer los honores. Recibir y agasajar a los invitados: *La señora de la casa hizo los honores.* Mostrar aprecio por aquello que se le ofrece a uno, especialmente comida y bebida: *Hicimos los honores a aquel guiso tan apetitoso.*

HONRA

A mucha honra. Lo que es motivo de orgullo. Generalmente se emplea con el verbo tener. *Tenía a mucha honra pertenecer a aquella promoción.*

HORA

¡A buenas horas mangas verdes! Exclamación que suscita aquello que llega tarde, que ya carece de utilidad por haber pasado el momento adecuado (= ¡a buenas horas cartas de amor!). Las mangas verdes formaban parte del uniforme de la Santa Hermandad (s. XVII), un cuerpo creado por los Reyes Católicos y que se encargaba de juzgar y castigar los delitos allá donde la jurisdicción no correspondía a otras instituciones, sobre todo en el medio rural. Desempeñaba asimismo funciones semejantes a las de la moderna policía. Dada la lentitud de las comunicaciones en aquella época, la Santa Hermandad solía llegar tarde al lugar de los hechos, lo que explica la frase que glosamos.
A estas horas. Ahora, en este momento. Suele sobreentenderse avanzadas o tardías. *¿A estas horas te presentas?*
A última hora. En el último momento de un período de tiempo: *Llegó a última hora* (del día, de la jornada laboral, de un plazo fijado, en la inmedita proximidad de una hora señalada, etc.).
Entre horas. Se sobreentiende entre las horas de las comidas, y suele aplicarse a lo que se come.
Hacer horas. Efectuar un trabajo por horas. Hacer horas extraordinarias. Haber sucedido algo horas antes.
No ver uno la hora. No ver llegada la hora. Expresión que denota impaciencia, deseos de que llegue el momento en que suceda algo previsto. *No veo la hora de que acabe todo esto.*
Pasar o estar las horas muertas. Transcurrir un período prolongado de tiempo, en general tedioso e improductivo: *No me gusta ir allí porque te hacen pasar las horas muertas esperando.*

HORMA

Encontrar o hallar uno la horma de su zapato. Dar con una persona que capte las verdaderas intenciones de uno y sea capaz de ponerles coto.

HOSTILIDAD

Romper las hostilidades. Iniciarlas. Comenzar la guerra.

HORNO

No estar el horno para bollos. No ser el momento propicio para algo: *Aguardemos unos días más, que no está el horno para bollos.*

HOZ

De hoz y coz. Plenamente, sin reservas. Esta locución suele introducirla el verbo meterse: *En cuanto termine lo que estoy haciendo, me meteré de hoz y coz en ese otro asunto.* No parece haber otra relación entre las dos palabras que su propio juego (como en la ceca y la Meca, chus y mus, etc.).

HUELLA

Seguir las huellas de alguien. Seguir su ejemplo.

HUESO

Dar o pinchar en hueso. Símil taurino (suerte de matar): fallar en un intento: *Vino a pedirme dinero, pero conmigo pinchó en hueso.*
Estar o quedarse en los huesos. Adelgazar exageradamente. A veces se dice en los puros huesos.
Estar por los huesos de alguien. Estar muy enamorado.
Hueso duro de roer. Se aplica a asuntos de ardua resolución y a personas de trato difícil y a las que cuesta mucho contentar o persuadir.
La sin hueso. La lengua. Suele emplearse en frases que se refieren a personas muy habladoras o maledicentes: *darle a la sin hueso, soltar la sin hueso.*
Ser un hueso. Ser muy arduo de resolver. Ser una persona de trato difícil, a la que cuesta mucho contentar o persuadir. Ser un profesor muy exigente y dar calificaciones muy bajas. *Las matemáticas son un hueso. El profesor de matemáticas es un hueso.*

HUEVO

A huevo. Locución que daba a entender lo barato a lo que se vendía algo.
Costar un huevo. Costar carísimo (huevo = testículo).

Importar un huevo. No importar nada en absoluto, lo que entra en manifiesta contradicción con lo anterior.
Pisando huevos. Con gran cautela, muy despacio.

HUMO

A humo de pajas. Se emplea en frases negativas, dando a entender que aquello que se dice tiene una justificación o una finalidad concreta: *no decir, hablar, hacer alusiones, etc., a humo de pajas.* Las pajas tienen una combustión rápida, producen mucho humo pero carecen de poder calorífico, por lo que no sirven como combustible. La locución tal vez haga referencia a lo vano que resulta quemar pajas.
Bajarle a uno los humos. Conseguir, persuadiéndole u obligándole, que deponga su actitud altiva. En sentido figurado, humo es vanidad, presunción, altivez.
Echar humo. Estar encolerizado, de pésimo humor. Se usa en frases como *Fulano está que echa humo.*
Subírsele a alguien los humos. Ensoberbecerse.

I

IDEA

Hacerse a la idea. Aceptar una situación: *hacerse a la idea de...*

IGUAL

Dar igual. Dar o importar lo mismo. Carecer de importancia una cosa u otra.

De igual a igual. Entre iguales. En pie de estricta igualdad. Se aplica a personas y suele emplearse con verbos como hablar, tratar, considerar, etc. *El trato ha de ser de igual a igual.*

Sin igual. Sin comparación posible: *Belleza sin igual.*

IMAGEN

Ser uno la viva imagen. Parecerse muchísimo a alguien: *Fulano es la viva imagen de su hermano* (= parecerse como dos gotas de agua). Ser la personificación de algo, por lo general de un sentimiento, estado de ánimo, rasgo del carácter, etc.: *ser la viva imagen de la desidia, la desesperación, la felicidad,* etc.

IMPERIO

Valer un imperio. Tener una persona extraordinarios méritos o prendas: *Ese chico vale un imperio.*

IMPORTANCIA

Darse importancia. Atribuirse superioridad: *¡Hay que ver la importancia que se da Fulano!*

IMPOSIBLE

Hacer lo imposible. Hacer todo lo posible, esforzarse al máximo, agotar todos los medios para lograr un fin: *No sé si lo conseguiré, pero haré lo imposible.*

IMPRESIÓN

Cambiar impresiones. Conversar. Hablar dos o más personas de manera informal, pero concretándose en un asunto, a fin de que

cada uno se entere de lo que sabe el otro y de cómo enjuicia el asunto en cuestión. *Antes de emprender el trabajo, sería conveniente que cambiáramos impresiones.*
De impresión. Impresionante. Que produce impresión.

IMPROPERIO
Llenar o cubrir a alguien de improperios. Insultarlo o recriminarlo repetidamente y con vehemencia.

IMPROVISO
De improviso. De repente, sin previo aviso: *Llegaron de improviso.*

INCÓGNITO, A
De incógnito. Pasar o proponerse pasar inadvertida una persona bien conocida del público: *viajar, estar, visitar, alojarse, etc., de incógnito.* Incógnito significa no conocido.

INDIO, A
Hacer el indio. Esta locución no parece tener connotaciones racistas, y sí derivar de las danzas y el griterío de los indios norteamericanos, tal como los muestran las películas. De ahí que se le dé el significado de hacer tonterías (también en el sentido de cometer errores), comportarse de manera extravagante o llamativa, etc. *Ya está ahí Fulano haciendo el indio.*

INGENIAR
Ingeniárselas. Apañárselas o arreglárselas. Poner a contribución el ingenio para resolver un asunto. *Que se las ingenie como pueda. Fulano sabe ingeniárselas muy bien.*

INOPIA
Estar en la inopia. Aunque inopia significa pobreza, el significado que se da a esta expresión es ignorar algo, estar distraído, no estar enterado de una cosa: *Presta atención, que siempre estás en la inopia.*

INRI
Para más inri. Para colmo, para alcanzar el límite de lo tolerable. INRI es acrónimo de *Iesus Nazarenus Rex Iudeorum* (Jesús Nazareno rey de los judíos), inscripción que los verdugos de Jesús pusieron en lo alto de la cruz (Lucas 23,38) con el propósito de escarnecerlo, y que ha difundido la iconografía cristiana. *Y para más inri, pretendían que pagáramos nosotros.*

INSTANCIA
En última instancia. Como último recurso, en definitiva: *En última instancia, acudiré personalmente.*

INSTITUCIÓN

Ser una institución. Se dice de la persona que por llevar mucho tiempo en un lugar, ha contribuido en medida importante a imprimirle carácter: *Fulano es (toda) una institución en esta empresa.*

INTENCIÓN

Con segundas intenciones. Con un propósito distinto del que es patente (= con doble intención). Refiriéndose a una persona, aquella que actúa con doblez: *Fulano va siempre con segundas intenciones.* Si se trata de palabras, frases, etc., las que esconden otro significado además del literal, y que puede ser de advertencia, insultante o simplemente jocoso. A veces se dice «con segundas».

De primera intención. De primer intento, procediendo con espontaneidad.

INTENTO

De intento. A propósito, adrede.

IR

¡Dónde va a parar! Exclamación de múltiples sentidos. De asentimiento, generalmente en frases comparativas: *Fulano es mucho más competente que Mengano, dónde va a parar.* De censura, a la vista de algo que produce irritación o escándalo. Con ánimo de poner coto a una exageración o exceso, etc.

El no va más. Lo máximo, lo insuperable: *Fulano es el no va más de (o en) su profesión.*

Ir a parar. Llegar, terminar. *Este camino va a parar a la playa. En cuanto empezó a hablar, me di cuenta de a dónde quería ir a parar* (= qué se proponía).

Ir a por. Ir en busca de. Aunque consagrada por el uso, esta expresión es un solecismo, y debería decirse «ir por»: *Ve por el periódico. Ir (a) por alguien:* Ir tras él, perseguirlo (aun en sentido figurado) para tomar venganza, castigarle o causarle perjuicio.

Ir algo para largo. Faltar mucho tiempo para que suceda o llegue a su cumplimiento: *Esta enfermedad va para largo.*

Ir alguien que arde o chuta o se mata. Tener más que suficiente con lo que ha obtenido: *Aquí tienes este dinero y vas que ardes.*

Ir dado. Se emplea con idéntico significado que ir o estar apañado o aviado, ir bien servido, etc.

Ni irle ni venirle. Resultarle indiferente, no afectarle en absoluto: *Ese asunto ni me va ni me viene.*

Sin ir más lejos. Sin necesidad de más pruebas ni argumentaciones, o siendo dichas pruebas muy asequibles: *¿Que quién lo sabe?*

Fulano, sin ir más lejos. También se usa en sentido literal, para significar cercanía en el espacio o el tiempo. *Lo encontrarás en la tienda de la esquina, sin ir más lejos. Ayer, sin ir más lejos...*
¡Vamos! Exclamación de sorpresa, protesta, etc.: *¡Vamos, que se necesita desfachatez para decir eso!* Sirve también para anunciar que se emprende el camino o una tarea *(Vamos, que ya es hora)* o para animar o urgir a otro a que haga algo que desea su interlocutor *(Vamos, di lo que sepas).*
¡Vaya! Partícula que, antepuesta a un sustantivo en frases exclamativas, refuerza las cualidades que se le atribuyen en el contexto. El significado real lo da la entonación, que puede ir desde lo admirativo a lo despectivo. Así en casos como *¡Vaya inteligencia la suya!* o *¡Vaya par de sinvergüenzas!* tiene valor superlativo de unas cualidades, respectivamente buena y mala. En una frase tan lacónica como *¡Vaya mujer!* está muy claro que se alude admirativamente a su belleza o a alguna cualidad notable que la adorna. Un matiz en la entonación basta para conferir significado despectivo: *¡Vaya (un) médico!* sería un comentario tan breve como explícito de que nos hallamos ante un profesional incompetente o irresponsable. Como interjección tiene asimismo múltiples significados: satisfacción *(Vaya, me han aprobado),* decepción o contrariedad *(Vaya, me han suspendido),* sorpresa *(Vaya, ¿tú por aquí?),* disgusto *(¡Y ahora me sale usted con esas!¡Pues vaya!),* etc. Seguida de la preposición *con* refuerza la calificación de una persona o cosa: *¡Vaya con el niño! ¡Vaya con el tren, que nunca llega a su hora!*
Vete (tú) a saber o vaya usted a saber. Comentario de duda o ignorancia. También da a entender que ante la imposibilidad de alcanzar la certidumbre, se desiste de buscarla (= quién sabe, cualquiera sabe).

J

JABÓN

Dar jabón. Adular (= hacer la pelota).

JAMÓN

Y un jamón con chorreras. Locución que denota rechazo, y que se emplea como negativa tajante a algo que se considera excesivo. A la petición que se tiene por descabellada se le responde, pues, con algo tan desacabellado como un jamón adornado con una guarnición de encaje.

JAQUE

Tener o traer a uno en jaque. Expresión tomada del juego del ajedrez (jaquearlo): hostigarlo, haciéndole temer la inminencia de un ataque. Abrumarlo con trabajos y encargos.

JARDINERO, A

A la jardinera. Guarnición consistente en hortalizas frescas y del tiempo cocidas aparte: zanahorias, nabos, judías verdes, coliflor, etc., troceados, y guisantes, habichuelas, etc. Suele acompañar a ciertas carnes. Del francés *à la jardinière.* La traducción es inadecuada, pues *jardin* debe entenderse en su acepción de huerto (se sobreentiende *jardin potager*). Sería, pues, más apropiado «a la hortelana», expresión ya existente y que se aplica a otras preparaciones culinarias también a base de hortalizas.

JARRA

En jarras. Postura del cuerpo que se adopta colocando las manos en la cintura y encorvando los brazos, como si éstos fueran las asas de una jarra o cualquier otro recipiente.

JARRO

Echarle a alguien un jarro de agua fría. Decepcionarlo, desilusionarlo súbita y brutalmente: *Me lo dijo y fue como si me echara un jarro de agua fría.*

JEFE

En jefe. Aunque aceptada por la Academia, esta expresión es traducción literal del francés *en chef*. Si se omite la preposición, el significado es el mismo: *general jefe, comandante jefe. Mandar alguien en jefe:* mandar como jefe.

JOTA

No entender o saber ni jota. No entender o saber nada (ni una letra).

JUEGO

Dar juego. Tener un asunto mayores consecuencias o repercusión de lo que en principio podría parecer: *El libro que voy a publicar creo que dará mucho juego.* Actuar una persona de tal modo, que provoque una desusada reacción en los demás: *Ese político está dando mucho juego. No imaginaba que un delincuente de poca monta diera tanto juego a la policía.*
Entrar en juego. Intervenir.
Estar en juego. Jugarse algo, correr algo el riesgo de malograrse: *Está en juego mi carrera.*
Fuera de juego. Que deja de jugar. Que no cuenta ni tiene influencia alguna: *Entre todos han dejado a Fulano fuera de juego.* Se emplea con verbos como dejar, estar, quedar, etc.
Hacer el juego. Seguir la corriente. Obrar uno de modo que aproveche a otro, por lo general inadvertidamente. *Hizo el juego a sus propios adversarios.*
Hacer juego. Corresponderse dos o más cosas en orden, proporción, forma, color, simetría, etc.: *Esa silla no hace juego con las demás.*

JUEZ

Ser juez y parte. Se aplica a aquellas personas cuya imparcialidad es dudosa porque tienen intereses en el asunto sobre el que deben pronunciarse: *Debo abstenerme en la votación porque en este asunto soy juez y parte.*

JUGAR

Jugar con. Servirse de algo o de alguien para los propios fines o por capricho: *Jugó con el pobre chico sin la menor consideración.*
Jugar limpio. Proceder con honradez y limpieza, sin trampas ni engaños: *Para mí que ésos no juegan limpio.*
Jugar sucio. Proceder sin escrúpulos con tal de lograr los propios fines, recurriendo a engaños y violencias.
Jugarla o jugársela. En expresiones como *nos la han jugado, a Fulano se la han jugado* y parecidas, significa engañar causando

grave perjuicio. Cuando se habla de *jugársela uno* significa arriesgar algo muy importante (exponerse a perder una posición e incluso la vida).

JUGO

Sacar jugo de algo. Obtener de ello el mayor provecho: *No has sido capaz de sacarle (todo) el jugo a un tema tan interesante.*

JUICIO

Perder el juicio. Enloquecer: *¿Es que habéis perdido el juicio?*

JURAR

Jurar por. Jurar poniendo por testigo a, invocando a.
Jurársela o jurárselas o tenérsela jurada. Empeñarse en tomar venganza de alguien, sentir aversión por alguien y procurar por todos los medios perjudicarle: *A ése se la tengo jurada.*

JUZGAR

A juzgar por o como. Según, a la vista de causas, antecedentes, datos, aspecto, etc.: *A juzgar por el interés que se toma, a usted no le satisface su trabajo.*

L

LABIO

Morderse los labios. Contenerse para no decir algo (= morderse la lengua).
No despegar los labios. Permanecer callado.

LABOR

De labor. De trabajo, para trabajar: *día de labor, ropa de labor, tierra de labor.*
No estar por la labor. No estar dispuesto, estar desinteresado: *Se lo propuse, pero comprendí que no estaba por la labor.*

LADO

Al lado. Muy cerca, en la inmediata proximidad.
Al lado de (o a mi, tu, etc.) lado. Junto a. En sentido figurado, *estar al lado de alguien* significa estar a su favor o de su parte, apoyarlo, declararse partidario suyo (= estar o ponerse de su lado).
Dar de lado. Rehuir la compañía de alguien: *Fulano da de lado a Mengano. A Zutano le dan de lado sus compañeros.*
De lado a lado. De parte a parte, de un lado a otro.
De medio lado. Ladeado, inclinado, torcido: *Andas de medio lado.*
De un lado para otro. De aquí para allá, de un lugar a otro. *Esa gestión me obligó a ir de un lado para otro toda la mañana. ¿Dónde se ha metido Fulano? ¡Se pasa todo el día de un lado para otro!*
Estar o ponerse del lado de alguien. Estar a favor o de parte de alguien, apoyarlo, declararse partidario suyo (= estar al lado de).
Ir cada uno por su lado. Tomar caminos distintos, separarse: *Fueron socios muchos años, pero luego cada cual se fue (o tiró) por su lado.* No colaborar dos o más personas que se espera hagan algo juntas o coordinadamente: *Aquella empresa es un caos; cada jefe de sección va por su lado.*
Ir de lado. Ladearse, inclinarse, torcerse al avanzar.
Mirar de medio lado. No mirar cara a cara. Mirar con enfado, con desdén o con disimulo.

LÁGRIMA

Deshacerse en lágrimas. Llorar copiosa y amargamente (= llorar a lágrima viva, a moco tendido).
Lágrimas de cocodrilo. Las que se fingen, a fin de aparentar un dolor que no se siente o para mover a compasión a los demás. Las «lágrimas de cocodrilo» son en realidad una secreción acuosa que mantiene húmedos los ojos de ese animal cuando está fuera del agua, y que nada tiene que ver con el llanto.
Lágrimas de sangre. Experimentar una pena hondísima. Se construye la locución con el verbo llorar.
Lo que no va en lágrimas va en suspiros. Se aplica a las cosas que se compensan unas con otras.
Llorar a lágrima viva. Llorar copiosa y amargamente (= deshacerse en lágrimas, llorar a moco tendido).

LAMER

Que no me (te, etc.) lamo (lames, etc.). Expresión de significado ambiguo, que suele dar a entender que alguien tiene mermada su conciencia. Se emplea en frases como *Lleva una tajada (borrachera) que no se lame* o *Tiene una galbana (pereza) que no se lame.*

LANCE

De lance. De ocasión, de segunda mano: *libros, muebles, objetos de lance* (= usados, de segunda mano, de viejo).
Tirarse un lance. Tener un lance. Lance (de lanzar) significa encuentro, riña.

LANZA

A punta de lanza. Con mucho rigor y exactitud. Se emplea con el verbo llevar: *llevar a punta de lanza* (= en la punta de la espada).
Con la lanza en ristre. Por analogía con los guerreros antiguos, estar dispuesto a acometer un asunto que exige energía, o a enfrentarse a una persona. Suele decirse simplemente lanza en ristre. *Ver* **RISTRE.**
Romper una lanza por o en favor de. En los usos caballerescos, asumir decididamente la defensa de algo o alguien, pelear en su favor. Hoy se utiliza mucho en sentido figurado: *Ya era hora de que alguien rompiese una lanza por Fulano.*

LARGO, A

A la larga. Con el tiempo, en el futuro: *A la larga no podrá evitarlo.*
A lo largo de. Recorrer una cosa en el sentido de la longitud. Se emplea también en sentido temporal: *A lo largo del año.*
Dar largas a un asunto. Aplazarlo, demorar su resolución: *Yo es-*

peraba que tomase una decisión, pero dio largas al asunto.
De largo. Desde mucho tiempo atrás: *Esto ya viene de largo.* Aplicado a la vestimenta, la que llega a los pies: *ir de largo, ponerse de largo.*
Hablar largo y tendido. Conversar dilatada y prolijamente, considerando un asunto en todos sus detalles: *Esto hay que hablarlo (o tratarlo) largo y tendido.*
¡Largo! Exclamación de rechazo, con la que se manda a una persona o animal que se aleje: *¡Largo de aquí!*
Para largo. Para mucho tiempo. Lo que se prevé que va a tardar mucho en resolverse, y se construye con el verbo ir: *ir para largo.*
Pasar de largo. Pasar sin detenerse: *Me vio pero pasó de largo.* En sentido figurado significa obviar un asunto, no tomarlo en consideración (= pasar por alto): *Leyó el informe, pero pasó de largo por los párrafos que más nos interesaban.*

LÁSTIMA

Dar o tener lástima. Causar lástima, mover a ella. *El pobre (me) da lástima. Le tenían mucha lástima.*
Hecho una lástima. En pésimo estado, en situación de mover a lástima: *El accidente lo dejó hecho una lástima.*

LATA

Dar la lata. Insistir en algo que causa fastidio o disgusto. Una de las acepciones de lata es una tabla de madera sobre la que, en las casas antiguas, se aseguraban las tejas. El posible origen de la locución habría que buscarlo en los ruidos que sobre esa superficie producirían las tejas por causa del viento, o en la necesidad de repararla con frecuencia.
Ser una lata. Producir fastidio o disgusto: *Los niños de mi vecino son una lata.*

LATÍN

Saber latín. Ser muy astuto y despierto. Ser muy experimentado. A veces se añade «y griego».
Tener latines. Ser muy astuto y despierto. Ser muy experimentado (= saber latín).

LAUREL

Dormirse alguien sobre o en los laureles. Descuidar un asunto, considerando que puede permitírselo por los éxitos alcanzados anteriormente. Desde la antigüedad es costumbre utilizar el laurel como símbolo de triunfo, premio, recuerdo, inmortalidad, etc., por tratarse de un árbol siempre verde.

LECCIÓN

Dar una lección a alguien. Llevarle a reconocer sus faltas mediante el ejemplo que se le da, el castigo que se le impone o la exhortación que se le dirige. *Su comportamiento ha sido una lección para todos.*

LECHE

A toda leche o echando leches. A toda velocidad, con la mayor prontitud (leche, vulgarismo por semen).
De leche. Relativo a la lactancia o que data de esa época de la vida: *ama, diente, hermano, etc., de leche.*
Ser la leche. Ser el colmo. Es locución ponderativa o de censura.

LECHUGA

Esa lechuga no viene de su (tu, etc.) huerto. No es de su cosecha, no es una palabra o una idea propia, sino copiada (= hablar por boca de ganso).
Más fresco que una lechuga. Muy fresco, descarado o indiferente: *Se quedó más fresco que una lechuga* (= se quedó tan fresco).

LEGUA

A la legua o a una legua o a cien leguas o a mil leguas. Muy lejos. Se emplea en sentido figurado para significar, con el símil de la distancia, que una cosa es radicalmente distinta de otra o que se halla muy alejada en el tiempo. *La calidad de este producto está a cien leguas de la que ofrece la competencia. Se ve a la legua que eso no va a salir bien.* La legua era una medida de longitud que en España equivalía a unos 5,5 km.

LEJOS

A lo lejos. Lejos, en la lejanía, a larga distancia.
Lejos de. Locución que denota oposición y que, en la práctica, equivale a «al contrario de». *Lejos de acceder a sus demandas, manifesté que las consideraba infundadas. Lejos de mi ánimo cualquier veleidad contemporizadora. Eso está muy lejos de sus verdaderas intenciones.*

LENGUA

Andar en lenguas. Ser objeto de murmuraciones.
Darle a la lengua. Hablar mucho y de cosas insustanciales.
Hacerse lenguas. Ponderar las virtudes y cualidades de alguien o algo: *Se hacían lenguas de sus amplios conocimientos.*
Irse o soltarse de la lengua. Cometer indiscreción al hablar. Revelar secretos. *Y sobre este asunto, no os vayáis de la lengua* (= mantened la boca cerrada).

Morderse la lengua. Contenerse para no decir algo: *Tuve que morderme la lengua para no decir allí mismo lo que pensaba de él.*
Tener algo en la punta de la lengua. Estar a punto de decir algo: *Tengo su nombre en la punta de la lengua.*
Tener la lengua muy larga. Ser maldiciente. Hablar en términos desconsiderados e insultantes. *Cuidado con ése, que tiene la lengua muy larga.*
Tirar de la lengua a alguien. Procurar mediante ardides que revele lo que debería callar: *Sin duda sabe algo; convendría tirarle de la lengua.*

LEÑA

Añadir o echar leña al fuego. Fomentar una discordia: *Me abstuve de intervenir para no echar más leña al fuego.*
Hacer (o no hacer) leña del árbol caído. Aprovechar (o no) para los propios fines la situación de indefensión de otro.

LEÑO

Dormir como un leño. Dormir profundamente (= dormir como un tronco). Se compara al durmiente con algo que permanece absolutamente inmóvil.

LEPE

Saber más que Lepe, Lepijo y su hijo. Suele decirse simplemente «Saber más que Lepe». Saber mucho, saber más que nadie de una materia. Esta expresión da testimonio de la fama de sabió que tenía Pedro de Lepe, obispo de Calahorra en el s. XV.

LETRA

Al pie de la letra. Literalmente, según las letras y el significado natural de las palabras y renunciando a cualquier cambio o interpretación.
La letra con sangre entra. Todo aprendizaje impone una disciplina a veces muy dura. Se alude a la antigua costumbre de infligir castigos corporales a los escolares que mostraban escasa aplicación.

LEVITA

Tirar a uno de la levita. Adularle (= hacerle la pelota). La levita era una chaqueta masculina que cayó en desuso al adoptarse el frac como atavío de ceremonia a finales del s. XIX. Era larga (tres cuartos), con amplios faldones que se recogían por delante al sentarse.

LEY

Con todas las de la ley. Cumpliendo todos los requisitos legales. En sentido figurado, lo que se ajusta al rigor más exigente o responde por completo a lo que cabe esperar.

De buena ley. De perfectas condiciones materiales o morales.
Ser de ley. Ajustarse los metales preciosos al grado de pureza que señala la ley. En sentido figurado, lo que es digno de confianza.

LIBRADO, A
Salir bien o mal librado. Salir o no con bien de una situación: *Salió bien librado del accidente.*

LIBRE
Por libre. Locución que deriva de los alumnos libres de los centros de enseñanza, esto es, los que no asistían a clase y concurrían sólo a los exámenes: *Fulano estudió la carrera por libre.* Su sentido se ha ampliado a quienes intervienen en un asunto preservando su independencia, participan en alguna empresa o institución eludiendo una vinculación plena, etc. *(ir por libre).*

LIBRO
Colgar los libros. Abandonar los estudios.
Hablar o explicarse como un libro abierto. Expresarse de forma clara y apropiada.
Llevar los libros. Llevar la contabilidad (que se anota en sus correspondientes libros).
No estar (una cosa) en libros. Locución exclamativa, que refleja censura o escándalo. Se aplica a algo que se considera desusado hasta el punto de no reconocérsele precedentes (o sea que no figura en ningún libro): *¡Eso que nos ha hecho no está en libros!* (= no tener nombre).

LID
En buena lid. Por buenos medios, de forma limpia y procediendo rectamente. Remite a la antigua prueba judicial que consistía en dirimir una disputa enfrentándose en duelo (lid) ambas partes.

LIEBRE
Levantar la liebre. Símil cinegético (conseguir que la liebre se ponga a tiro). Llamar la atención pública sobre algún asunto mantenido en secreto. *El periodista levantó la liebre de aquel gran escándalo.*
Saltar la liebre. Descubrirse, ponerse de manifiesto algo de repente.

LIGAR
Ligar o ligársela. Establecer una relación amorosa ocasional.

LIGERO, A

A la ligera. Con ligereza, sin reflexionar: *hablar, obrar, etc., a la ligera.*

Ligera de cascos. Se dice de la mujer de costumbres livianas.

LIMA

Comer como o más que una lima. Comer mucho y vorazmente, de la misma forma que una lima va desgastando la superficie a la que se aplica.

LIMAR

Limar asperezas. Contribuir a que una discordia se plantee en términos más moderados.

LIMBO

Estar en el limbo. Estar distraído: *A ver si os fijáis, que estás siempre en el limbo.* El limbo, según la doctrina cristiana, es un lugar donde no se goza ni se sufre, al que van las almas de los no bautizados.

LIMPIO

En limpio. Limpiamente. Refiriéndose a un escrito, lo que está sin enmiendas ni tachones; el texto definitivo. Esta locución la introducen los verbos poner, pasar, copiar, etc. *Sacar una cosa en limpio:* Llegar a una conclusión, alcanzar una comprensión cabal.

Estar limpio. Carecer de dinero. *Estar limpio de pecado, de sospecha, etc.* No tener antecedentes penales. Resultar inocente tras una investigación. Faltar en un lugar algo que debiera estar allí, en especial si ha sido robado. *Al abrir la caja fuerte, se la encontró limpia (vacía). Le dejaron el almacén limpio.*

LINDO

De lo lindo. Lindamente, a las mil maravillas. Lindo deriva del latín *legitimus*: completo, perfecto. Suele atribuírsele un sentido más amplio como locución adverbial de cantidad: muchísimo. *Nos divertimos (o nos aburrimos) de lo lindo.*

LÍNEA

En líneas generales. En general, a grandes rasgos.

En su línea. Según su costumbre, su modo habitual de hacer, su estilo.

En toda la línea. Plenamente: *Triunfó en toda la línea.*

Leer o decir algo entre líneas. Lo que en un texto no es explícito, pero puede deducirse con relativa facilidad mediante una serie de alusiones y sobreentendidos que reclaman cierto grado de complicidad por parte del lector. *A Fulano hay que leerle entre líneas. Parecen trivialidades, pero tú lee entre líneas y verás con quién se mete en realidad.*

LÍO

Hacerse un lío. Embrollarse, confundirse, no saber cómo solucionar algo. Se dice también armarse un lío. (Lío: porción de cosas atadas.)
Meterse en un lío. Quedar atrapado en una situación de la que no se sabe cómo salir. Cuando uno se mete en un lío por decisión propia, suele emplearse la expresión *buscarse un lío.*

LIRÓN

Dormir como un lirón. Dormir profundamente. El lirón (*Glis glis* es la especie más conocida) es un roedor que hiberna en troncos huecos o bajo montones de hojas caídas.

LISTA

Pasar lista. Llamar en voz alta a las personas cuyos nombres figuran en una lista, y que se supone han de hallarse presentes.

LISTO, A

Estar listo. Estar acabado. Estar a punto de que le suceda a uno algo grave o de que vea defraudadas sus esperanzas. *A Fulano le han diagnosticado una enfermedad incurable, así que el pobre está listo. Cuando su jefe se entere, Mengano está listo. Si crees que lo vas a conseguir, estás listo.*
Pasarse de listo. Obrar creyendo que uno es mucho más listo que los demás, lo que al cabo malogra sus propósitos.

LLEGAR

Estar algo o alguien al llegar. Ser inminente su llegada, estar a punto de llegar: *El tren está al llegar.*

LLENO, A

De lleno. Plenamente, completamente: *dar de lleno.*

LLEVAR

Llevar adelante. Hacer avanzar algo, emprender: *llevar adelante un asunto, un proyecto o iniciativa, etc.*
Llevar alguien las de ganar o las de perder. Ser previsible que gane o pierda.

LLOVER

Como llovido del cielo. La persona que llega o el suceso favorable que se produce en el momento más oportuno: *Aquel dinero me vino como llovido del cielo.* Se dice también *caído del cielo.*

Como quien oye llover. Sin prestar la menor atención: *Me oye como quien oye llover.*
Llover chuzos de punta. Caer granizo, llover o nevar con mucha fuerza (chuzo=carámbano). Se dice también *caer.*
Llover sobre mojado. Repetirse. Suceder algo que viene a incrementar lo que ya existía. Suele aplicarse a situaciones desfavorables, que de este modo se ven agravadas.

LOCO, A

A lo loco. Alocadamente: *Todo lo hacéis a lo loco.*
Cada loco con su tema. Comentario que suscita quien manifiesta una preferencia insistente por algo.
Hacerse el loco. No darse por enterado de algo, fingiendo distracción u otras ocupaciones: *Le llamé la atención sobre el caso, pero se hizo el loco.*
Volver loco a alguien. Importunarle continuamente. Hacerle la vida imposible.

LOCURA

De locura. Locución ponderativa: *Lo pasamos de locura.*

LONGUIS

Hacerse el longuis. Hacerse el distraído. De longuiso, en germanía, del latín *longus*: apartado, lejano. Se dice también hacerse el longui.

LORO

Estar al loro. Estar bien informado, conocer las últimas noticias. Esta expresión proviene del lenguaje carcelario, y fue acuñada en la década de 1970. El «loro» es el aparato de radio de transistores.

LUCERO

Al lucero del alba. Locución referida a alguien indeterminado a quien se atribuye gran importancia y jerarquía (= el sursum corda, el archipámpano), y que suele formar parte de frases como: *Yo le canto las verdades al lucero del alba. Aquí no entra nadie, aunque lo mande el lucero del alba. A Fulano no se le sube a las barbas ni el lucero del alba.* El lucero del alba es el nombre popular que se da al planeta Venus, que aparece muy brillante en el firmamento durante los crepúsculos matutino y vespertino. Podría guardar relación con las letanías de la Virgen, a la que se invoca como *Stella matutina.*

LUEGO

Desde luego. Sin duda alguna, se da por supuesto.
Hasta luego. Fórmula de despedida que últimamente se tiende a emplear en sentido no literal, es decir, sin dar por seguro quienes se despiden que van a volver a encontrarse en breve.
Luego luego. En seguida.
Luego que. Después de que.

LUGAR

En buen o mal lugar. En situación airosa o desairada, favorable o comprometida. *He dejado en buen lugar a Fulano: he dado de él las mejores referencias. No les llevaste mi recado y me has dejado en mal lugar.*
En lugar de. En vez de. En sustitución de. *Irá Fulano en lugar de Mengano.*
En primer lugar. En el primer puesto. Ante todo. Antes que nada. *En primer lugar debo decirles que...*
En tu (su, vuestro, etc.) lugar. Colocándose otro en tu (su, vuestra, etc.) situación: *Yo en su lugar hubiera obrado de otro modo.*
Estar en su lugar. Mantenerse en el puesto y en el papel que uno tiene señalado o que ha asumido voluntariamente, actuando como le corresponde y se espera de él. *Siempre supo estar en su lugar.*
Fuera de lugar. No ajustarse algo o alguien a una determinada situación. *Ante aquella concurrencia, sus palabras estuvieron fuera de lugar. En presencia de aquella gente, yo me sentía fuera de lugar.*
No dejar lugar a dudas. Convencer plenamente de algo. No dar ocasión a vacilación alguna.
Sin lugar a dudas. Sin la menor duda. Con absoluta convicción.
Tener lugar. Ocurrir, suceder, efectuarse.

LUJO

Permitirse el lujo. Darse el capricho. Permitirse un dispendio para procurarse una satisfacción: *Después de gastarse un dineral en su nueva casa, Fulano aún se permitió el lujo de cambiar de coche.* Se usa también en sentido figurado: *Se sabía tan al dedillo la asignatura, que el día antes del examen se permitió el lujo de irse al cine y no abrir un libro.*

LUNA

Dejar o quedarse en la luna de Valencia. Ver frustradas las esperanzas. Según algunos, la locución proviene de los barcos que debían refugiarse en la bahía (luna) por el mal estado de la mar.

Otros autores identifican la luna con una extensión de terreno que tenía esa forma, donde se veían obligados a pernoctar los que llegaban a la ciudad cuando sus puertas ya habían sido cerradas. Hay quien sustituye el terreno en cuestión por un banco corrido de forma semicircular que se instaló a las puertas de la ciudad para que aguardaran quienes no podían entrar en ella.

Estar de mala luna. Estar de mal talante. Esta expresión se relaciona con la influencia sobre la mente humana (y de ahí la palabra «lunático») atribuida a la luna por las doctrinas astrológicas. Dado que la luna completa su ciclo con rapidez (28 días), y que por tanto permanece poco tiempo en cada signo zodiacal, se la hacía responsable de los cambios súbitos de humor.

Estar en la luna. Ser distraído, no enterarse de lo que ocurre: *Seguro que no sabe nada; está siempre en la luna.*

Pedir la luna. Pedir imposibles: *Si transigimos, acabarán pidiéndonos la luna.*

LUZ

A la luz. Con luz, con claridad: *Tráelo para que lo veamos a la luz.*

A la luz de. Con la luz de: *A la luz de las velas.* A tenor de, en vista de, según se deduce de: *A la luz de los últimos acontecimientos.*

A todas luces. De todos modos, en cualquier caso, sin que pueda caber duda: *Esta es, a todas luces, la única solución posible.*

Arrojar luz. Aportar claridad, esclarecer, hacer patente. En la práctica, sólo se usa en sentido figurado: *Esta es la prueba que arroja luz definitiva sobre el caso.*

Dar a luz. Dar nacimiento. Parir la mujer. Dar a conocer, publicar una obra. La acepción primaria del verbo latino *edo* es hacer salir algo de uno. *Editio* puede traducirse indistintamente, según contexto, por declaración, edición de un libro o parto. En español «edición» tiene una única acepción, pero la expresión que comentamos sí conserva el doble significado del citado verbo latino.

Entre dos luces. Se dice de las horas del día en que no es completamente de día ni de noche. Al amanecer y al anochecer.

Salir a la luz. Publicarse. Ponerse de manifiesto algo que estaba oculto.

M

MACHO

Atarse o apretarse los machos. Disponerse a emprender una tarea difícil o comprometida. Los machos son, en esta acepción, las borlas que penden del canesú de la chaquetilla de luces de los toreros. *¡Menudo trabajo nos espera! ¡Ya podemos atarnos (bien) los machos!*

MADERA

¡Que viene la madera! Que viene la policía. En lenguaje del hampa, luego extendido a otros ámbitos, sobre todo juveniles, se da el nombre de madera a las fuerzas del orden, y a sus agentes se les llama maderos.
Tener madera. Poseer una persona buenas y prometedoras cualidades para una determinada actividad: *Fulano tiene madera de cantante.*
Tocar madera. Práctica supersticiosa que tiene por objeto contrarrestar la mala suerte. En el lenguaje corriente se utiliza en expresiones relativas a la prevención de un mal o de una situación difícil: *El director nos ha llamado a su despacho; ¡toquemos madera!* Es muy probable que esta locución esté relacionada con el carácter sagrado que algunas tradiciones atribuyen a la madera. En griego, *hylé* significa a la vez madera y material de construcción y, por extensión y en lenguaje filosófico, materia primordial con que se constituyó el mundo. La madera sería, pues, un soporte simbólico de lo primigenio, del orden mismo del universo.

MADRE

Ciento y la madre. Abundancia de personas: *Éramos ciento y la madre.*
¡Madre mía! o ¡Mi (o su) madre! Exclamación suscitada por las más variadas circunstancias (sorpresa, consternación, censura, etc.).
Sacar de madre. Sacar de quicio o de sus casillas. Hacer que al-

guien pierda los nervios. Provocarle para que se salga de madre.
Salirse de madre. Salirse un río de su cauce, desbordarse. Por analogía, perder la paciencia, caer en un arrebato de genio, excederse. *Cálmate, que no hay razón para salirse de madre.*
Ser algo la madre del cordero. Ser la causa determinante, la clave, la explicación, la raíz de una cosa.

MAGDALENA

Llorar como una Magdalena. Llorar copiosamente y con gran sentimiento. Referencia a María Magdalena, que según el Evangelio de san Juan (20,11-15) lloraba desconsolada ante el sepulcro vacío de Jesús, creyendo que habían robado su cuerpo. Sucesivamente se le aparecieron unos ángeles y el propio Jesús resucitado para preguntarle la razón de su llanto.

MAJESTAD

En majestad. Majestuosamente, en figura de rey. En pintura y escultura, se dice de las representaciones de Cristo y la Virgen en actitud triunfante *(Cristo en majestad).*

MAL

De mal en peor. Cada vez peor: *Sus negocios van de mal en peor.*
Hacer mal. Perjudicar, dañar.
Mal que. Aunque: *Mal que te pese...*
Mal que bien. Venciendo las dificultades, trampeando: *Mal que bien va recuperándose de su enfermedad.*
Ponerse a mal. Enemistarse. Se construye con la preposición con: *Fulano se puso a mal con su jefe.*
Tomar (o llevar) a mal una cosa. Resentirse, quejarse de ella: *Tomó muy a mal sus palabras.*

MALO, A

A una mala. En última instancia, si no hay más remedio: *A una mala, nos quedamos en casa.*
Estar de malas. Estar de mal humor, mal predispuesto: *Fui a hablar con él, pero estaba de malas.* Estar desafortunado: *¡Otra vez me he equivocado! Desde luego, hoy estoy de malas* (= tener la negra).
Lo malo es que. Si no fuera porque, el inconveniente consiste en que: *Lo malo es que no tenemos dinero para comprarlo.*
¡Malo! Exclamación ante una situación adversa, un pronóstico desfavorable, etc.
Ni un mal o una mala. Locución que se aplica a situaciones en las que se echa de menos algo con lo que se contaba. *Era la hora de*

comer, y yo sin un mal mendrugo que llevarme a la boca. Llovía y no se encontraba un mal taxi libre. Fui a escribir la carta y no había un mal sobre en toda la casa.
Por (o a) las malas. Hostilmente: *Si no accede de buen grado, tendrá que aceptar por las malas.*

MALTRAER
Llevar, tener o traer a maltraer. Mortificar, maltratar, hacer la vida imposible: *Su marido la lleva a maltraer.*

MALVA
Como una malva. Dócil, pacífico, de buen carácter: *Hasta hace poco, a Fulano no había quien lo aguantara, pero ahora está como una malva.* Esta expresión podría estar relacionada con el gran número de virtudes curativas que se atribuyen a la familia de las malváceas y en especial a la *Malva silvestris,* de reconocidas propiedades emolientes.
Estar criando malvas. Estar muerto: *¿Fulano? ¡Pero si lleva más de un año criando malvas!*

MANCO, A
No ser manco. Ser hábil, especialmente en cosas censurables. En otro tiempo se decía de los ladrones, esto es, de quienes siempre tenían la mano presta para hacerse con lo ajeno (y, por tanto, no podían ser mancos).

MANERA
A manera de. A semejanza, como si fuera (= a guisa de).
De cualquier manera o de todas maneras. Sea como fuere, en cualquier caso, así ha de ser forzosamente: *De todas maneras habrá que decírselo.*
De manera que. De tal modo que.
De ninguna manera. Absolutamente no.
De tal manera. De manera que, de tal modo, así.
En gran manera o sobre manera. Excesivamente, en extremo.

MANGA
¡A buenas horas mangas verdes! Exclamación que suscita aquello que llega tarde, que ya carece de utilidad por haber pasado el momento adecuado. *Ver* **HORA.**
Corte de mangas. Ademán obsceno de rechazo. *Ver* **CORTE.**
Hacer mangas y capirotes. Resolver algo con precipitación, sin detenerse en consideraciones. La manga es aquí la tela de forma

cónica utilizada para colar, y los capirotes son caperuzas de idéntica forma.
Manga ancha. Indulgencia, tolerancia: *tener (la) manga ancha.* Esta manga es también la de colar (dejar pasar más o menos a través de ella).
Manga por hombro. Se aplica a las situaciones de desorden y abandono que existen en una casa, institución, etc. Introduce la locución con el verbo ir. *En aquella empresa todo va manga por hombro.* Alude seguramente a las mangas mal sentadas en el hombro u hombrera de una prenda de vestir.
Sacarse de la manga. Sorprender a otro u otros con palabras, argumentos, datos, etc., que ellos ignoraban y que uno se reservaba, improvisa e incluso inventa para la ocasión. *Estaba a punto de tomarse el acuerdo, y entonces Fulano se sacó de la manga aquel informe. No creo que sea cierto; para mí que se lo ha sacado de la manga.* Se refiere al conocido truco de prestidigitadores y jugadores tramposos.
Tener o llevar o guardar algo en la manga. Reservarse algo con el fin de utilizarlo en el momento más oportuno: *Me extraña que no haya protestado; creo que se guarda algo en la manga.*

MANO

A mano. Con la mano, sin el auxilio de artificios mecánicos: *escrito a mano, fabricado o hecho a mano,* etc.
A mano airada. Con violencia.
A mano alzada. Se dice de la votación que consiste en aprobar o desaprobar levantando el brazo lo que la presidencia somete a la decisión de los reunidos. Se usa en asambleas donde no es imprescindible el voto secreto, o donde la premura de tiempo o la escasez de medios desaconseja otras formas de votación más complejas.
A mano armada. Portando armas. Se aplica a robos y asaltos.
A manos llenas. Con abundancia: *Ganaba dinero a manos llenas.*
Abrir la mano. Mostrar más indulgencia o generosidad de lo habitual: *Al parecer, la superioridad ha abierto la mano a la hora de conceder permisos.*
Alargar la mano. Solicitar ayuda.
Atarle a uno las manos. Impedirle realizar lo que se propone: *No puedo sacar adelante el asunto porque tengo las manos atadas.*
Bajo mano. A escondidas: *Percibía comisiones bajo mano.*
Caer en manos de alguien. Caer bajo su poder: *Cayó en manos de sus enemigos.*
Caerse de las manos. Se aplica a los libros cuya lectura resulta insoportable.

Cargar la mano. Excederse en la severidad o el rigor. Excederse en las proporciones al elaborar un guiso, medicamento, etc. (= irse la mano).
Comer en la mano de alguien. Estar dominado por él (= tenerlo en el bolsillo, en un puño, etc.).
Con las manos en la masa. En plena comisión de un delito, en el momento en que se lleva a cabo una acción censurable. Suelen introducir esta locución verbos como sorprender, descubrir, encontrar y afines. Cuando en un obrador de panadería se esta amasando, resulta muy difícil disimular lo que se está haciendo, y de ahí el símil.
Con una mano detrás y otra delante. En la mayor indigencia (o sea, en cueros y contando sólo con las manos para cubrirse las vergüenzas). En la más absoluta indefensión. A veces se añade: «para taparme (taparse, etc.) lo más feo». *Se arruinaron completamente; se quedaron con una mano detrás y otra delante.*
Dar de mano. Concluir la jornada laboral. Dejar un trabajo para dedicarse a descansar. *¿A qué hora dais de mano?*
Dar la mano a alguien. Tendérsela. Ayudarle (= echarle una mano).
Darse de manos a boca. Encontrarse frente a frente, tropezarse con alguien: *Ayer, nada más salir de casa, me di de manos a boca con Fulano.*
De mano. Que se puede manipular directamente, que puede transportarse con la mano: *programa de mano, cartera de mano,* etc.
De mano en mano. Lo que pasa de una persona a otra sin que ninguna se lo quede: *Por lo sobado que está, se nota que este libro ha ido de mano en mano.*
De la mano. Cogido de la mano: *Llevaba al niño de la mano.*
De primera mano. Del primer propietario de una cosa: *coche de primera mano.* Lo que proviene directamente del original o de lo que se conoce por los propios medios y no por relato de otros: *información, datos, fuentes, conocimiento, etc., de primera mano.*
De segunda mano. Del segundo propietario, de lance. Se usa principalmente con los verbos comprar, vender, etc.
Dejado de la mano de Dios. Lo que se encuentra en el mayor abandono: *La casa estaba dejada de la mano de Dios.*
Deshacerse una cosa entre las manos. La que se desperdicia o malogra fácilmente.
Echar mano. Coger, agarrar: *echar mano de la pistola, del dinero,* etc. Recurrir a algo o alguien: *Echó mano de sus influencias.* Localizar, descubrir, capturar a alguien: *¡Verás en cuanto le eche mano!*
Echar una mano. Prestar ayuda: *Ven aquí y échame una mano.*
En buenas manos. A cargo de una persona competente y responsable. *Ese dinero está en buenas manos. Si lo va a operar ese médico, está en buenas manos.*

En mano. En la mano. Lo que se entrega personalmente a alguien. *Esta nota es para entregar en mano.*

En manos de. En poder de, bajo la dirección o la influencia de. *Fulano está en manos de médicos. La empresa está realmente en manos del hijo del dueño. El caso está en manos de la policía.*

Ensuciarse las manos. Participar en un delito o mezclarse en un asunto irregular: *Conmigo no contéis; yo no me ensucio las manos.*

Estar una cosa en la mano de uno. Depender de él: *No está en mi mano hacerte ese favor.*

Ganar por la mano a uno. Anticipársele en conseguir algo: *Me di prisa, pero ellos me ganaron por la mano.*

Ir uno por su mano. Transitar por el lado de la calle que le corresponde (normalmente la derecha; = llevar uno su derecha).

Irsele a uno la mano. Excederse: *Él sólo pretendía defenderse, pero se le fue la mano y lo dejó malherido.*

Lavarse las manos. Desentenderse de un asunto. La expresión tiene su origen en la actitud de Pilato durante el proceso de Jesús; de ahí que se añada: «como Pilato». En Mateo 27,24, se narra cómo el procurador de Judea, ante la insistencia de la muchedumbre para que crucificara a Jesús, «tomó agua y se lavó las manos... diciendo: Yo soy inocente de esta sangre; vosotros veáis».

Levantar la mano. Amenazar a alguien con golpearlo (= alzar la mano): *Se atrevió, incluso, a levantarle la mano.*

Llegar a las manos. Degenerar en pelea una discusión: *Esos dos algún día llegarán a las manos.*

Llevarse las manos a la cabeza. Asombrarse o indignarse por algo: *Cuando se lo dije se llevó las manos a la cabeza.*

Mano a mano. Acción, por lo general de colaboración, que llevan a cabo dos personas. Es símil taurino: un *mano a mano* es una corrida en la que sólo intervienen dos matadores.

Mano blanda. Proceder con benignidad: *tratar a alguien con mano blanda.*

Mano dura. Proceder con especial severidad.

Mano sobre mano. Sin hacer nada, permanecer ocioso: *Se pasa el día mano sobre mano.*

Manos a la obra. Locución con que se manifiesta el propósito de emprender una tarea o con que se anima a otro a ponerse a trabajar. Se dice también *Poner manos a la obra.*

¡Manos arriba! Exclamación que profiere una persona armada para conminar a otra u otras a que no se defiendan.

Meter la mano. Apropiarse de lo ajeno sustrayéndolo de donde está guardado.

Meter mano. Someter a otra persona a tocamientos lascivos. Tam-

bién se emplea esta locución para significar el acceso indebido de una persona a las pertenencias de otra (= meter la mano): *¿Quién ha metido mano en mi cajón?*
No saber donde tiene uno la mano derecha. Ser un inútil: *Ése no sabe donde tiene la mano derecha.*
Pasarle a alguien la mano por el lomo. Halagarlo, aplacarlo.
Pedir la mano. Efectuar el novio o sus representantes una petición formal de matrimonio a los padres de la novia.
Poner algo en manos de alguien. Encargarle de ello. También puede referirse a personas: *Se puso en manos de su abogado.*
Poner la mano en el fuego. Asegurar la verdad de una cosa. También se dice *poner la mano en el fuego por alguien* para significar que se responde plenamente de él, que se le otorga toda la confianza. Esta expresión proviene de los juicios de Dios u ordalías, que practicaban los pueblos primitivos y eran comunes en la Europa medieval. Se trataba de rituales para establecer una certeza, sometiendo a alguien a un grave peligro (en este caso exponiéndolo a la acción del fuego) para que Dios le preservara de él y así quedara patente su inocencia o la veracidad de lo que afirmaba.
Poner la mano encima de alguien. Pegarle, golpearle. Atraparle.
Poner manos a la obra. *Ver* **Manos a la obra.**
Quitarse algo de las manos. Disputárselo muchas personas: *Nuestro producto ha tenido mucho éxito; los clientes se lo quitan de las manos.*
Sentar la mano a uno. Emprenderla a golpes con él.
Ser la mano derecha de alguien. Ser su principal auxiliar, ser la persona de su máxima confianza: *Es la mano derecha del director.*
Si a mano viene. Si se da el caso.
Tender la mano. Ofrecer ayuda. Esta es la acepción más común, aunque también puede entenderse como alargar la mano, esto es, solicitar ayuda.
Tener a mano. Tener cerca, tener al alcance: *¿Tienes a mano un bolígrafo?*
Tener buena mano. Ser hábil o ducho en algo. A veces se usa en plural.
Tener las manos largas. Manifestar habilidad o presteza para utilizar las manos con fines censurables: robar, realizar tocamientos indecentes, etc.
Tener mano. Tener influencia. Siguen a esta locución las preposiciones en y con. *Fulano tiene mano en el ayuntamiento.*
Tener mano izquierda. Mostrar habilidad y diplomacia para resolver asuntos, persuadir a otros, salvar situaciones comprometidas, etc.
Tener por la mano. Estar muy acostumbrado a realizar una tarea,

manejar un mecanismo, etc.: *En cuanto lo tengas por la mano verás qué fácil es.*
Traer entre manos. Ocuparse en algo concreto: *Tengo entre manos un buen negocio.*
Untar la mano. Sobornar.

MANTA

A manta. En gran cantidad. Se alude seguramente a los frutos que se recogían del árbol y se transportaban en mantas o en grandes piezas de paño.
Liarse uno la manta a la cabeza. Emprender una acción atropellándolo todo, sin consideración para con nadie.
Ser un manta. Ser perezoso.
Tirar de la manta. Descubrir lo que está oculto y provocar escándalo: *El periodista tiró de la manta y puso al descubierto el asunto.*

MANTILLA

Estar una cosa en mantillas. Estar en su mismo principio. Por analogía con las mantillas que se colocaban a los niños muy pequeños encima de los pañales.

MAPA

Borrar del mapa. Hacer desaparecer. Se emplea en reflexivo, cuando uno se ausenta precipitadamente de un lugar para eludir a alguien o porque no se siente a gusto.

MÁQUINA

A máquina. Hecho sirviéndose de una máquina.
A toda máquina. A toda potencia, a toda velocidad, con el máximo esfuerzo y rendimiento.

MAR

A mares. Copiosamente. Se aplica a los líquidos que se vierten: *llover, llorar, sudar, etc., a mares.*
Hacerse a la mar. Zarpar un barco.
La mar de. Mucho. Le sigue siempre un adjetivo: *la mar de bonito, feo, alegre, triste,* etc.

MARAVILLA

A las mil maravillas o de maravilla. Inmejorablemente, perfectamente.
Contar o hablar maravillas de. Ponderar las excelencias de algo o alguien (= hacerse lenguas de).
Hacer maravillas. Hacer algo perfectamente (= hacer primores): *Esta modista hace maravillas con la aguja.*

MARCA

De marca. Lo que es sobresaliente. A veces se le añade el adjetivo «mayor». Tiende a atribuirse a conductas censurables: *un estafador, un fresco, un sinvergüenza, un demagogo, etc., de marca.*

MARCHA

A marchas forzadas. Caminando en una jornada más de lo acostumbrado, con objeto de llegar cuanto antes a destino. Esta locución proviene de la milicia, pero se usa comúnmente en sentido figurado: *Tuve que hacer el trabajo a marchas forzadas.*
A toda marcha. A toda velocidad, aportando el mayor esfuerzo.
Sobre la marcha. A toda prisa, y mientras se está haciendo otra cosa: *Tuve que terminarlo sobre la marcha.*
Tener marcha. Estar siempre animado y dispuesto para la diversión, sin que decaiga la vitalidad.

MARGEN

Al margen. Sin intervención en el asunto de que se trata. Se usa con verbos como estar, mantener(se), permanecer, quedar(se), situar(se), etc.

MARINERA

A la marinera. A la manera de los marineros. Modo de preparar pescados y mariscos a base de cebolla, perejil, tomillo, laurel y otras hierbas aromáticas, y vino blanco.

MARRAS

De marras. Relativo a lo que sucedió hace tiempo (del árabe *marra,* vez) o a algo que es de sobra conocido.

MÁS

A lo más o cuando más. A lo sumo, todo lo posible.
A más y mejor. Locución con que se da a entender que la acción que se está desarrollando alcanza la mayor intensidad y plenitud: *Nos divertimos a más y mejor.*
Cuanto más. Expresión que establece la correlación de cantidad o intensidad entre dos estados o acciones (= a más). Dicha correlación se completa con «antes», «más», «mejor», «(tanto) menos», etc. *Cuanto más corramos, antes llegaremos. Cuanto más trabajes, más dinero ganarás. Cuantos más asistan a la reunión, mejor. Cuanto más insistas, menos lo vas a conseguir.*
De lo más. Muy: *Es un chico de lo más inteligente (que hay).*
De más. De sobra. Se emplea con los verbos haber y estar. *En el cambio que me devolvió la cajera había dinero de más. Entre toda aquella gente, Fulano estaba de más.*

Es más. Locución que se intercala en una frase para reforzar lo dicho anteriormente (= más aún): *Aquel día lo vi; es más: hablé con él.*
Los o las más. La mayoría. *Las más de las veces. Entre el personal, los más apoyaban la huelga.*
Más aún. Locución que se intercala en una frase para reforzar lo dicho anteriormente (= es más): *Habría que sancionarle; más aún: expulsarle.*
Más bien. Locución que en dos términos contrapuestos acompaña al más adecuado, aunque introduciendo un matiz de reserva: *No es muy inteligente; es más bien torpe.* En el lenguaje habitual esta expresión también se emplea sola: *¿Estás muy atareado? Más bien.*
Ni más ni menos. En estricta igualdad: *Fulano no es ni más ni menos inteligente que Mengano.* En ocasiones esta locución se emplea sola, al final de una frase o exposición de argumentos, para reforzarlos y poner de manifiesto su validez y pertinencia.
Por más que. Locución conjuntiva. Pondera las dificultades que es preciso vencer para conseguir un fin: *Por más que corrimos, llegamos tarde.* Tiene también valor adversativo: *Y esto es así, por más que digan.*
Quien más quien menos. Todo el mundo (= el que más el que menos): *Quien más quien menos aspira a vivir en paz.*
Sin más ni más. Sin justificación ni causa aparente: *Se presentó aquí sin más ni más.* Con precipitación y sin consideraciones: *Exigía sin más ni más que nos fuéramos.*
Sus más y sus menos. Dificultades, complicaciones o altercados. Se usa con los verbos haber y tener. *Fulano y Mengano tuvieron sus más y sus menos. En la reunión hubo sus más y sus menos.*

MASA

En masa. En conjunto; todas las personas que componen una colectividad. *Acudieron en masa.*

MATAR

Estar o llevarse a matar. Estar irreconciliablemente enemistados: *Trabajan juntos, pero se llevan a matar.*
Matarlas callando. Tratar de conseguir un fin censurable valiéndose de ardides y en secreto, al tiempo que se aparenta bondad.
Matarse por algo o alguien. Esforzarse al máximo: *Se está matando por sus hijos.*
¡Que me maten (si...)! Exclamación con que se insiste en la veracidad de lo que se afirma. *Que me maten si lo entiendo. Que me maten si no lo consigo. Que me maten si no es como digo.*

MATERIA

Entrar en materia. Empezar a tratar un asunto, una vez concluidos los preparativos o después de los preliminares.

MAYOR

Al por mayor. En gran cantidad. Venta y distribución de productos a los almacenes y comercios que luego los venden al público. Para no incurrir en solecismo se recomienda omitir la primera de las dos preposiciones: *Venta por mayor.*
Ir o pasar a mayores. Adquirir gravedad un altercado o pelea. Derivar una situación a una fase más grave o comprometida.

MECHA

A toda mecha. Con gran rapidez.
Aguantar mecha. Soportar sin protestas una situación desfavorable. Recibir una reprimenda sin defenderse.

MEDIADO, A

A o hacia mediados de mes, de año. Aproximadamente cuando ha transcurrido la mitad del mes, del año.

MEDIANTE

Dios mediante. Con la mediación de Dios, si Dios quiere. Se intercala, a modo de invocación, en frases en las que se manifiesta el propósito de hacer algo en el futuro: *El acto se celebrará el próximo jueves, Dios mediante. Cuando, Dios mediante, concluyan las obras...*

MEDIDA

A medida o a la medida. Lo que se ajusta a los deseos o necesidades de una persona concreta: *traje a medida, a medida de sus deseos, le sienta que ni hecho a medida*, etc.
A medida que. Al paso que, conforme va ocurriendo algo: *Entraban a medida que iban llegando.*
En cierta medida. En cierto modo, hasta cierto punto.
Medirle a uno la espalda o las costillas. Golpearle en esa parte del cuerpo.
Sin medida. Sin límite, exageradamente: *Bebe y fuma sin medida.*
Tomar medidas. Adoptar las disposiciones adecuadas para el logro de un fin. Prevenir. *La situación nos obliga a tomar medidas severas.*

MEDIO, A

A medias. A la mitad, sin completar, a medio hacer.
De medio a medio. De parte a parte. Por completo. *Te equivocas de medio a medio.*

En medio de. En mitad de, en el centro de.
Ni medio. Nada en absoluto.
Por medio de. Mediante, con el auxilio de.
Por medio o por en medio. En medio, en la mitad.

MEJOR

A lo mejor. Locución que denota incertidumbre, posibilidad. No se refiere necesariamente al mejor de los casos *(a lo mejor se muere)*; de ahí que se haya acuñado una expresión correlativa, no ortodoxa pero muy significativa: *a lo peor.*
A mejor o para mejor. Para mejorar. *Cambiar a (o para) mejor. Que sea para mejor.*
En mejor. De superior calidad. Mejorado. Suele usarse como comparativo: *Es una nueva versión del otro modelo, pero en mejor (mejorada, perfeccionada).*
Mejor o peor. De una manera u otra, en cualquier caso. Se aplica a lo que necesariamente sucederá, con independencia de las circunstancias del proceso: *Mejor o peor, el asunto acabará por resolverse.*
Mejor que mejor o tanto mejor. Mucho mejor.

MEJORAR

Mejorando lo presente. Fórmula de cortesía, considerada vulgar, que se intercala en frases en las que se ponderan las cualidades de una persona, con el propósito de dejar sentado que eso no significa menosprecio hacia los presentes; antes bien, se aclara que a éstos aún los adornan cualidades superiores: *Fulanita es muy guapa, mejorando lo presente.*

MELLA

Hacer mella. Mellar (producir rotura o hendidura en el filo de un objeto cortante). Causar algo efecto o impresión en alguien o producirle pérdida o menoscabo. *Las reconvenciones no le hicieron mella. El sufrimiento ajeno no hace mella en él. La última recaída ha hecho mella en su salud.*

MEMORIA

A la memoria de o en memoria de. En recuerdo de (alguien difunto).
De memoria. Reteniendo todo cuanto se ha oído o leído. *Dormir de memoria:* Dormir boca arriba.
Flaco de memoria. Desmemoriado.
Hablar de memoria. Hablar sin haber tenido ocasión de consultar datos, que por tanto se dan aproximados.

Hacer memoria. Recordar. Esforzarse en recordar. *Por más memoria que hago no puedo recordar dónde lo dejé.*
Refrescar la memoria. Conseguir recordar algo olvidado, o que otro lo recuerde.
Tener memoria de elefante. Tener muy buena memoria. Se atribuye al elefante una gran capacidad para recordar, sobre todo a quien le haya causado algún daño. Ese recuerdo podría conservarlo largo tiempo, habida cuenta que alcanza a vivir unos sesenta años.
Traer a la memoria. Recordar. Hacer que los demás recuerden. Mencionar algo o a alguien que se había olvidado.
Venir algo a la memoria. Recordarlo de repente: *Cuando ya se marchaba, me vino a la memoria su nombre.*

MENOR

Al por menor. Lo que se vende por unidades y no por grandes partidas. Lo que se vende directamente al consumidor (= al detalle, por menudo). Se recomienda decir *venta por menor,* a fin de evitar el solecismo.

MENOS

A menos que. A no ser que, salvo en el caso de que.
Al menos o por lo menos. Locución que denota excepción o salvedad (= lo menos).
De menos. Falta de cantidad: *dinero de menos.*
En menos de. En menor grado o cantidad: *en menos del tiempo previsto.*
Hacer (de) menos. Menospreciar. También se usa en reflexivo: *hacerse uno (de) menos* (humillarse).
Lo de menos. Lo que menos cuenta, lo que menos importancia tiene: *Lo de menos es lo que él opine.*
Lo menos. Al menos o por lo menos. *Había lo menos diez. Lo menos que puede hacer es excusarse.*
Menos mal. Afortunadamente: *Menos mal que pudo agarrarse antes de caer.*
Nada menos. Locución ponderativa. *Le dieron nada menos que el primer premio. Acudió nada menos que el director.*
Ni mucho menos. Nada de eso, de ninguna manera. Se usa como exclamación. *¿Se hace usted cargo de este gasto? ¡Ni mucho menos!*
No ser para menos. Estar algo plenamente justificado o ser consecuencia obligada de otra cosa. *Después de todo lo que hizo lo expulsaron; ¡no era para menos!*

MENTE

Tener en mente. Recordar. *Tener en mente una cosa:* tenerla en cuenta, tenerla prevista.

MENTIRA

Parece mentira. Exclamación de sorpresa, incredulidad o escándalo. *¡Parece mentira que ahora nos vengan con esas!*

MENUDO, A

A menudo. Con frecuencia, muchas veces, continuamente: *Vienen a vernos a menudo.*

¡Menudo! o ¡menuda! Exclamación ponderativa *(¡Menudo coche se ha comprado!)* o despectiva *(¡Menuda gentuza!).* Se usa sola, como interjección.

MERCED

A merced de. Estar enteramente dominado por: *Quedó a merced de sus enemigos.*

Merced a. Gracias a: *Lo consiguió merced a las eficaces gestiones de Fulano.*

MERECER

Merecer la pena. Compensar o valer el esfuerzo que cuesta una cosa: *No merece la pena tomarse ese trabajo.*

MERECIDO

Llevarse su merecido. Recibir el castigo a que se ha hecho acreedor.

MÉRITO

De mérito. Meritorio, notable, recomendable.

Hacer méritos. Llevar a cabo acciones que, al ser reconocidas por los demás, le sirvan a uno para lograr un fin: *Hizo muchos méritos para conseguir el nombramiento.*

MESA

A mesa puesta. Vivir a costa de los demás, como invitado permanente (= a manteles puestos, a pan y cuchillo). Llegar a casa y encontrarse hechos todos los trabajos domésticos.

Poner la mesa. Disponer en ella los servicios precisos para una comida.

Quitar o alzar o levantar la mesa. Retirar de ella los servicios después de una comida.

Sentarse a la mesa. Sentarse junto a ella para comer, trabajar, etc.

METER

A todo meter. A gran velocidad, con el mayor ímpetu. Parece provenir del léxico automovilístico: a todo meter gas, a todo meter el pie en el acelerador.

Meterse en o por donde le quepa. Expresión de rechazo: *Que se meta su dinero donde le quepa.*

Meterse por medio. Inmiscuirse, intervenir: *Déjanos a nosotros; tú no te metas por medio.*

MÍ

A mí qué. Locución de rechazo con que se da a entender que algo no interesa o resulta indiferente (= a mí qué me importa).

Para mí. En mi opinión, según creo. A veces se usa con el verbo tener («tengo para mí»). Le sigue, por lo general, la conjunción que: *Para mí que Fulano está equivocado.*

MICO

Hacer el mico. Hacer el tonto. Adoptar actitudes cómicas o grotescas, como los micos (monos de cola larga).

Volverse mico. Volverse loco. Se refiere a aquellas situaciones que exigen ir de un lado a otro febrilmente para realizar gestiones o trabajos, o que dan lugar a gran desorientación. Suele ir a continuación un verbo de movimiento en gerundio: *Me volví mico buscando, yendo,* etc.

MIEDO

De miedo. Que causa miedo. Esta locución tiene indistintamente sentido literal (se aplica, por tanto, a lo que produce temor o inquietud) y ponderativo *(Lo pasamos de miedo, está de miedo).*

Mucho miedo y (muy) poca vergüenza. Comentario que se dirige a quien no duda en cometer un acto reprensible, pero se muestra muy temeroso de las represalias o de enfrentarse a su responsabilidad (= más miedo que vergüenza).

MIEL

Dejar con la miel en los labios. Privar a alguien de lo que ya empezaba a disfrutar.

Miel sobre hojuelas. Lo que viene a mejorar una cosa buena. La hojuela es una fruta de sartén, muy extendida y delgada (en la actualidad suele preferirse el nombre francés *crêpe*). *Si además de pagarnos bien el trabajo nos traen y nos llevan en coche, miel sobre hojuelas.*

MIENTE

Caer en las mientes. Imaginarse una cosa, ocurrírsele (= venirle a uno algo a las mientes, pasársele algo por las mientes).

Ni por mientes. De ninguna manera, ni por asomo.
Parar o poner mientes. Poner atención, considerar con detenimiento: *No paré mientes en sus palabras, pero luego comprendí lo que quiso decir.*

MIENTRAS

Mientras más o mientras menos. Cuanto más o cuanto menos.
Mientras que. En tanto que. Locución adversativa que equivale a otras como «en cambio», «sin embargo» y afines: *Nosotros dimos nuestra conformidad, mientras que ellos se opusieron.*
Mientras tanto. Expresión de simultaneidad de dos acciones. Equivale a «mientras»: *Tú repasa el principio del texto, y mientras (tanto) yo completaré el final.*

MIERDA

¡A la mierda! Exclamación de rechazo. Suele usarse con verbos como ir y mandar.
Coger una mierda. Emborracharse.
Hecho una mierda. Maltrecho.
Irse algo a la mierda. Malograrse.
Mandar o enviar a la mierda. Rechazarlo sin miramientos.
Ser uno un mierda. Ser despreciable.
¡Una mierda! Exclamación que denota negativa o rechazo.

MIGAS

Hacer buenas o malas migas. Avenirse o no dos personas en su trato y amistad. Esta locución podría referirse a la calidad y homogeneidad de las migas de dos o más panes para preparar el plato llamado, precisamente, migas. Es propio de la España seca y admite numerosas variantes, pero la materia prima es la miga de pan desmenuzada, remojada en agua, escurrida y luego frita en aceite con ingredientes diversos.
Hacer migas. Convertir en migas. Desmigar. Reducir a polvo. Se usa más en sentido figurado para expresar abatimiento físico, cansancio (*lo hizo migas, estoy hecho migas*, etc.).
Tener miga una cosa. Tener entidad o enjundia, ser más sustanciosa o con más contenido de lo que parece en principio: *Lee atentamente ese artículo porque tiene mucha miga.*

MIL

A las mil y quinientas. Tardísimo (= a las tantas).
Las mil y una. Innumerable(s). *Hacerle a alguien las mil y una, pasar las mil y una:* causar perjuicios o sufrir dificultades repetida e insistentemente.

MILAGRO

De milagro. Milagrosamente: *Se salvó de milagro.*

Hacer milagros. Obrar prodigios, hacer cosas extraordinarias: *Me esforzaré cuanto pueda para complacerle, pero comprenda que yo no puedo hacer milagros.*

MÍNIMO, A

Como mínimo. Por lo menos: *Como mínimo seis.*

Ni lo más mínimo. Nada en absoluto. *¿Le molesto? ¡Ni lo más mínimo!*

MIRA

Poner la(s) mira(s) en. Proponerse como meta una cosa, perseguir el logro de.

MIRAR

De mírame y no me toques. Cosa fágil y precaria: *Ten cuidado al manejarla, que esta máquina es de mírame y no me toques.*

¡Mira quien habla! Exclamación con que se recrimina a quien carece de autoridad moral para emitir una crítica, por incurrir él mismo en los defectos que condena.

Mira tú o mire usted por donde. Locución que se intercala entre dos frases, para denotar que la segunda es una consecuencia significativa, casual o curiosa de la primera. *Fulano es pariente del director y, mira por dónde, es el único al que han aumentado el sueldo. Ya lo estaban echando de menos y, mire usted por dónde, llegó en aquel preciso instante.*

Mirándolo bien. Considerándolo con detenimiento (= bien mirado): *Mirándolo bien, creo que tienes razón.*

Mirar bien a alguien o mirarlo con buenos ojos. Mostrarse predispuesto en su favor.

Mirar por encima del hombro. Mostrar desdén, considerarse superior: *¿Quién se habrá creído que es, para mirarnos por encima del hombro?*

Mirar por una persona o cosa. Velar por ella, procurar su bien: *Siempre miraba por sus hijos.*

Mirarse en. Tomar algo o a alguien como modelo.

Si bien se mira. Si se considera con objetividad y detenimiento (= bien mirado, mirándolo bien).

MIRLO

Ser un mirlo blanco. Ser algo especial, extraordinario, muy infrecuente: *Hace su trabajo con rapidez y absoluta perfección; vamos, que es un mirlo blanco.* El mirlo es un pájaro negro (el macho) o pardo (la hembra), y de ahí que encontrar uno blanco fuera considerado imposible. Modernamente, sin embargo, se sabe que existen mirlos blancos.

MISA

Cantar misa. Decir un sacerdote su primera misa.
Como en misa. En silencio. Con compostura y recogimiento. *Los niños veían la televisión y estaban como en misa.*
Como si dicen o que digan misa. Locución que da a entender desinterés por las palabras ajenas.
Estar en misa y repicando. Estar haciendo a la vez dos cosas difícilmente compatibles.
Ir a misa algo. Ser absolutamente cierto. Ser de cumplimiento obligado. *Lo que dice el jefe va a misa.*
No saber de la misa la mitad o la media. Tener un conocimiento incompleto de un asunto: *Su opinión no cuenta; no sabe de la misa la mitad.*

MISMO, A

Dar o ser lo mismo. Expresión con que se niega importancia a algo o se manifiesta indiferencia.
Por lo mismo. Por la misma razón, por ello.

MITAD

En mitad de. En medio de: *En mitad de la calle.*
Mitad y mitad. En dos mitades: *Dividámoslo mitad y mitad.*

MOCO

Haberle quitado (o limpiado) a alguien los mocos. Haberlo criado o haber cuidado de él en la niñez.
Llorar a moco tendido. Llorar desconsolada y copiosamente.
No ser una cosa moco de pavo. No ser despreciable ni baladí: *El sueldo que estás ganando no es moco de pavo.* No está claro si la referencia es al apéndice carnoso y eréctil (carúncula) que tiene sobre el pico esa ave (*Meleagris gallopavo* y otras especies), o bien a la planta amarantácea llamada «moco de pavo» *(Celosia cristata).* Lo cierto es que ni esa parte del animal es comestible ni la planta tiene utilidad alguna; de ahí que no se aprecie ni una ni otra (la planta, si acaso, con fines ornamentales).

MOCHO, A

Vayan las mochas por las cornudas. Cuando el defecto o la imperfección de una cosa se compensa con la bondad o perfección de otra. Está claro que se refiere a cabras (mocha: desprovista de cuernos). En su forma más anttigua la locución dice: «Váyase la mocha por la cornuda».

MOCHUELO

Cada mochuelo a su olivo. Se utiliza para dar a entender que ya es hora de retirarse a descansar. También para mandar a cada cual al sitio donde le corresponde estar.
Cargar con el mochuelo. Cargar con la culpa o con el trabajo más pesado. Mochuelo debe entenderse aquí en su acepción de asunto o trabajo enojoso.

MODA

De o a la moda. Según la moda, de acuerdo con ella. *Siempre viste a la moda. Esos zapatos ya no están de moda.* La palabra viene del francés *mode*, y ésta del latín *modus*: modo, manera (en este caso, de vestir, de presentarse, etc.).

MODO

Al o a modo de. A (la) manera de, (al) igual que, como.
De modo que. De tal manera que, como consecuencia de lo anterior.
De todos modos. De todas maneras, sea como fuere, en cualquier caso: *De todos modos, esto va a salir mal.*
En modo alguno. De ninguna manera, en ningún caso, rotundamente no.

MOLDE

De molde. Hecho con molde: *pan de molde.*

MOLLERA

Cerrado de mollera. De cortas luces, incapaz de entender.
Duro de mollera. Mal dotado para aprender. Terco. Mollera viene de muelle, esto es, blando (el cerebro), por lo que el sentido de la expresión parece claro.

MOMENTO

A cada momento. Con gran frecuencia: *A cada momento está llamando.*
Al momento. Dentro de un momento, sin dilación: *Acudió al momento.*
De momento. Por el momento, por ahora, en el tiempo actual: *De momento, lo pensaré.*
De un momento a otro. En cualquier momento, en un futuro inmediato: *Puede ocurrir de un momento a otro.*
Desde el momento en que. A partir del instante en que. Puesto que. *Desde el momento en que vi la casa, me gustó.*
Por el momento. De momento, por ahora. En las presentes circuns-

tancias (que se supone no tardarán en cambiar). *Por el momento no podemos hacer nada.*
Por momentos. Sucesiva y continuamente en el desarrollo de la acción. Progresivamente. De un momento a otro. *Se agrava por momentos.*

MONA
A freír monas. Expresión de rechazo (= a freír espárragos, a paseo).
Corrido como una mona. Avergonzado, muy cohibido.
Dormir la mona. Dormir la borrachera.

MONDA
Ser la monda. Ser algo muy gracioso: *Fue la monda.* Es también locución ponderativa: *Fulano es la monda.* Proviene de mondarse de risa. Una de las acepciones de mondarse es apalear, y tal vez se identifique el cansancio que se experimenta tras un fuerte ataque de risa con lo maltrecho que queda uno tras una paliza. La monda (aquí seguramente en su acepción de limpieza) es una celebración propia de Talavera de la Reina y su comarca, que se desarrolla el domingo de Resurrección en honor de Nuestra Señora del Prado (a la que se hace una ofrenda de cera). Las diversiones de esa jornada, que pone fin al recogimiento de la Semana Santa, podrían explicar también que algo que cause gran regocijo sea «la monda».

MONEDA
Pagar con la misma moneda. Tratar una persona a otra como ésta la trató antes a ella: *Me perjudicó cuanto pudo, pero le estoy pagando con la misma moneda.*

MONO, A
Ser el último mono. Ser la persona menos importante entre varias.
Tener monos en la cara. Con esta expresión se recrimina a la persona que mira fijamente a otra. Generalmente se emplea la forma interrogativa: *¿Y qué te pasa a ti, que no me quitas ojo? ¿Es que tengo monos en la cara?*

MONTAR
Montarse encima de alguien. Avasallarlo. Negarle cualquier consideración o respeto e imponerle la propia voluntad.
Montárselo. Organizarse, disponer la forma de realizar un trabajo, llevar un asunto, vivir, relacionarse con alguien, etc.: *Fulano sí que se lo ha sabido montar (= Fulano sí que ha sabido organizarse la vida inteligentemente).* También se emplea esta locución para designar una relación amorosa, por lo general irregular: *Fulano se lo monta con su secretaria.*

MONTE

Echarse o tirarse al monte. Refugiarse en el monte o huir a despoblado para sustraerse a la acción de la justicia, escapar a alguna forma de represión, organizar la resistencia contra un invasor, etc. Por analogía, romper con las convenciones sociales y adoptar una actitud hostil hacia ellas. Decidirse a actuar sin miramiento (= hacer de su capa un sayo, soltarse el pelo, tirar por el camino de en medio).
Todo el monte es orégano. Todo es fácil, abundante, llevadero. Se usa principalmente con el verbo creer.

MONTÓN

A montones. En grandes cantidades: *Tiene dinero a montones.*
Ser alguien o algo del montón. Ser vulgar, sin relevancia alguna, ser uno de tantos.

MOÑO

Estar hasta el moño. Estar harto, haber llegado al límite de la paciencia con algo o alguien.
Ponérsele algo a uno en el moño. Antojársele, empeñarse en ello.
Tirarse del moño. Pelearse dos mujeres.

MOR

Por mor de. Aféresis de *amor.* Por causa de, debido a, como consecuencia de.

MORADO, A

Pasarlas moradas. Atravesar una situación penosa (= pasarlas canutas, negras). Es posible que guarde relación con el color litúrgico morado, propio de las ceremonias fúnebres y los oficios de Semana Santa.
Ponerse morado. Deleitarse hasta la saciedad: *ponerse morado de comer, de beber,* etc. Aquí ponerse morado sería ponerse enfermo (a causa del exceso), hasta adquirir la coloración azulada (cianosis) producida por un trastorno de oxigenación de la sangre.

MORCILLA

¡Que te (le, os, etc.) den morcilla! Exclamación de rechazo y desprecio. El origen hay que buscarlo en las morcillas envenenadas que se utilizaban para acabar con los perros vagabundos. En estricto rigor, pues, la locución equivale a «que te (le, os, etc.) maten como a un perro».

MORDER

Estar uno que muerde. Estar muy malhumorado y agresivo: *Hoy el jefe está que muerde.*

Morder el anzuelo. Caer uno en la trampa que le han tendido.
Morder el polvo. Salir derrotado.
Morderse los labios. Contenerse para no decir algo (= morderse la lengua).

MORIR

Ni se muere (padre) ni cenamos. Comentario a propósito de aquellas situaciones que se estancan, sin resolverse en un sentido ni en otro, e impiden el desarrollo de las ocupaciones normales.

MORO

A moro muerto gran lanzada. Expresión que se aplica a quien careció de la decisión necesaria para enfrentarse a una situación hostil, y que una vez superada ésta no ahorra las condenas que en su momento no se atrevió a formular (= a toro pasado).
Haber moros en la costa. Haber alguien vigilando, por lo que es preciso obrar con precaución. Durante muchos años, los ataques de los piratas berberiscos (de Berbería, norte de África) a la costa mediterránea española fueron una auténtica pesadilla para quienes habitaban esas regiones, en las que todavía son frecuentes las torres de vigía. Parece que este peligro, tan grave y duradero, explica de sobra la expresión.
Ser un moro. Ser muy celoso (= ser un turco). Se alude a la total sumisión de la mujer al hombre en ciertos países islámicos.

MORRO

De morros. De cara. Se emplea en expresiones como *darse de morros, caer de morros,* etc.
Echarle morro(s). Adoptar una actitud de descaro. Permanecer inmutable y aun desafiante cuando se debería estar avergonzado (= echarle cara).
Estar de morros. Estar dos o más personas enojadas o reñidas.

MOSCA

Aflojar o soltar la mosca. Pagar algo a disgusto (= rascarse el bolsillo).
Estar con o tener la mosca detrás de la oreja. Recelar, sospechar, mostrarse precavido.
Papar moscas. Permanecer embelesado y ocioso. Papar: comer.
Picarle a uno la mosca. Estar inquieto, desazonado. Cuando alguien se muestra súbitamente agresivo, receloso, reticente, taciturno o, en general, adopta conductas y actitudes desusadas, suele increpársele con la pregunta *¿Qué mosca te ha picado?*
Por si las moscas. Por si acaso, por lo que pueda suceder.

MOTO
Estar como una moto. Estar en plena forma física, con plena vitalidad, dispuesto a lanzarse.

MU
Ni tus ni mus. Permanecer callado, no decir palabra. Tus era una voz empleada para llamar a los perros (repitiéndola varias veces). Mus es un juego de naipes. Se dice también «ni chus ni mus».
No decir ni mu. Permanecer callado, no decir una palabra.

MUCHO, A
Como mucho. Como máximo: *Cincuenta como mucho.*
Ni con mucho. Locución conjuntiva con que se refuerza la diferencia entre dos cosas: *No tiene ni con mucho la capacidad de su antecesor en el cargo.*
Ni mucho menos. De ninguna manera, rotundamente no. Con esta expresión suele destacarse la improcedencia de algo: *¿Crees que accederá? ¡Ni mucho menos!*
Muy mucho. Muchísimo. Pleonasmo que añade expresividad a frases generalmente construidas con el verbo guardar en reflexivo: *guardarse muy mucho de hacer algo.*

MUERTE
A muerte. Hasta la muerte: *luchar, odiar, etc., a muerte.*
De mala muerte. De ínfima categoría: *Bar de mala muerte.*
De muerte. En la práctica, se usa como locución ponderativa: *estar, pasarlo, etc., de muerte.*

MUERTO, A
Callarse como un muerto. Permanecer callado. Guardar un secreto. *Estaba enterado de todo, pero se calló como un muerto.*
Cargarle a uno el muerto. Culparle o responsabilizarle injusta o abusivamente de algo (= cargarle el mochuelo).
Hacer el muerto. Permanecer flotando boca arriba en el agua (= hacer la plancha).
Más muerto que vivo. Estar muy asustado: *Lo rescataron más muerto que vivo.*
No tener donde caerse muerto. Hallarse en la mayor pobreza.

MUJER
Ser mujer de la vida. Ser prostituta (= de vida airada, de vida alegre, de mal vivir, etc.).
Ser mujer de rompe y rasga. Ser decidida, resuelta y audaz.
Ser mujer de su casa. Gobernar su hogar sin tener otros intereses fuera de él.

Ser mujer fatal. Se dice de la que seduce a los hombres para conseguir sus fines egoístas, empujándolos a la ruina moral y material.
Ser mujer objeto. Renunciar a tener una vida independiente y avenirse a complacer en todo a un hombre, a cambio de que éste la mantenga.
Ser mujer pública. Dedicarse a la prostitución.
Tomar mujer. Tomar esposa. Casarse el hombre.

MUNDO

Andar por el mundo. Ir de acá para allá. Viajar.
Desde que el mundo es mundo. Desde siempre, desde que se recuerda: *Esto ha sido así desde que el mundo es mundo.*
Echar o traer al mundo. Dar nacimiento a los hijos.
El otro mundo. Lo que sigue a la muerte, el más allá.
Hacer un mundo de. Exagerar la importancia de: *¡De cualquier cosa hacéis un mundo!*
Hundirse el mundo. Ocurrir un cataclismo. Se emplea en sentido figurado para reforzar frases en las que se afirma un propósito u obligación. *Y tú, quieto aquí aunque se hunda el mundo. Ese día, allí estaré yo a menos que se hunda el mundo.* A veces se completa la locución con alguna coletilla: «Aunque se hunda el mundo y nos pille debajo». También se dice, con idéntico significado, «caerse o venirse abajo el cielo».
Irse de este mundo. Morir.
No ser algo nada del otro mundo. No ser nada especial. Ser vulgar, anodino, irrelevante. *¿Os gustó el espectáculo? Bah, no era nada del otro mundo.*
Ponerse el mundo por montera. Actuar según el propio criterio, sin prestar atención a la opinión ajena (montera: prenda de cabeza que puede tomar diversas formas; se aplica en particular a la que usan los toreros).
Por esos mundos. Por ahí, por tierras lejanas. A veces se añade «de Dios». *Fulano viaja mucho; siempre anda por esos mundos.*
Tener mundo. Saber comportarse en sociedad. Haber acumulado experiencia suficiente para no dejarse engañar por las apariencias, saber cómo actuar en las más variadas situaciones, tener sutileza, tacto y diplomacia para tratar con las personas, etc. Se dice también «tener mucho mundo», «tener mundología», «ser persona de mundo», etc.
Valer un mundo. Valer mucho una persona, tener buenas cualidades.
Venir al mundo. Nacer.

Ver o correr mundo. Viajar mucho: *Se pasó varios años corriendo mundo.*
Vivir en otro mundo. Ignorar, deliberadamente o no, la realidad inmediata y refugiarse en las propias fantasías.

MUSARAÑA

Estar en las musarañas. Estar distraído. Se usa también con los verbos mirar y pensar. La musaraña es un mamífero insectívoro de la familia de los sorícidos, emparentado con el topo y que comprende numerosas especies. No parece que los hábitos o particularidades de este animal puedan explicar el origen de la locución, que tal vez estaría relacionada con otra acepción del término musaraña: especie de nubecilla que se suele poner delante de los ojos. Estar en las musarañas significaría entonces no ver lo que uno tiene delante.

MÚSICA

Con la música a otra parte. Verse uno obligado a abandonar un lugar para trasladarse a otro. Por analogía con los músicos ambulanes o en gira.
Sonar a música celestial. Resultar muy agradable lo que se le dice a uno.

MUTIS

Hacer mutis por el foro. Marcharse, desaparecer. *Ver* **Foro (por el foro).**

N

NACER

Haber nacido ayer. Ser una persona ingenua y cándida. Suele utilizarse en frases que reflejan protesta porque a uno se le considera crédulo: *¡Ni que hubiera nacido ayer!* (= ni que me chupara el dedo).

Volver a nacer. Salir con bien una persona después de exponerse a un peligro cierto de muerte: *El accidente fue gravísimo; bien puede decirse que aquel día volví a nacer.*

NADA

Ahí es nada. Como si no se le otorgara la menor importancia. Suele emplearse en sentido ponderativo: *Fulano ha heredado de un tío suyo varias casas y un montón de millones; ¡ahí es nada!*

Como si nada. Como si no ocurriera nada, como si algo careciera de importancia o no existiera. *Yo le estuve insistiendo, pero él, como si nada. Derrochan el dinero como si nada* (= como si tal cosa).

De nada. Fórmula de cortesía con que se responde a alguien que manifiesta agradecimiento. Locución que refuerza el escaso valor de la cosa aludida: *No quiso comprarlo, y sólo costaba unas pesetillas de nada.*

En nada. En lo más mínimo, en absoluto: *No se parece en nada.*

Nada de nada. Nada en absoluto.

Nada más. No más.

Nada menos. Expresión ponderativa: *Lo ha dicho nada menos que el jefe.*

¡Ni nada! Exclamación con que se refuerza el valor de la frase que antecede, unas veces en sentido positivo *(¡Fulanita no es guapa ni nada!)* y otras en sentido negativo *(Ni has terminado el trabajo, ni has hecho los encargos ni nada).*

No haber nada como. Locución ponderativa: *No hay nada como una buena siesta.*

Para nada. Nada en absoluto.

Por nada. Por ninguna cosa, de ninguna manera: *Por nada del mundo accedería a sus pretensiones.* Por cualquier cosa, sin justificación suficiente: *Pierde la paciencia por nada.*

NADAR

Nadar en. Hallarse rodeado de una abundancia de cosas. *Fulano nada en dinero. En aquella fiesta nadaban en champaña. Esa familia nada en la abundancia.*
Nadar entre dos aguas. Adoptar una actitud ambigua para no enemistarse con ninguna de las partes en una disputa.
Nadar y guardar la ropa. Comprometerse en un asunto sólo hasta el punto en que peligran los propios intereses.

NADIE

No ser nadie. Ser persona insignificante (= ser un don nadie).

NARANJA

¡Naranjas de la China! Exclamación de incredulidad o negación. La naranja de la China o naranja dulce, caracterizada por tener una piel más fina que las naranjas más comunes entre nosotros, y por el sabor agridulce de su pulpa, es el fruto de *Citrus aurantium*, variedad *sinensis*. La locución podría tener su origen en la resistencia a aceptar las cualidades de antídoto de venenos que en algún momento se le atribuyeron. Ateneo, autor griego natural de Naucratis, en Egipto, que vivió en torno al año 200 de nuestra era, recoge en su obra *Deipnosophistai (Eruditos a la mesa)* diversas anécdotas relacionadas con la gastronomía. En una de ellas narra el caso de dos hombres que sobrevivieron a la picadura de un áspid por haber comido unas naranjas. Durante mucho tiempo se creyó que éstas eran eficaces contra picaduras de serpientes y alacranes, y cabe la posibilidad de que la ineficacia del remedio diera lugar a un natural escepticismo.

NARIZ

Asomar las narices. Presentarse en un lugar, generalmente con el propósito de curiosear.
Con un palmo de narices. Chasqueado, engañado, defraudado.
Dar algo en la nariz. Sospechar, recelar de ello.
Dar con la puerta en las narices. Rechazar a alguien con malos modos, impidiéndole el acceso a un lugar.
Darse de narices con algo. Tropezar, estrellarse, ver interrumpido el avance por causa de un obstáculo.
Darse de narices con alguien. Tropezarse, encontrarse de pronto frente a frente (= darse de manos a boca con alguien).

De tres pares de narices. Locución ponderativa: *Es un deportista de tres pares de narices.*
En mis (tus, sus) narices. Delante de mí (tú, él), en mi (tu, su) presencia (= en mis, tus, sus barbas): *Le robaron el coche en sus (mismas) narices.*
Hasta las narices. Harto de alguien o algo, haber llegado al límite de lo tolerable (= estar hasta el gorro, el moño, etc.).
Hinchar las narices a alguien. Agotarle la paciencia: *Ya me están hinchando las narices con tantos ruidos.*
Meter las narices en algo. Inmiscuirse, entremeterse: *Vete y no metas las narices donde no te llaman.*
¡Narices! o ¡Ni qué narices! Exclamación de negación o rechazo.
Narices de perro. Persona con un agudo sentido del olfato.
No haber o tener más narices que. No tener más remedio que: *No hay más narices que acceder a sus exigencias.*
Pasar o restregar a alguien una cosa por las narices. Enfrentarla sin consideraciones a una evidencia o a algo que la mortifique: *Vino aquí para restregarnos por las narices sus millones.*
Por narices. Por la fuerza bruta o mediante coacción: *Si no lo hace por las buenas lo hará por narices.*
Salirle a alguien una cosa de las narices. Actuar conforme a la propia voluntad, sin guardar consideraciones a los demás.
Subírsele a uno alguien a las narices. Avasallarlo. Negarle cualquier consideración o respeto e imponerle la propia voluntad (= subírsele a las barbas, montársele encima).
Tener narices algo o alguien. Esta locución suele aplicarse a personas o situaciones que causan perjuicio, y más cuando este último es fruto del abuso y la desconsideración. *¿Y cómo han tenido narices para atreverse?*
Tocar las narices. Molestar, importunar: *Todos los días viene por aquí a tocarnos las narices.*

NATA
La flor y nata. Lo mejor y más selecto: *La flor y nata de la profesión.*

NATURAL
Al natural. De manera natural, sin aditamentos ni artificios.

NAVE
Quemar las naves. Tomar una decisión extrema y crear las condiciones para no poder volverse atrás de ella. Se atribuye a Hernán Cortés la destrucción de sus propias naves antes de emprender la conquista de México. Sin embargo, las naves no fueron quemadas, sino barrenadas y varadas en la playa. En 1519, tras una

fructífera incursión a la ciudad de Cempoala, una parte de la expedición se mostró disconforme con la idea de Cortés de penetrar hasta el corazón del imperio azteca. El conquistador, tras doblegar a los descontentos, ordenó a los pilotos que barrenasen las naves y, como él mismo consigna en una de sus *Cartas de relación*, «eché los barcos a tierra».

NEFAS

Por fas o por nefas. Por una cosa o por otra. Locución de origen latino (*per omne fas ac nefas*: por todos los medios lícitos o ilícitos). Suele utilizarse en frases referidas a asuntos que no terminan de resolverse o que, por razón justificada o injustificada, no se desarrollan satisfactoriamente. *En cuanto me pongo a trabajar, me interrumpen a cada momento por fas o por nefas. Por fas o por nefas, nunca puede recibirme.* En latín, *fas* designa la expresión de la voluntad divina, la ley, lo que es justo. *Nefas* expresa, obviamente, lo contrario: lo que se opone a las leyes divina y natural, la impiedad, el sacrilegio. De ahí derivan los conceptos de fasto y nefasto.

NEGAR

Negar o negarse en redondo o de plano. Negarse absolutamente, sin concesión alguna: *Me negué en redondo a sus pretensiones.*

NEGRO, A

Pasarlas negras. Pasar apuros, encontrarse en una situación grave (= pasarlas canutas, moradas).
Tener la negra. Tener repetidamente mala suerte.
Ver algo negro. Considerar que tendrá mal fin.
Verse alguien negro o vérselas negras. Encontrarse en situación apurada, pasar grandes trabajos para soportar o conseguir algo: *Me las vi negras para salir de allí.*

NI

Ni que. Locución que, seguida de un verbo, tiene valor de negación. Se usa en frases exclamativas. *¿Pretendes que me crea eso? ¡Ni que fuera tonto! ¿Otra vez me pides dinero? ¡Ni que yo fuera el Banco de España!*

NIDO

Caerse alguien del nido. Ser muy crédulo e ingenuo. Enterarse uno de algo que ya debería saber (= desayunarse, caerse de un guindo). Comparación con los polluelos que, por no saber volar todavía, se caen de sus nidos.

NIÑO

Como un niño con zapatos nuevos. Mostrarse una persona muy ilusionada con una adquisición o logro reciente.
Ni qué niño muerto. Expresión despectiva con que se responde a una demanda ajena: *¿Que me dejaste a mí el libro? ¡Qué libro ni qué niño muerto!* Parece derivar de las controversias suscitadas en otra época durante la confección de los censos, sobre si había que incluir en ellos a los párvulos muertos sin bautismo.

NIVEL

A nivel. En un plano horizontal: *Paso a nivel.* Esta expresión, que se introdujo en la década de 1960 a través del francés *(à niveau de)*, ha proliferado de manera indeseable y, por obra de los medios de comunicación, ha contagiado el habla popular: *a nivel europeo, a nivel mundial, a nivel de jefes de Estado, a nivel municipal*, etc. Resulta inútil y rebuscada: así, *una conferencia a nivel de jefes de Estado* significa lo mismo que *una conferencia de jefes de Estado.* Las innovaciones y la creatividad son más que deseables, pero repetir frases hechas y latiguillos vulgares sólo sirve para degradar el idioma y vaciar de contenido conceptos por lo demás muy útiles.

NO

¡A que no! Exclamación de reto. *¿A que no lo consigues? ¿A que no viene él en persona?*
¿Cómo no? ¿Cómo que no? Locución con que se rechaza una negativa de otro. *No pienso ir.¿Cómo que no?*
¡Cómo no! Fórmula de cortesía utilizada especialmente en América: *¿Puede usted aguardar un instante? ¡Cómo no!* En España es más común «no faltaba más» y otras expresiones de significado análogo.
No así. Por el contrario. A diferencia de. Locución adversativa muy empleada en el lenguaje administrativo: *El documento A obra en nuestros archivos; no así el B, que no ha tenido entrada en este departamento.*
No bien. En cuanto, inmediatamente después de, apenas: *No bien hubimos llegado, emprendimos la tarea.*
No más. Nada más, solamente, justamente. *Ayer no más estuvo aquí. Nos queda gasolina para unos cincuenta kilómetros no más.*
O si no. Y si no, de lo contrario: *Termina eso cuanto antes o, si no, llegarás tarde.* También expresa rectificación: *Este trabajo que lo haga Fulano... O, si no, mejor que lo haga Mengano.*
Y que no. Expresión que refuerza lo que se afirma a continuación: *¡Y que no tiene mal carácter el director!* A veces suele añadirse

«que digamos». También expresa censura o queja: *¡Y que no nos avisara, sabiendo lo interesados que estábamos!*

NOBLEZA

Nobleza obliga. El que es noble de nacimiento debe comportarse como tal. Modernamente, este dicho se aplica a las personas que actúan con la limpieza y rectitud que corresponde a su situación y estado. Se atribuye al duque de Lévis (1775-1830), que la incluye en sus *Maximes et réflexions* (1808): *Noblesse oblige.* Su origen hay que buscarlo, sin embargo, en la obra de Severino Boecio (h. 480-525) *De consolatione philosophiae (Sobre la consolación de la filosofía),* que en el libro III, prosa VI, 9, escribe: «Si algo de bueno hay en la nobleza, no es, a mi ver, otra cosa sino que llega a los descendientes para que sepan no desmerecer de lo que fueron sus mayores».

NOCHE

Buenas noches. Fórmula de cortesía con que se saludan y se despiden las personas después del anochecer. En sentido figurado se emplea para denotar que algo se ha terminado.
Como de la noche al día. Locución que se usa para señalar un contraste, un cambio radical, una diferencia muy acusada. *Fulano cambió como de la noche al día. Me he mudado de casa y la diferencia con la anterior es como de la noche al día.*
Pasar la noche en blanco o en claro. Pasarla sin dormir.

NOMBRE

En nombre de. Actuando en representación de. Invocando a. *Le hago esta oferta en nombre de mi empresa.*
No tener nombre. Ser algo desusado hasta el punto de no saber cómo nombrarlo. Suele emplearse como exclamación, para manifestar censura o escándalo. *Eso que nos ha hecho no tiene nombre.*

NON

Estar de non. No tener pareja o ser único (non=impar).
(El) non plus ultra. El no va más, lo insuperable. En latín significa «no más allá». Según los mitos clásicos, Hércules llegó a los límites del mundo, que se situarían en el actual estrecho de Gibraltar, y separó dos montañas, Calpe, en la costa española, y Abila, en la africana, para poner en comunicación el Mediterráneo y el Atlántico. En la cima de estas montañas levantó sendas columnas en las que grabó aquella lacónica inscripción. Las dos columnas que flanquean el escudo de España recuerdan las mitológicas y han suprimido de la inscripción el «non», para simbolizar la proyección ultramarina del país.

NOTA

Dar la nota. En una reunión de personas, destacar una de ellas por su comportamiento improcedente: *Fulano ya está dando la nota.*
De mala nota. De mala fama (la fama, el crédito, es una de las acepciones de nota): *Es un bar de mala nota.*
Ir para o por nota. Esforzarse un estudiante no sólo para aprobar, sino para obtener una calificación alta.
Ser un notas. Ser un estudiante que logra buenas notas.

NOTAR

Hacerse notar. Destacar, sobresalir, atraer la atención de los demás: *Le gusta hacerse notar.*

NOVILLO, A

Hacer novillos. Dejar de asistir un alumno a clase, sin causa justificada.

NUBE

Andar o estar por las nubes. Estar carísimo: *Este producto se ha puesto por las nubes.*
Estar en las nubes. Estar distraído.
Poner a alguien por las nubes. Alabarlo, ensalzarlo: *Le pedí su opinión sobre Fulano y lo puso por las nubes.*

NUDO

Un nudo en la garganta. Gran aflicción o congoja que hace difícil hablar.

NUEVO, A

De nuevas. *Coger (pillar, etc.) a alguien una cosa de nuevas:* Sorprenderle, cogerle desprevenido. *Hacerse uno de nuevas:* Simular ignorancia de una cosa.
De nuevo. Nuevamente, otra vez.

NÚMERO

De número. Numerario. Se dice del miembro de una corporación a la que está limitado el acceso *(académico de número).*
En números redondos. Cifra aproximada a la real, en la que se desprecian las unidades, decenas, etc., para dar un número generalmente acabado en cero. *Unos diez mil, en números redondos.*
En números rojos. La cuenta bancaria cuyo saldo es favorable a la entidad y no al titular (= saldo negativo): *Al llegar fin de mes, siempre estoy en números rojos.*
Hacer números. Efectuar cálculos para determinar un coste.

Montar el número. Por analogía con un número circense o de variedades, actuar con fingimiento o exageración y con propósito deliberado de exhibirse o de impresionar a los demás. *Fulano les montó el número y ellos acabaron aceptando.*
Ser el número uno. Ser el primero, el más destacado.
Sin número. Innumerable, en gran cantidad.
Tomarle a alguien el número cambiado. Juzgarle equivocadamente, por debajo de sus merecimientos: *Usted me ha tomado el número cambiado.*

O

ÓBICE

No ser óbice para. No ser obstáculo, no constituir impedimento: *Su condición de extranjero no es óbice para su dominio del español*. Del latín *obex*: cerrojo, obstáculo.

OBRA

De obra. Lo que tiene entidad material y corpórea, frente a lo que carece de ella por ser verbal o conceptual: *Le maltrató de obra.* También se dice de la construcción de fábrica, esto es, con técnica de albañilería: *Ha mandado levantar un cobertizo de obra.*
Poner algo por obra. Ponerlo en práctica, llevarlo a cabo: *Por fin tuvo ocasión de poner por obra sus ideas.*

OBRAR

Obrar en poder (o manos) de. Hallarse algo en un lugar determinado: *Las pruebas obran en poder de la policía.*

OCASIÓN

De ocasión. De lance, de segunda mano. Se aplica a los artículos rebajados de precio. *He comprado un libro de ocasión.*
La ocasión la pintan calva. Comentario que suscitan las oportunidades inesperadas o sumamente ventajosas: *Vi estos zapatos en una tienda que está liquidando género, ¡y la ocasión la pintan calva!* Los romanos no pintaban propiamente calva la figura alegórica de la Ocasión, sino con todo el cabello echado hacia delante, para poder asirla al pasar.

OFF

En off. En inglés *off* significa fuera o fuera de. Esta locución se aplica particularmente a aquellas películas o programas televisivos en los que no aparece la persona que habla. Se oye, por tanto, únicamente su voz (está *fuera* de la pantalla). El uso se ha extendido a las

personas que están distraídas, despistadas, ajenas a lo que reclama su atención: *Fulano (está) en off, como de costumbre.*
Off the record. En inglés, oficiosamente, entre nosotros, que no conste por escrito o se divulgue lo hablado: *Speaking off the record I would say that...* Aunque su empleo se ha generalizado, este recurso de lenguaje es del todo innecesario, puesto que existen equivalentes en español. Se relaciona con reuniones, declaraciones de personajes públicos, etc.: *Y ahora voy a decirles algo* off the record; *así pues, les agredeceré que no lo divulguen* (= entre nosotros, reservadamente, etc.).

OFICIO

De oficio. Con carácter oficial. En el ámbito del Derecho, auto que provee el juez sin que medie pedimento de parte: *Esto es un delito que se persigue de oficio.*
No tener oficio ni beneficio. No desempeñar ningún trabajo, no tener un medio de vida: *¡A su edad y no tiene oficio ni beneficio!* Aquí el beneficio hay que entenderlo en su acepción de conjunto de derechos y emolumentos que obtiene un eclesiástico, inherentes o no a un oficio.
Ser del oficio. Ejercer una determinada profesión, por lo general la misma que desempeña quien habla: *Tenemos un nuevo jefe. Por suerte, es del oficio.*

OÍDA

De oídas. Lo que se sabe por haberlo oído decir, y no por tener un conocimiento de primera mano. Se usa con los verbos conocer, hablar, saber, etc. *No puedo asegurártelo; sólo lo sé de oídas.*

OÍDO

Al oído. Junto al oído. Por lo general lo que se dice es en voz baja. *Durante la reunión, vi que le decía algo al oído.*
Dar o prestar oído. Dar crédito a lo que se oye. También se emplea en plural: prestar oídos. *No prestéis oídos a esas calumnias.*
De oído. Interpretar música sin haberla estudiado, sólo por haberla oído y practicado: *Fulano nunca estudió solfeo; toca la guitarra de oído.*
Entrar por un oído y salir por otro. Lo que se escucha sin prestarle atención o crédito (= oír como quien oye llover): *Le avisamos hace tiempo, pero nuestras advertencias le entraban por un oído y le salían por otro.*
Hacer oídos de mercader. Hacerse el sordo y no querer enterarse uno de lo que se le dice. El origen podría buscarse en la práctica del regateo.

Hacer oídos sordos. Fingir que no se oye. No darse por enterado (= hacer oídos de mercader). *Ha hecho oídos sordos a la prohibición.*
Oído al parche. Se dice para reclamar atención. Aquí, en sentido literal, hay que entender parche como el del tambor (quizá el del pregonero): *Oído al parche, que lo que voy a deciros es muy importante.*
Regalar a alguien el oído. Decirle lo que desea escuchar, con independencia de que sea cierto. Halagarle. *Él le regalaba los oídos, y el otro se dejó convencer.*
Ser duro de oído. Tener dificultades para percibir los sonidos: *Grita un poco más, que es duro de oído.*
Ser todo oídos. Prestar la máxima atención: *Cuente, cuente, que soy todo oídos.*
Silbarle a uno los oídos. Creer que otros están hablando de él.
Tener buen oído. Oír bien, tener agudeza auditiva. A veces se dice *tener oído de tísico*, por atribuir a quienes padecen esta enfermedad una agudización de este sentido. Aplicado a la música, los idiomas extranjeros, etc., significa que alguien está bien dotado para su aprendizaje.

OÍR
Oír campanas y no saber dónde. Entender mal una cosa o tergiversar una noticia: *No hagas caso; ya sabes que ése oye campanas y no sabe dónde.*
Oír como quien oye llover. Hacer oídos sordos, no prestar atención o crédito a lo que se le dice a uno (= entrarle por un oído y salirle por el otro).

OJO
A ojo o a ojo de buen cubero. Calcular algo a bulto, sin medirlo ni efectuar operaciones aritméticas. Hay que suponer el origen de esta locución en la habilidad del cubero conocedor de su oficio, para calcular a simple vista la capacidad de las cubas que vende o fabrica. *A ojo de buen cubero, debe de haber unos cien o ciento cincuenta.*
A ojos cerrados. Sin pensarlo dos veces, actuar con la convicción de que se hace lo más conveniente o satisfactorio. Se dice también **con los ojos cerrados.** *Yo me metería en ese negocio con los ojos cerrados.*
A ojos vistas. A la vista, de manera evidente y manifiesta: *El pobre está envejeciendo a ojos vistas.*
Abrir los ojos o el ojo. Prestar atención: *Abran bien el ojo, no se vayan a confundir.*
Abrirle a alguien los ojos. Hacerle ver la realidad, rendirle a la evi-

dencia, sacarle del error o la ignorancia: *No se enteraba de nada, y tuvimos que abrirle los ojos.*

Andar con cien ojos. Extremar la atención y las precauciones: *Anden con cien ojos, que el pavimento está resbaladizo.* En la mitología griega, se atribuían cien ojos a Argos.

Cerrar los ojos. Morirse: *El día que yo cierre los ojos, ya os apañaréis como podáis.* No darse por enterado de algo que ocurre en el entorno inmediato: *Él cerraba los ojos a la corrupción que le rodeaba.*

Clavar los ojos. Fijar la vista: *Tenía clavados los ojos en él con todo descaro.*

Comer con los ojos. Contemplar con insistencia y deseo algo o a alguien: *Fulano se comía con los ojos a su novia.*

Con los ojos cerrados. A ojos cerrados.

Costar o valer un ojo de la cara. Tener un precio muy elevado: *A ti no te gustará, pero me ha costado un ojo de la cara.*

Echar o poner el ojo a algo. Fijar la atención en algo. Elegir algo con algún propósito. *Ése es el modelo al que le tengo echado el ojo.* Se aplica también a personas: *En cuanto le eché el ojo me di cuenta de qué clase de individuo era.*

En un abrir y cerrar de ojos. En un instante: *Cometieron el robo en un abrir y cerrar de ojos.*

Entrar por los ojos. Tener algo un aspecto muy atractivo, a veces sin que su calidad intrínseca esté a la altura de su presentación. Suele referirse tanto a productos naturales como a objetos manufacturados (una comida, un libro, una casa, un coche, un vestido, etc.).

Írsele a uno los ojos detrás de (o tras). Mirar con insistencia algo o a alguien que pasa por delante y que resulta sumamente atractivo: *Era guapísima; a todos se nos fueron los ojos detrás de ella.*

Mirar con buenos o malos ojos. Manifestar predisposición favorable o desfavorable hacia una persona o asunto: *No creo merecer tantos elogios; lo que sucede es que usted me mira (o me ve) con buenos ojos.*

No es nada lo del ojo. La locución completa dice **No es nada lo del ojo y lo llevaba en la mano.** Se aplica a aquellas personas que se empeñan en restar importancia a una situación manifiestamente grave.

No quitar ojo. No apartar la vista de algo o alguien, vigilarlo: *Ese sujeto me parece sospechoso. No le quitéis ojo.*

No tener alguien a quien volver los ojos. No tener a alguien a quien recurrir.

No tener ojos más que para alguien o algo. Centrar obsesivamente la atención o el deseo en alguien o algo: *Esa mujer no tiene ojos más que para su hijo.*

Ojo al cristo que es de plata. Comentario a propósito de lo que por su valor o fragilidad debe ser especialmente cuidado o vigilado.
Ojo alerta o avizor. Expresión con que se exhorta a extremar la vigilancia: *Ojo alerta con esas cajas, que la mercancía es muy valiosa.* Avizor viene del latín *visor*: el que mira atentamente.
Pegar (el) ojo. Dormir: *Anoche no pude pegar ojo.*
Poner los ojos en blanco. En sentido figurado, experimentar un intenso placer: *En cuanto le dijo cuatro requiebros ella puso los ojos en blanco.*
Sacarse los ojos. En sentido figurado, disputar agria o violentamente.
Ser uno el ojo derecho de alguien. Ser su predilecto. Se usa también en diminutivo: ojito. *El chico mayor es el ojito derecho de su padre.*
Tener buen ojo. Ser perspicaz. Ser experto en conocer una cosa: *Ése tiene buen ojo para las antigüedades.*
Tener los ojos en el cogote. No reparar en lo que se tiene delante (= no tener ojos en la cara).
Tener (o no tener) ojos en la cara. No alcanzar a ver lo que resulta evidente, tanto en sentido literal como en figurado: *¿Es que no tienes ojos en la cara?*
Un ojo de la cara. *Ver* **Costar o valer un ojo de la cara.**
Volver los ojos hacia o a. Recurrir a. Atender, cuidar a. *En su desamparo, no sabía a quién volver los ojos.*

OLA

En la cresta de la ola. En lo más alto. Se dice de las personas que se hallan en posición de notoriedad, en el mejor momento de su carrera, etc. *Fulano está en la cresta de la ola.*

OLER

Olerle a uno algo. Sospechar: *Me huele que nos ha engañado.*

OLOR

Al olor de. Empujar la curiosidad a alguien a un lugar o asunto determinado, como si estuviera husmeando, acechando la oportunidad: *Al olor del dinero fácil, empezaron a llover las inversiones de los especuladores.*
En olor de. En situación de. *El dirigente político fue recibido en olor de multitudes. El sacerdote murió en olor de santidad.* En este último caso, ciertas tradiciones aseguraban que, en el momento de la muerte, el cuerpo del santo desprendía realmente un peculiar y agradable olor.

Olor a tigre. El olor desagradable que impregna la atmósfera de un recinto reducido cuando han permanecido en él varias personas durante un tiempo y no se ha ventilado: *El compartimiento del tren olía a tigre.*

OMISO, A

Hacer caso omiso. No hacer caso, ignorar deliberadamente algo: *Han hecho ustedes caso omiso de mis órdenes.* El adjetivo omiso tiene el significado general de flojo, descuidado.

ONDA

Captar, coger o pillar (la) onda. Por analogía con la función de los aparatos de radio, entender una indirecta o insinuación, enterarse de algo: *¡Es que no te enteras, no captas la onda!*
Estar en la onda. Tener conocimiento de algo, estar enterado, estar al tanto, estar al día.

ÓRDAGO

De órdago. Voz que proviene del juego del mus. Excelente, de superior calidad. *Lo pasamos de órdago.*

ORDEN

De orden. Se aplica a las personas que desean llevar una existencia sin sobresaltos, aceptando sin objeciones el ordenamiento politicosocial establecido: *El partido solicita el voto de las personas de orden.*
De orden de. En virtud de la orden dada por: *De orden del señor alcalde se hace saber...*
Del orden de. De la magnitud de, aproximadamente. Se refiere a cantidades: *Yo creo que del orden de unos diez mil o doce mil.*
En orden a. Tocante a, con respecto a: *En orden a lo que acabamos de escuchar...* Con objeto de, con el fin de *(en orden a conseguir).* Este último sentido es el más usual en nuestros días, pero parece una traducción literal de la expresión inglesa *in order to,* por lo que debería evitarse.
Estar a la orden del día. Referida a cosas, esta locución significa estar de moda, estar en boga. Tratándose de personas, las que se hallan al tanto de las últimas noticias. La orden del día es la determinación de los asuntos que se prevé tratar en una reunión. En los establecimientos militares, la hoja que se publica diariamente y donde se recoge la asignación de los servicios, las comidas que van a servirse y todo cuanto está previsto para el día en cuestión.
Llamar al orden. Advertir a una persona que debe sujetarse a las normas establecidas: *Habrá que llamar al orden a Fulano; su comportamiento deja mucho que desear.*

Sin orden ni concierto. Desordenadamente: *Esto no puede tolerarse; aquí no hay orden ni concierto.* Orden y concierto son sinónimos (disposición adecuada, ajuste).

ORDENAR

Ordeno y mando. Fórmula con que se encabezaban algunos bandos, sobre todo los emitidos por la autoridad militar. Esta expresión suele aplicarse en nuestros días a las personas autoritarias y exigentes: *Mi jefe es de los de ordeno y mando.*

ORDINARIO, A

De ordinario. Ordinariamente, normalmente, por lo general: *De ordinario esto no sucede.* (Ordinario: de orden, regular, común.)

ORÉGANO

No todo el monte es orégano. No todo es fácil ni placentero en un asunto. El orégano *(Origanum vulgare)* es una planta cuyas flores se utilizan como condimento, y posee reconocidas propiedades tónicas y digestivas.

OREJA

Asomar o enseñar uno la oreja. Mostrar uno su verdadera naturaleza (= vérsele a uno la oreja): *Al decir eso se le vio la oreja.*
Calentar las orejas a alguien. Reprenderle severamente: *Ése lo que necesita es que le calienten las orejas.*
Con las orejas caídas o gachas. Aceptar con humildad una derrota. Se emplea con los verbos irse, quedarse, etc. *Después del rapapolvo se fue con las orejas gachas.*
De oreja a oreja. Se dice de la sonrisa más amplia: *Nos recibió con una sonrisa de oreja a oreja.*
Hacer oreja. Procurar escuchar las conversaciones ajenas: *Hablemos fuera, que aquí siempre hay gente haciendo oreja.*
Mojar la oreja a alguien. Buscar pendencia con él, provocarle.
Poner las orejas coloradas. Hacer objeto a alguien de una severa reprensión: *El director le puso las orejas coloradas.*
Ver las orejas al lobo. Comprender que se está en una situación de gran peligro: *Esta enfermedad me ha servido para verle las orejas al lobo.*
Vérsele a uno la oreja. Descubrirse su verdadera naturaleza. Asomar o enseñar la oreja.

ORIGEN

Dar origen. Originar, dar nacimiento, dar lugar: *Aquel primitivo establecimiento dio origen a nuestra ciudad.*

De origen. Original, relativo a su procedencia: *recambios de origen.*

ORO

A peso de oro. A elevado precio: *Lo pagamos a peso de oro.*
Como los chorros del oro. Expresión que se aplica a las personas o cosas que destacan por su extrema limpieza: *La habitación estaba como los chorros del oro.*
Como oro en paño. Locución que denota el gran aprecio que se tiene por una cosa y el cuidado que se le dedica. Se usa con verbos como conservar, guardar, tener, etc. *Es un recuerdo de familia y lo guardo como oro en paño.*
De oro. De gran valor, acorde con el alto precio de este metal: *corazón de oro, edad o siglo de oro, hacerse de oro* (enriquecerse), *ocasión de oro,* etc.
El oro y el moro. Lo que se presenta como ventajoso y es ilusorio. Suele emplearse con verbos como ofrecer, prometer, etc. *Cambió de empleo porque le ofrecieron el oro y el moro.*
Oro del que cagó el moro. Oro falso, imitación de oro, similor. La locución correlativa es *plata de la que cagó la gata.* No parece que el moro tenga aquí otra función que la de prestarse a un juego de palabras.

ORSAY

Estar en orsay. Orsay es la españolización del inglés *off side,* que en el juego del fútbol significa «en posición adelantada». Ha pasado al lenguaje común para designar la situación de aquella persona que está desplazada, que permanece ignorante de un asunto, que está distraída y no se entera de lo que le atañe (= estar en off).

OSCURO, A

A oscuras. En la oscuridad. En la ignorancia o el desconocimiento: *Todos estaban enterados, y yo, a oscuras.*

OSO

Hacer el oso. Adoptar una actitud cómica o grotesca, que provoca la irrisión de la gente. Por analogía con el oso que llevaban ciertos músicos ambulantes y al que hacían danzar en sus espectáculos.
Vender la piel del oso antes de cazarlo. Ofrecer algo sin estar realmente en condiciones de cumplir el compromiso. Anticiparse excesivamente en un asunto.

OSTRA

Aburrirse como una ostra. Aburrirse mucho. Alusión a la existencia solitaria y estática de este molusco.

¡Ostras! Exclamación de sorpresa, admiración, contrariedad, disgusto, etc. Parece un eufemismo para evitar la malsonante *¡Hostias!*

¡OXTE!
Sin decir oxte ni moxte. Sin decir ni palabra: *Se fue sin decir oxte ni moxte.* Oxte y moxte son interjecciones de rechazo (= ni tus –o chus– ni mus).

P

PÁBULO

Dar pábulo. Dar ocasión. Contribuir a empeorar una situación (= echar leña al fuego). *Me parece una irresponsabilidad dar pábulo a esos infundios.* Pábulo significa pasto, alimentación.

PACOTILLA

De pacotilla. De ínfima categoría, de la peor calidad: *Es un cantante de pacotilla.* La pacotilla era el conjunto de mercancías que los marineros podían transportar libres de gravámenes, para su uso particular o para comerciar con ellas. También se daba este nombre a los artículos vistosos pero muy baratos que se entregaban como pago por otras mercancías a los indígenas de las colonias o de las tierras que se exploraban.

PADRE

De padre y muy señor mío. De gran importancia o magnitud: *Pillé un resfriado de padre y muy señor mío.*

PAGAR

Pagarla o pagarlas todas juntas. Recibir alguien un castigo o ser objeto de una venganza: *Esto no se lo perdono; me las pagará todas juntas.*

PAIRO

Al pairo. Estar una embarcación quieta y con las velas tendidas. En sentido figurado, situación estacionaria, permanecer en la inacción el tiempo preciso, a la espera de que las circunstancias aconsejen qué hacer.

PAJA

Echar pajas. Jugarse algo. Se refiere a la costumbre de designar a una persona para una determinada tarea, echándolo a suertes mediante unas pajas. Se toman varias pajas desiguales y se ocul-

tan entre los dedos dejándolas asomar de tal manera que todas parecen iguales. El que saca la más corta (o la más larga) es el escogido.
Por un quítame allá esas pajas. Por cosa de poca importancia. Suele aplicarse a materia de disputa. *¡Hay que ver cómo se pusieron por un quítame allá esas pajas!*
Quitar paja. En un escrito, discurso, etc., prescindir de lo superfluo y ceñirse a lo esencial (= ir al grano, quitar hojarasca): *Su redacción estaría mejor con algo menos de paja.*
Ver la paja en el ojo ajeno. La locución correlativa es «y no ver la viga en el propio». Se comenta de las personas que se muestran rigurosas y exigentes con los demás, no tolerándoles el menor defecto, pero que hallan siempre disculpas para sus propias faltas. El origen de la expresión está en el Evangelio de san Mateo 7,3-5: «¿Cómo ves la paja en el ojo de tu hermano y no ves la viga en el tuyo?».

PÁJARO
Tener la cabeza llena de pájaros o a pájaros. No tener juicio. Tomar las propias fantasías por realidad. *Ese chico no madurará nunca; tiene la cabeza a pájaros.*
Volar el pájaro. Desaparecer alguien a quien se busca para pedirle cuentas por algo: *Cuando llegó la policía, el pájaro había volado.*

PALABRA
A medias palabras. Mediante insinuaciones.
Ahorrar palabras. Estar de más cuanto se diga: *Ahorremos palabras y pasemos a los hechos.*
Beberse las palabras. Escuchar con la máxima atención lo que otro dice: *Los alumnos se bebían las palabras de aquel profesor.*
Buenas palabras. Lenguaje amable y complaciente con que se trata de contentar a alguien que reclama soluciones o acciones concretas: *Fuimos a reclamar, pero se nos quitaron de encima con buenas palabras.*
Coger la palabra a alguien. Atenerse al ofrecimiento de alguien para empujarle a cumplirlo: *Nos dijo que acudiéramos a él cuando necesitáramos ayuda, y yo le cogí la palabra y fui a visitarle.*
Comerse las palabras. Hablar sin pronunciar entera y claramente las palabras: *Ese locutor se come las palabras.*
De palabra. Verbalmente, sin ponerlo por escrito: *No me mandó ninguna nota; me lo comunicó de palabra.*
Decir dos (o cuatro) palabras. Ser breve en la exposición oral: *Y para terminar, permítanme dos palabras acerca de...* Reconvenir

a alguien, aunque no necesariamente con brevedad: *Cuando me encuentre con Fulano, le voy a decir cuatro palabras* (= cuatro cosas, cuatro frescas, las verdades, etc.).
Dejar a alguien con la palabra en la boca. Abandonar su compañía sin aguardar a que termine de hablar. *Es un mal educado. Nos dejó con la palabra en la boca.*
Dirigir a alguien la palabra. Hablar concretamente con él: *Yo a ése no le dirijo la palabra.*
En una palabra. En resumen: *En una palabra: no estoy conforme.*
Faltar palabras. Ser algo difícil de expresar, resultar inexplicable. Conviene por un igual a lo bueno y a lo malo. *Me faltan palabras para calificar su conducta.*
Medir las palabras. Meditar el alcance o las consecuencias de lo que se va a decir: *Y usted ¡mida sus palabras!*
Ni (media o una) palabra. Callar: *No dijo ni palabra.* En ocasiones se emplea para imponer silencio: *¡Ni media palabra!*
Palabras mayores. Locución ponderativa con que se da a entender la gran importancia que se atribuye a algo: *Eso son palabras mayores.* Ésa es, en efecto, su acepción más corriente, pero en otro tiempo se entendía por palabras mayores las injuriosas y ofensivas, y así se recoge todavía en el Diccionario de la Real Academia.
Quitar la palabra de la boca. Interrumpir bruscamente a quien está hablando y tomar la palabra en su lugar: *Aquí no se respeta el turno de intervención; le quitan a uno la palabra de la boca.* Adelantarse otro a lo que uno iba a decir: *Me has quitado la palabra de la boca: estoy completamente de acuerdo.*
Santa palabra. Lo que complace escuchar. Suele ser exclamación: *¿Cobrar? ¡Santa palabra!*
Sobrar las palabras. Estar de más las palabras. No ser preciso comentario alguno por quedar todo muy claro. Cuando el verbo sobrar se emplea en presente (sobran), a veces se sustituye por holgar (huelgan las palabras). *Después de lo que acabamos de presenciar, sobran las palabras.*
Tener unas palabras. Disputar, intercambiar recriminaciones o insultos: *Al parecer, Fulano y Mengano tuvieron unas palabras.*
Última palabra. Lo que se dice al final de una conversación y no admite réplica. *Fulano siempre tiene la última palabra. ¿Es su última palabra?*

PALESTRA
Saltar o salir a la palestra. Emprender una lucha o competición a la vista del público: *En estas elecciones saldrán a la palestra las personas más destacadas de cada partido.* En Grecia y Roma se

llamaba palestra al lugar donde se realizaban ejercicios gimnásticos o se practicaba la lucha.

PALILLO

Tocar o mover los palillos. Tantear los medios para lograr un fin. Palillo = castañuela. *Tocó todos los palillos, pero no le hicieron caso.*

PALMA

Batir palmas. Aplaudir.
Como la palma de la mano. Superficie muy llana. *Conocer un lugar como la palma de la mano:* Conocerlo a la perfección.
Llevar o traer en palmas a alguien. Complacerle y darle gusto en todo. A veces se emplea en diminutivo: palmitas. *Fulano lleva a su mujer en palmitas.*
Llevarse la palma. Sobresalir en algo, ser el mejor (o el peor): *En despiste te llevas la palma.* Palma: triunfo, gloria, simbolizados por la hoja de la palmera.

PALMO

No levantar un palmo del suelo. Se aplica a los niños pequeños, por lo general en sentido despectivo: *A mí no se me sube a las barbas un mocoso que no levanta un palmo del suelo.* También se dice de las personas de muy baja estatura: *¡Si lo vieras! No levanta un palmo del suelo.*
Palmo a palmo. Recorrer lentamente: *Ha ido avanzando palmo a palmo.* Detalladamente (referido a una superficie, territorio, etc.): *Conozco esa región palmo a palmo.*
Quedarse o dejar a alguien con un palmo de narices. Quedar o dejarle chasqueado, decepcionado, desilusionado: *Los que creímos en él nos quedamos con un palmo de narices.*

PALO

A palo seco. Se dice de la embarcación cuando camina recogidas las velas. También de ciertos actos o funciones en que se omiten adornos o complementos usuales. Carácter de letra derivado del romano antiguo, llamado asimismo palo bastón o grotesca: es de trazo fuerte y sin adornos. Comer sin acompañar los alimentos sólidos con bebida alguna: *No sé cómo puedes comerte eso a palo seco.*
A palos. Por la fuerza bruta: *Si no obedece por las buenas, que obedezca a palos.*
Caérsele a uno los palos del sombrajo. Abatirse, desanimarse, quedar decepcionado: *Cuando me comunicaron la noticia, se me cayeron los palos del sombrajo.*
Cara de palo. Cara inexpresiva, inmutable, de rasgos rígidos

como los de una estatua (de madera = de palo): *Ponía una cara de palo, que no había forma de adivinar qué pensaba.*
Dar palos de ciego. Intentar algo sin saber bien hacia dónde dirigir la acción, y procediendo al azar: *Las cosas hay que hacerlas con método; aquí no valen los palos de ciego.*
Dar un palo. Castigar, reconvenir, causar perjuicio. Se emplea también con verbos como arrear, pegar, recibir, etc. *Como no se enmiende le van a dar un (buen) palo.*
Jarabe de palo. Castigo físico para imponer el propio criterio, obligar a aceptar algo, mantener el orden, etc. La palabra jarabe sugiere la idea de tratamiento, medicina, remedio, etc. *Este chico es muy díscolo; lo que necesita es jarabe de palo.*
Morir al palo. Consumarse algo según lo inevitable o lo previsto: *No tuve más remedio que aceptar, así que hube de morir al palo.*
No dar un palo al agua. No trabajar (= no dar golpe).
Que cada palo aguante su vela. Que cada cual asuma su responsabilidad: *Ya no voy a silenciar más sus errores: que cada palo aguante su vela.* Es un símil marinero evidente.

PAN
A pan y cuchillo. Viviendo en casa de otro y a sus expensas (= a manteles puestos): *Lo tienen desde hace un mes a pan y cuchillo.*
Al pan pan y al vino vino. Verdad que se manifiesta en toda circunstancia, expresándose con inequívoca claridad y llamando a las cosas por su nombre: *Nada de disimulos: aquí se llama al pan pan y al vino vino.*
Caberle a uno un pan por la boca. Reírse a carcajadas: *Le conté aquel chiste y le cabía un pan por la boca.*
Coger a alguien con el pan debajo del brazo. Ganarle la voluntad, imponerle el propio criterio: *A ese infeliz siempre lo cogen con el pan debajo del brazo.*
Con su pan se lo coma. Locución que expresa indiferencia por la conducta que pueda seguir otra persona (= allá él).
Contigo pan y cebolla. Expresión con que los enamorados manifiestan su propósito de vivir juntos incluso en la pobreza.
El pan nuestro de cada día. Lo habitual, lo que se repite constantemente: *En este barrio las riñas callejeras son el pan nuestro de cada día.*
Hacer un pan como unas hostias. Malograr un asunto, cometer un error garrafal: *Yo confiaba en que nos resolviera bien el asunto, pero nos hizo un pan como unas hostias.* La analogía es clara: se quiere hacer un pan y resulta algo tan delgado como una oblea.
No pedir pan una cosa. No suponer gasto alguno su custodia, mantenimiento y conservación: *No me importa guardar todos esos libros; al fin y al cabo no (me) piden pan.*

Pan para hoy y hambre para mañana. Se aplica a aquellas decisiones que aseguran la resolución momentánea de un asunto, pero plantean ineludibles dificultades para el futuro: *La política de ese gobierno significa pan para hoy y hambre para mañana.*
Ser algo pan comido. Ser muy fácil o llevadero: *El examen fue pan comido.*
Ser alguien un pedazo de pan. Ser extremadamente bondadoso: *Fulano es un pedazo de pan.*

PANDERO

En qué (o en buenas) manos anda el pandero. Comentario irónico sobre la capacidad o buena fe de las personas responsables de un asunto: *Mantuvimos las esperanzas hasta que vimos en qué manos anda el pandero.*

PANTALÓN

Bajarse los pantalones. Transigir o contemporizar deshonrosamente: *Se ha comportado de una manera indigna: se ha bajado los pantalones ante nuestros adversarios.*
Llevar los pantalones. Mandar en una familia: *La que lleva los pantalones es ella.*

PAÑAL

En pañales. Lo que está en sus comienzos (= en mantillas).

PAÑO

Conocer el paño. Saber bien a qué atenerse con respecto a una persona o situación, de tal modo que resulta imposible ser engañado: *Me dieron todas las facilidades, pero yo conocía (bien) el paño.*
En paños menores. En ropa interior, medio desnudo.

PAPA

No entender o ver ni papa. No entender o ver nada. Esta locución puede referirse a no entender palabra, con lo que papa sería una onomatopeya de lo hablado, o bien a papa en su acepción de tontería o simpleza.

PAPEL

Hacer buen (o mal) papel. Comportarse o actuar de acuerdo (o no) con lo que se espera de uno: *Hizo un buen papel en las oposiciones.*
Papel mojado. Lo que carece de validez, especialmente un escrito o documento. *Traer papeles mojados:* estar mal informado, divulgar noticias sin fundamento.

Perder los papeles. Desorientarse, confundirse: *Estaba hecho un lío y perdió los papeles.*

PAPELETA

Ser algo una papeleta. Ser de difícil resolución o desagradable. *¡Pues sí que se nos presenta una buena papeleta! ¡Menuda papeleta le espera cuando se entere su padre!*

PAPILLA

Desde la primera papilla. Desde la más tierna infancia: *Tenían un expediente completísimo de él: allí constaba todo, desde la primera papilla que tomó.*

Echar hasta la primera papilla. Vomitar copiosamente: *Algo me sentó mal, porque eché hasta la primera papilla.*

Estar hecho papilla. Estar maltrecho, abatido: *La muerte de su mujer lo dejó hecho papilla.* Estar muy cansado: *Al volver de la piscina estaba hecho papilla.*

Hacer papilla a alguien. Dejarlo maltrecho, en sentido literal o figurado: *Lo descalificó en tales términos, que lo hizo papilla.*

PAPISTA

Ser uno más papista que el papa. Mostrar más celo en un asunto que los directamente interesados en él: *Si la superioridad así lo ha decidido, no comprendo por qué te empeñas en ser más papista que el papa.*

PAR

A la par. Juntamente, a la vez.

A pares. De dos en dos.

De par en par. Estar completamente abiertos ventanas y balcones. Es decir, estar abiertas ambas hojas (el par).

Ir a la par. Ir juntos, a la vez, en pie de igualdad, de acuerdo: *En este asunto o vamos a la par o no lo conseguimos ni tú ni yo.*

Sin par. Sin igual, sin parangón ni comparación posible: *hermosura sin par.*

PARA

Que para qué. Locución que, añadida a una frase, pondera lo dicho anteriormente: *Se metió en un lío que para qué.*

PARADO, A

Salir bien o mal parado. Salir con bien o no de una situación, concluir algo con beneficio o perjuicio para uno: *Todavía no me explico cómo salí bien parado de aquel lío.*

PARAR

Ir o venir a parar. Terminar, concluir. *El camino va a parar al pueblo. De continuar así las cosas, no sé a dónde iremos a parar.* Coincidir dos personas en una misma opinión: *Vienes a parar a lo mismo que decía yo.*

Sin parar. Sin cesar, continuamente: *Llueve sin parar.*

PARED

Hablar con la pared. Ser inútil hablar con alguien que se empeña en ignorar lo que se le dice: *Hablar con Fulano es como hablar con (o a) la pared.*

Las paredes oyen. Locución con la que se exhorta a mostrarse reservado, por considerar que alrededor hay personas dispuestas a escuchar lo que se dice y servirse de ello para sus propios fines: *Ya te lo contaré en otro momento, que aquí las paredes oyen.*

Subirse por las paredes. Mostrar gran enfado e indignación: *Cuando se lo dije se subía por las paredes.*

PARÉNTESIS

Entre paréntesis. Por analogía con la función de este signo gráfico en el lenguaje escrito, frase que se intercala en un período, con sentido independiente del mismo: *Y dicho sea entre paréntesis...*

PARIR

Poner a alguien a parir. Increparlo, insultarlo, regañarle, hablar de él en términos ofensivos: *Fulano puso a parir a Mengano.* En otro tiempo significaba provocar la cólera de una mujer, en lo que parece una exagerada comparación con el doloroso trance del parto.

PARRA

Subirse a la parra. Montar en cólera: *Cálmese usted y no se suba a la parra.*

PARTE

De parte de. Por cuenta de, por encargo de, en nombre de, por orden de: *Traigo este paquete de parte de Fulano.* A favor de: *En la disputa, se puso de mi parte.*

De o desde un tiempo a esta parte. En los últimos tiempos, en el período más reciente: *De un tiempo a esta parte venimos observando que...*

En parte. Parcialmente, no del todo: *Le doy la razón en parte.*

Llevar la mejor o la peor parte. Ser el más beneficiado o el más perjudicado en un asunto: *Fulano se llevó la mejor parte.*

No ir una cosa a ninguna parte. Carecer de importancia o de utilidad: *Lo que usted propone no va a ninguna parte.*
No llevar o conducir algo a ninguna parte. Ser inútil: *Esa prohibición no conduce a ninguna parte.*
Poner de su parte. Aportar uno esfuerzo o iniciativa: *Para que salga bien el trabajo, todos hemos de poner de nuestra parte.*
Por parte de alguien. Por lo que toca, por lo que respecta a alguien: *Por parte de Fulano no habrá objeciones.*
Tener o tomar parte en algo. Intervenir, participar en ello: *Yo no pienso tomar parte en ese negocio.*

PARTÍCIPE

Hacer partícipe de algo. Participar, invitar a alguien a que tome parte en algo: *Nos hizo partícipes de su satisfacción.*

PARTICULAR

De particular. Lo que es especial o relevante: *¿Ha sucedido algo de particular?*
En particular. En especial, en concreto: *Nada en particular.*

PARTIDA

Mala partida. Acción injusta y perjudicial para otro: *Le hicieron una mala partida* (= mala jugada).
Por partida doble. Doblemente: *Esto nos beneficia por partida doble.*

PARTIDO, A

Sacar partido. Obtener provecho: *No han sabido sacarle partido a la situación.*
Tomar partido. Manifestar apoyo o adhesión a una causa o una persona: *Yo no pienso tomar partido por nadie.*

PARTIR

A partir de. Desde. Comenzando desde un momento o un punto determinado: *a partir de ahora.*

PARTO

El parto de los montes. Resultado irrelevante o incluso ridículo de algo que se esperaba fuese de gran importancia o vistosidad. Deriva de Horacio (*Arte poetica,* 139): *Parturiunt montes, nascetur ridiculis mus* («Paren los montes, nacerá un ridículo ratón»).

PASA

Estar o quedarse como una pasa. Estar o quedarse muy arrugado por efecto de la vejez: *¿Has visto a Fulano? Está como una pasa.*

PASADA

Dar una pasada. Hacer una revisión rápida: *Dé usted una pasada antes de irse.*
De pasada. De paso, sin detenerse apenas: *Lo vi de pasada.*
Hacer o jugar una mala pasada. Causar perjuicio a alguien, casi siempre engañándolo o abusando de su confianza.
Ser algo una pasada. Exceso, demasía: *¡Qué pasada!*

PASAPORTE

Dar pasaporte o el pasaporte a alguien. Romper trato o relaciones con alguien, expulsarlo, alejarlo, matarlo (= pasaportarlo, librarse de él).

PASAR

Pasar a mayores. Adquirir mayor alcance una situación. *Primero discutieron y luego pasaron a mayores* (es decir, que se agredieron). *Hay que poner coto a la situación antes de que pase a mayores. La parejita empezó haciéndose carantoñas y acabó pasando a mayores.*
Pasar de algo o de alguien. Prescindir, ignorar, no tomar en cuenta: *Yo paso de él.*
Pasar por alto. No tomar en cuenta: *Pasó por alto sus errores.*
Pasarse de listo. Obrar creyendo que uno es mucho más listo que los demás, lo que al cabo malogra sus propósitos: *Eso le ocurrió por pasarse de listo.*

PASCUA

Como unas pascuas. Se aplica a las personas muy alegres: *Fulano estaba como unas pascuas.*
De Pascuas a Ramos. Muy de tarde en tarde (= de higos a brevas): *Esto ocurre de Pascuas a Ramos.* Como es sabido, entre el domingo de Pascua de Resurrección y el domingo de Ramos transcurre un año menos una semana.
Hacer la pascua a alguien. Causarle molestia o perjuicio. *Fulano le hace la pascua a Mengano. Esta rozadura en el pie me está haciendo la pascua.*
Y ¡santas pascuas! Locución conclusiva que se aplica a la resolución rápida y definitiva de un asunto: *¡Pues se le denuncia y ¡santas pascuas!*

PASE

Tener algo un pase. Ser tolerable o excusable: *Que haya cometido un error leve tiene un pase.*

PASEÍLLO

Hacer el paseíllo. Desfilar las cuadrillas por el ruedo antes de la corrida.

PASEO

Dar el paseo a alguien. En tiempo de guerra, conducir a un prisionero al lugar donde se le va a ejecutar.
Mandar a paseo a uno. Despedirle con malos modos: *No pude evitar mandarlo a paseo.*

PASO

A cada paso. A cada momento, continuamente: *Se equivoca a cada paso.*
A dos pasos (o a un paso o a cuatro pasos). Muy cerca, a corta distancia: *El colegio está a dos pasos de casa.*
A este paso. De esta manera, si las cosas siguen así: *A este paso nos arruinamos.*
A paso de carga. Símil militar que se refiere al avance de la infantería o la caballería lo más rápidamente posible. A toda prisa, a marchas forzadas: *Como se nos hacía tarde, tuvimos que ir a paso de carga.*
Abrirse paso. Avanzar, progresar: *No ha sabido abrirse paso en la vida.*
Al paso. Sin detenerse: *Se lo entregué al paso.*
Al paso que. A la vez que, al tiempo que: *Al paso que vamos no llegaremos nunca.*
Apretar el paso. Caminar más aprisa (apretar en el sentido de que transcurre menos tiempo entre paso y paso): *Aprieta el paso, que está empezando a llover.*
Buen paso. Paso vivo, caminar aprisa: *Si queréis llegar a tiempo, tendréis que ir a buen paso.*
Dar paso a. Dejar, ceder el lugar a, tanto en sentido literal como figurado. *El jefe de estación dio paso al expreso. La calma dio paso a la tempestad.*
Dar pasos. Hacer gestiones, seguir trámites: *Para conseguir que lo recibiera el director tuvo que dar muchos pasos.*
Dar un mal paso. Cometer un error. Incurrir en una falta por ignorancia o debilidad. *No le asesoraron debidamente y dio un mal paso.*
De paso. De pasada, yendo a otra parte: *Iré a tu casa y, de paso, compraré el periódico.*
¡Paso! Voz con que se reclama paso libre y se pide que se aparten los que estorban el avance.
Paso a paso. Poco a poco, gradualmente, siguiendo las cosas su

curso natural: *No lo vas a conseguir de buenas a primeras, pero sí paso a paso.*
Por sus pasos contados. Paso a paso: *Todo llegará por sus pasos contados.*
Salir al paso. Ir al encuentro: *Tú ven por el camino de siempre, que yo te saldré al paso.* En sentido figurado, impugnar los argumentos de otro: *Hay que salir al paso de tanta falsedad.*
Salir del paso. Librarse de una situación indeseable. *Pude salir del paso pagando una multa. Hice el trabajo de cualquier manera, para salir del paso.*
Seguir los pasos a. Seguirle, vigilar cómo actúa: *La policía iba siguiéndole los pasos desde hacía tiempo.*
Seguir los pasos de. Imitarle, atenerse a su ejemplo: *Seguía los pasos de su padre.*
Volver sobre sus pasos. Regresar por el mismo camino: *Cuando nos dimos cuenta de que lo habíamos perdido, volvimos sobre nuestros pasos.* Desdecirse, rectificar: *Reconoció su error y volvió sobre sus pasos.*

PASTEL
Descubrir el pastel. Descubrir algo que se mantenía oculto o disimulado: *Estafaba pequeñas cantidades, pero cuando se comprobaron las cuentas se descubrió el pastel.*

PASTILLA
A toda pastilla. A toda velocidad. Es posible que este dicho guarde relación con la pastilla de los frenos de los vehículos de motor: *En cuanto me avisaron, me fui a toda pastilla.*

PASTO
A todo pasto. Copiosamente, sin restricciones. Por analogía con la abundancia de pasto (= hierba para que se alimente el ganado): *Gastaban el dinero a todo pasto.*

PATA
A la pata la llana. Sencillamente (llanamente), sin afectación y sin excesiva preocupación por guardar las formas: *Como estábamos entre amigos, expuso el asunto a la pata la llana.*
Echar o tirar las patas por alto. Despotricar, perder la compostura y exteriorizar el enfado: *Perdió la paciencia y echó las patas por alto.*
Estirar la pata. Morirse. Sin duda se relaciona con el aflojamiento muscular que sigue a la tensión de la agonía. Es locución despectiva e irrespetuosa.

Meter la pata. Equivocarse. Intervenir en algo inoportunamente. Aunque a veces se añade «hasta el corvejón» (corvejón= corva, parte de la pierna opuesta a la rodilla), algún comentarista relaciona esta locución con la hembra del pato y no con la extremidad de los animales. La equivocación o inoportunidad consistiría, en ese caso, en introducir una hembra (meter la pata) entre una serie de patos destinados a la venta o al sacrificio.
Patas arriba. Desordenadamente, colocando arriba lo que debe estar abajo: *Los ladrones dejaron la casa patas arriba.*
Tener mala pata. Tener mala suerte. Esta expresión podría relacionarse con pisar donde no se debe o tal vez con la creencia supersticiosa de empezar una cosa «con mal pie» o «con el pie izquierdo».

PATADA

A patadas. A puntapiés, en sentido literal o figurado. *Lo echaron a patadas. Ha ascendido a patadas* (se entiende que dando patadas a los demás, perjudicando a los demás, a codazos). De cualquier manera, precipitadamente, sin miramientos: *Lo hicieron a patadas (o en cuatro patadas).*
Dar la patada a alguien. Expulsarlo, despedirlo, excluirlo: *En cuanto le venza el contrato le darán la (gran) patada.* En ambientes empresariales, políticos, etc., se emplea la expresión *patada hacia arriba*, para referirse al caso de la persona a la que conviene desplazar, pero a la que por su prestigio o por su cargo elevado no se puede o no conviene despedir. En tales casos se le asciende aparentemente, asignándole un puesto honorífico o de superior categoría, pero desprovisto de poder o de capacidad ejecutiva.
Darle a alguien cien patadas algo o alguien. En ocasiones se precisa «en el estómago» o «el hígado». Experimentar gran aversión. *Fulano me da cien patadas. Las matemáticas me dan cien patadas.*
De una patada. De un golpe, sin mediar preparativos ni atenerse a condiciones previas: *Fulano ingresó en la empresa de una patada* (se entiende mediante recomendación, sin tener que hacer valer sus méritos).

PATATÍN

Que (si) patatín que (si) patatán. Locución con que se remeda una conversación o unos argumentos irrelevantes e insustanciales o unas excusas que no convencen: *Esperábamos que nos dieran una explicación satisfactoria, pero ellos que si patatín que si patatán...*

PATIO

¡Cómo está el patio! Exclamación con que se comenta lo desfavorable de una situación: *Hoy han venido los jefes a pasar la inspec-*

ción, y hay que ver cómo está el patio. Cabe suponer que se trata de una analogía con el patio de una casa cuando hace mal tiempo y resulta desagradable salir.

PATO

Pagar el pato. Pagar uno las culpas de otro. Quedar como único responsable, cuando esa responsabilidad se debería repartir entre más de uno (= pagar los platos rotos). *A mí siempre me toca pagar el pato.* Al parecer, esta locución no se refiere al pato (ave) sino al pacto, palabra que habría perdido la *c* en el habla popular. Se trataría entonces de hacer recaer en uno solo la responsabilidad por el incumplimiento de un pacto que obligaba a dos o más.

PATRIARCA

Como un patriarca. Regalada, cómodamente: *Fulano vive como un patriarca.* Por analogía con la vida de lujo que se atribuye a un patriarca. No está claro si se trata de un eclesiástico de alto rango, de un patriarca bíblico o de la persona más anciana y respetada de determinadas tribus o familias. Es probable que se trate de una dignidad imprecisa y más o menos ficticia.

PAVO, A

Estar alguien en la edad del pavo. Ser un adolescente. La referencia al pavo se relaciona con la propensión a sonrojarse que se atribuye a los muy jóvenes (subírsele a uno el pavo).
Pelar la pava. Estar las parejas de novios dedicados a sus pláticas amorosas en lugares públicos o semipúblicos: *Mi hermana está abajo pelando la pava.* Se cuenta que en cierta ciudad andaluza, una señora mandó a su criada pelar una pava, lo que ella se dispuso a hacer junto a la reja. Allí acudió su novio, y mientras la muchacha desplumaba el ave se dedicaban a charlar de sus cosas. La señora, impaciente, preguntaba a gritos a la doméstica si ya había terminado, y ella le respondía que no, que seguía pelando la pava.
Subírsele a alguien el pavo. Sonrojarse: *Le dijo que la encontraba muy guapa, y a ella se le subió el pavo.* Por analogía con la cabeza y el cuello del pavo, desnudos de plumas y de color rojo.

PAZ

Aquí paz y después gloria. Expresión con la que se da por terminado un asunto: *Usted paga lo que debe, y aquí paz y después gloria.* Debe entenderse paz como sinónimo de gracia: es decir, que primero se obtiene la gracia de Dios y luego se goza en su gloria. Es evidente que el sentido religioso de la locución se ha perdido por completo.

Dejar en paz. Cesar de molestar o de atosigar a alguien: *Dejen en paz a Fulano.*
Descansar en paz. Fórmula que se aplica a los difuntos: *Fulanito que en paz descanse...* Hay que entender paz como sinónimo de gracia de Dios.
Ir en paz o con la paz de Dios. Frase de despedida, antes común y hoy reducida a usos litúrgicos. Al final de la misa, el celebrante dice: «Podéis ir en paz».
Y en paz. Expresión conclusiva, que denota que algo se da por terminado: *Yo le devuelvo lo que me prestó, y en paz.*

PE

De pe a pa. Del principio al fin, de cabo a rabo: *Me lo leí de pe a pa.*

PECHO

A pecho descubierto. En los combates entre caballeros, sin coraza ni armas defensivas. Por extensión, con sinceridad, con nobleza, de buena fe. Sin tomar ninguna precaución defensiva. *Me presenté ante él a pecho descubierto.*
Dar el pecho. Dar de mamar la madre a su niño.
Entre pecho y espalda. Este dicho suele emplearse en relación con la comida y la bebida, y con el verbo echar: *Nos echamos entre pecho y espalda un vino buenísimo.*
Tomar algo a pecho. Tomarlo muy en serio, con gran empeño, sintiéndose muy afectado por ello. *Se toma su trabajo muy a pecho. No sé por qué te tomas tan a pecho sus palabras.* Ha quedado anticuada la forma «a pechos».
Tomar el pecho. Mamar un niño del pecho de su madre: *Tuvo que llevar a su hijo al médico porque no quería tomar el pecho.*

PEDAZO

Caerse a pedazos. Estar algo muy viejo o deteriorado: *Debo cambiar de coche; el que tengo se está cayendo a pedazos.* Aplicado a las personas, estar hecho pedazos.
Estar hecho pedazos. Estar cansado, maltrecho: *Después de la caminata de hoy, estoy hecho pedazos* (= hecho migas, polvo, puré, etc.).
Saltar en pedazos. Romperse, malograrse, deshacerse, tanto en sentido literal como figurado (= hacerse pedazos). *El golpe fue tan violento, que el cristal saltó en pedazos. Con los datos que aportó Fulano, la argumentación de Mengano saltó en pedazos.*
Un pedazo de pan. Una persona extremadamente bondadosa: *Fulano es un pedazo de pan.*

PEDESTAL

En un pedestal. En un lugar encumbrado. *Poner o tener a alguien en un pedestal:* Considerarlo excelente, atribuyéndole en sentido figurado el lugar que se reserva a las estatuas y las imágenes sagradas.

PEDRO

Como Pedro por su casa. Con familiaridad y soltura por casa ajena como si fuera la propia. Parece derivar de «entrarse como Pedro por Huesca», alusión a la toma de esta ciudad por Pedro I de Aragón en 1094. Pedro podría ser también un nombre muy corriente para significar la irrelevancia del personaje que, sin embargo, se permite entrometerse donde no le llaman o donde no está autorizado a permanecer.

PEGA

De pega. De imitación, falso: *Le robaron las joyas y se las sustituyeron por otras de pega.* Debe entenderse pega en su acepción de chasco o engaño, y se empleaba para designar el que se daba en los carnavales al presentarse uno disfrazado.

PEGADO, A

Estar pegado. Estar junto a, estar adherido. Se usa en sentido figurado, y muchas veces se sustituye el verbo por otros como andar, ir, llevar, tener, etc., en frases como *Anda todo el día pegado a él. Lo llevo pegado a todas horas. Está pegado a sus faldas*, etc.

PEGAR

Hale o dale que te pego. Locución que expresa gran insistencia y dedicación (= dale que dale): *Trabaja muchísimo; se pasa el día dale que te pego.*

Pegar fuerte. Mostrar gran decisión, agresividad, voluntad de progresar: *Estos jóvenes que empiezan en el oficio vienen pegando fuerte.*

Pegársela. Engañar, burlar la buena fe, traicionar su confianza. Se utiliza mucho como sinónimo de cometer adulterio: *Al parecer, el marido se la pegaba con una amiga.*

PEGO

Dar el pego. Conseguir que se acepte como buena una cosa que no lo es. Engañar. *El coche tiene muchos kilómetros, pero si lo pintamos y lo arreglamos un poco dará el pego. Es un profesional incompetente, pero sabe dar el pego.* Esta expresión significaba originariamente jugar con cartas marcadas.

PEINE

Enterarse de lo que vale un peine. Recibir uno su merecido, ser objeto de una reconvención merecida: *Como me lo encuentre, se va a*

enterar de lo que vale un peine. Esta locución podría relacionarse con un instrumento de tortura llamado peine, que consistía en una barra cubierta de púas, o bien con el material precioso (marfil, concha, etc.) de que se hacían los peines.
Ya apareció el peine. Comentario que se hace cuando se encuentra algo que se estaba buscando, o cuando se descubre la causa hasta entonces ignorada de una cosa.

PELAR

Duro o malo de pelar. Persona que se resiste a ser convencida o que no admite su derrota. Persona de trato difícil. En general, se aplica a lo que es difícil de obtener. Resulta obvio el símil con una fruta o verdura.
Pelárselas. Hacer algo con gran empeño, con vehemencia, con prontitud. *Corre que se las pela. Grita que se las pela.*
Que pela. Se dice del frío extremo: *Cuando bajamos del tren, hacía un frío que pelaba.* También se dice *pelarse uno de frío, estar pelado de frío,* etc. Sin duda se refiere a la sensación que produce el frío en la piel. En otro tiempo esta expresión se aplicaba indistintamente al frío y al calor.

PELÍCULA

Allá películas. Allá cuidados. Dicho con que se manifiesta desinterés por algo o se transfiere a otros la propia responsabilidad. Las consecuencias de ese desinterés parecen asimilarse a algo tan ajeno como los argumentos de las películas. *Yo termino mi trabajo, lo entrego y allá películas.*
De película. Maravilloso, como propio de una película. *Tiene una casa de película. Fue un viaje de película.* Se dice también «de cine».

PELILLO

Echar pelillos a la mar. Reconciliarse unas personas que con anterioridad habían disputado. Esta locución proviene de una antigua fórmula, utilizada sobre todo entre muchachos, para comprometerse a cumplir un trato, y que consistía en arrancarse cada uno un cabello, soplarlo y decir «Pelillos a la mar».

PELLEJO

Estar o hallarse en el pellejo de otro. Ponerse en su lugar (= estar dentro de su piel, ser él mismo): *Si yo hubiera estado en su pellejo hubiera actuado igual.*
Salvar el pellejo. Salvar la vida: *Sufrí un accidente muy grave, pero salvé el pellejo.*

PELO

A pelo. Con la cabeza descubierta. *Montar a pelo:* Montar a caballo sin silla ni otras guarniciones, salvo las riendas.

Al pelo. Según a qué lado se inclina el pelo en las pieles y paños. El lado contrario se dice *a contrapelo.* A tiempo, a propósito, en buena ocasión. Se usa con verbos como ir, venir, etc.: *Estaba buscándote, así que me vienes al pelo.*

Caérsele a alguien el pelo. Sufrir un castigo o reconvención. Es una analogía con la costumbre de cortar el pelo al cero a los soldados como correctivo. *Cuando venga el jefe y vea lo que has hecho se te va a caer el pelo.*

Coger o traer por los pelos. Aportar a una argumentación materias que no guardan relación con ella: *Eso que dices me parece traído por los pelos.*

Con pelos y señales. Con todo detalle: *Cuéntame lo que hiciste con pelos y señales.*

De medio pelo. Persona que se empeña en aparentar una situación económica superior a la que tiene. Persona de poco mérito o importancia. *Fulano ha emparentado con una familia de medio pelo.*

De pelo en pecho. Hombre robusto y de acusadas características viriles.

Lucirle a uno el pelo. Tener buen aspecto. Por extensión, hallarse en buena situación económica. *Así le luce el pelo*: Así le va (incluso en sentido peyorativo).

Mostrar o vérsele a uno el pelo de la dehesa. No poder ocultar una persona su falta de educación y de cultura: *En cuanto se puso a hablar se le vio el pelo de la dehesa.*

No tener pelos en la lengua. Expresarse con absoluta sinceridad, aun a riesgo de resultar impertinente o brutal: *Le dije lo que pensaba, y ya sabes que yo no tengo pelos en la lengua.*

No verle el pelo a alguien. No verle. Se da a entender que no frecuenta un determinado lugar. *Desde que empezó el curso a Fulano no se le ha visto el pelo por clase.*

Ponérsele a uno los pelos de punta. Asustarse mucho, experimentar una gran consternación. *Cuando me enteré se me pusieron los pelos de punta. Daba unos gritos que ponían los pelos de punta.* Aunque se usa siempre en sentido figurado, el fenómeno se da realmente. Por efecto de un susto, puede producirse una brusca constricción de los vasos sanguíneos periféricos, con la consiguiente sensación de frío. Entonces los músculos epidérmicos se contraen, cerrando los poros para contrarrestar la pérdida de calor corporal. Los pelos alojados en dichos poros se ven empujados y se yerguen.

Por los pelos. Conseguir algo cuando se está a punto de perderlo. *Tomó el tren por los pelos. Aprobó la asignatura por los pelos.* En tiempos pasados, los marineros que no sabían nadar se dejaban crecer el cabello, para poder ser agarrados de él en caso de naufragio («salvarse por los pelos»). En la Marina española se ordenó en 1809 llevar el pelo corto, lo que motivó muchas quejas por la razón apuntada. El mismo año se dictó una real orden revocando la disposición anterior.
Soltarse el pelo. Decidirse a actuar sin miramiento: *Al principio mantuvo la compostura, pero cuando lo insultaron se soltó el pelo.*
Tirarse uno de los pelos. En sentido figurado, arrepentirse de algo: *No seguí su consejo y ahora me tiro de los pelos.* En muchas culturas tradicionales existía la costumbre de mesarse (arrancarse) los cabellos en señal de gran dolor. El arrancarse los cabellos como respuesta a una situación angustiosa puede adquirir caracteres psicopatológicos (tricotilomanía).
Tomar el pelo a alguien. Burlarse de él con elogios, promesas o halagos fingidos. *Ser una cosa una tomadura de pelo.* Se dan varias explicaciones para esta locución. La más lógica parece remitir a la dirección del pelo en animales, tejidos, etc. Si uno acaricia a un animal en dicha dirección, le procurará placer. Si, por el contrario, lo hace a contrapelo, le causará molestia.

PELOTA
Dejar a alguien en pelotas. Dejarlo desnudo. Desposeerle de sus bienes, arruinarlo. Dejarlo indefenso. *Cuando acabaron de jugar la partida, a Fulano lo habían dejado en pelotas.*
Devolver la pelota a alguien. Devolver la responsabilidad de un asunto a la persona que la cedió con anterioridad. Pagar a alguien con la misma moneda. Rebatir las razones de otro utilizando sus mismos argumentos. *Me encomendó aquel trabajo, pero yo me negué a hacerlo y le devolví la pelota. Ahora tengo ocasión de devolverle la pelota. Su adversario tomó la palabra y le devolvió la pelota.*
En pelota o en pelotas. Completamente desnudo. Aquí pelota no es la bola que se emplea en ciertos juegos, sino aumentativo de pelo. Sin duda guarda relación con el vello corporal que queda expuesto al desnudarse.
Estar la pelota en el tejado. Hallarse indecisa una situación. Ser dudoso el fin de un asunto. *Hasta que el director tome una decisión, la pelota está en el tejado.*
Hacer la pelota. Adular: *Fulano le hace la pelota a su jefe.*

PELOTILLA
Hacer la pelotilla a alguien. Hacerle la pelota (= adularle).

PENA

A duras penas. Con gran dificultad o trabajo: *A duras penas logramos escapar del incendio.*
A las penas puñaladas. Exhortación a superar las penas adoptando un talante optimista y haciendo uno algo que le gusta: *A las penas puñaladas: vámonos al cine y olvidemos el mal rato que hemos pasado.* (= Matar las penas.)
Ahogar las penas. Esforzarse por olvidarlas, generalmente embriagándose.
De pena. Lamentable, que da lástima: *Tenía un aspecto de pena.*
Sin pena ni gloria. Sin producir sufrimiento ni satisfacción. Se aplica a las cosas y situaciones mediocres, irrelevantes, sin brillantez alguna: *Pasó el examen sin pena ni gloria.*
So pena de. Bajo la pena o castigo de. El sentido conminatorio de esta locución se ha perdido, y en la práctica se emplea como sinónima de «a menos que»: *No puedo acudir, so pena que tú me lleves.*
Valer o merecer la pena. Estar justificado el trabajo o dificultad que cuesta conseguir una cosa: *El viaje fue largo y fatigoso, pero cuando llegamos comprendimos que había valido la pena.*

PENALTI

Casarse de penalti. Casarse por haber quedado la mujer embarazada. Penalti (del inglés *penalty*, pena, castigo, sanción): En el fútbol y otros deportes, máxima sanción que se impone por ciertas faltas. También se dice casarse por gol, otro símil futbolístico.

PENAR

Penar por algo. Desearlo intensamente: *Su madre está penando porque vuelva.*

PENSAMIENTO

Como el pensamiento. Rápidamente, inmediatamente, con suma brevedad: *Me llamaron, y acudí rápido como el pensamiento.*

PENSAR

Cuando menos lo pienses o se piense. En cualquier momento, inesperadamente: *Cuando menos lo pienses te llegará la notificación.*
Ni pensarlo. Fórmula de negativa tajante: *¿Me prestas dinero? ¡Ni pensarlo!*
Sin pensarlo. De improviso, sin reflexionar: *En cuanto me llamó, acudí sin pensarlo.* A veces se añade «dos veces», «ni por un momento» y expresiones análogas.

PEOR

Peor que peor. Lo que empeora una situación mala de por sí. Tanto peor. *Si además de llegar tarde ha olvidado traerme lo que le pedí, peor que peor.*
Ponerse en lo peor. Colocarse en situación de aceptar el peor desenlace posible de un asunto: *Poniéndonos en lo peor, pueden surgir complicaciones respiratorias.*
Tanto peor. Peor todavía. Peor que peor.

PEPINO

Importar un pepino. No importar nada. Esta locución, claramente despectiva, pone de manifiesto la poquísima estimación que se tenía por esa planta. *A mí me importa un pepino lo que diga ese señor.* A veces se dice «tres pepinos».

PERA

El año de la pera. Referencia a una época remota e imprecisa: *En esa fábrica tienen una maquinaria del año de la pera.*
Pedir peras al olmo. Esperar en vano aquello que uno no está capacitado para dar: *¿Confías en que Fulano te haga bien ese trabajo? ¡Eso es pedir peras al olmo!* El olmo da un fruto muy pequeño e incomestible llamado sámara.
Pera en dulce. Persona de excelentes cualidades y trato agradable. Se aplica también a los animales domésticos. Con la expresión *perita en dulce* se designa a veces a una muchacha hermosa y adornada de muchas cualidades, pero de baja estatura.
Ponerle a alguien las peras a cuarto. En principio, esta locución significaba colocar a una persona en situación de aceptar algo que no deseaba. El símil parece claro: obligar a alguien a comprar las peras a un precio que no estaba dispuesto a pagar (también se decía «ponerle las peras a ocho»). En tiempos más recientes, la expresión ha adquirido un sentido más amplio: amonestar, reprender, ajustar las cuentas, poner las cosas en su sitio.
Ser la pera. Locución ponderativa que suele aplicarse a algo que se considera excesivo, y que lo mismo tiene sentido laudatorio que reprobatorio. *Fulano es la pera:* según las circunstancias puede significar que sobresale en algo, o que comete una grave torpeza, abusa de los demás, se muestra desconsiderado, etc.

PERCAL

Conocer el percal. Saber a qué atenerse con respecto a una persona; conocerla bien, de tal modo que no puede engañar (= conocer el paño). El percal es una tela de algodón, de poca categoría. *Sé lo que se propone, que yo conozco (bien) el percal.*

PERDER

Las de perder. Perder. *Llevar las de perder* significa hallarse en unas condiciones de inferioridad en que la pérdida es segura. *En este asunto llevamos las de perder. Si te enfrentas con Fulano, llevas las de perder. Yo siempre llevo las de perder.*

No habérsele perdido nada a alguien. No haber razón alguna para que una persona se halle presente en un lugar: *¿A qué ha venido? Aquí no se le ha perdido nada.*

¡Piérdete! Fórmula de rechazo, por la que se conmina a alguien a que se marche: *No me molestes más.¡Piérdete!*

Tener buen o mal perder. Aceptar con buen ánimo o con manifiesta contrariedad una derrota, por lo general en un juego: *Yo no vuelvo a jugar con él. Tiene muy mal perder.*

PÉRDIDA

No tener pérdida. Ser muy difícil extraviarse: *Tuerza usted a la derecha y en seguida verá la casa; no tiene pérdida.*

PERDIDO, A

De perdidos al río. Comentario con que se acompaña cualquier inciativa que dé por aceptada una pérdida. Último intento que se hace cuando una situación es desesperada. *Probemos una vez más. ¡De perdidos al río!* Esta locución la relacionan algunos con quien se halla imposibilitado de huir y, como última esperanza, se arroja al río aun a riesgo de perecer.

Echar a perder. Estropear, malograr, tanto en sentido literal como figurado. *Se ha echado a perder la carne. Echó a perder su vida. Se ha echado a perder todo el trabajo que hicimos.*

Ponerse perdido. Llenarse. Colocarse en una situación extrema. *Salió de casa sin paraguas y se puso perdido* (= muy mojado). *Se ha puesto perdido de manchas. La comida se nos puso perdida de hormigas.*

Tener (o no, mucho, poco, etc.) que perder. Poder (o no) arriesgarse a algo por contar (o no) con algún respaldo, prestigio, bienes materiales, etc. *No creo que Fulano emprenda esa aventura: tiene mucho que perder. El criminal estaba dispuesto a todo: ya no tenía nada que perder.*

PERDÓN

Con perdón. Fórmula con que se piden excusas por decir algo que suele considerarse inconveniente, pero que en aquel momento es preciso nombrar. *Me insultó llamándome, con perdón, hijo de puta.* En ocasiones se añade «de la mesa» si lo que se dice, aun no siendo inconveniente en otra circunstancia, puede causar repugnancia a los comensales: *No comas eso porque te producirá retortijones de tripas, con perdón de la mesa.* En otro tiempo se utilizaba esta locución cada vez que se nombraba el cerdo, seguramente por considerar que la suciedad que suele rodear a este animal suscitaría evocaciones repulsivas en los oyentes. Tal vez, también, por la persistencia de tabúes en torno al cerdo heredados de las tradiciones judaica e islámica.

PERILLA

De perilla o de perillas. A propósito, a tiempo: *Este dinero me viene de perillas.* Es posible que esta locución derive de la acepción de perilla como parte superior del arco que forman por delante los fustes (armazones) de la silla de montar, aunque resulta problemática su relación con la seguridad o comodidad del jinete.

PERLA

De perlas. Perfectamente, inmejorablemente: *¿Cómo te sienta el vestido? ¡De perlas!*
Ser una perla. Ser de gran valía, ser algo extraordinario: *Este hombre es una perla.* Hallazgo precioso, raro o curioso. A veces se emplea en sentido irónico: *Es un texto repleto de disparates. Encontrarás subrayadas algunas perlas.* Resulta obvia la analogía con las perlas de joyería.

PERPETUIDAD

A perpetuidad. Con carácter indefinido y permanente. De muy larga duración: *concesión, condena, prohibición, etc., a perpetuidad.*

PERRA

Coger una perra. Emperrarse, obstinarse en algo: *¡Menuda perra ha cogido Fulano con mudarse de casa!* Tener una rabieta: *Su madre no quiso llevarlo de paseo, y agarró una perra tremenda.*
No soltar una perra. Ser avaro. Resistirse a pagar. *Mientras no me den las debidas garantías, yo no suelto una perra.* La perra es una moneda: la perra chica, cinco céntimos; la perra gorda, diez.
¡Para ti la perra gorda! Frase con que se da la razón a alguien sólo por no seguir soportando su insistencia.

PERRO

A otro perro con ese hueso. Réplica que se da a quien propone algo difícilmente aceptable o engañoso.
Atar los perros con longanizas. Gozar de gran abundancia y riqueza, desplegar una gran esplendidez. Suele tener sentido irónico. *Emigró a aquel país creyendo que allí ataban los perros con*

longanizas. Parecía que ataban los perros con longanizas y, en realidad, estaban arruinados.
Como el perro y el gato. Disputando continuamente, manifestando siempre la mutua aversión: *El matrimonio se lleva muy mal; marido y mujer se pasan el día como el perro y el gato.*
Como un perro. Este símil se atribuye a personas particularmente desdichadas o que son objeto de menosprecio ajeno: *echar a alguien de un sitio como a un perro, hacerle menos caso que a un perro, morir como un perro, tratar a alguien como a un perro*, etc.
De perros. Suele aplicarse al mal tiempo: *día, noche, etc., de perros* (con lluvia, viento, frío, etc.).
Hinchar el perro. Exagerar, presentar algo con proporciones desmesuradas. Alargar un texto o discurso con frases vacías (= meter paja): *Sean concisos en el ejercicio escrito. No hinchen el perro.*

PERSONA

En persona. Personalmente, por uno mismo, hallándose uno presente. Sin delegar en otro ni recurriendo a intermediario. *Que venga él en persona.*

PESAR

A pesar de. Pese a. En contra de las circunstancias adversas. *A pesar de su negativa, yo insistiré.*
A pesar de los pesares. A pesar de todas las cosas, en contra de todos los obstáculos y resistencias. Intensifica el sentido de «a pesar de».
Pese a. A pesar de.

PESCA

Y toda la pesca. Con todo lo que supone o implica, con todo lo demás. Locución que refuerza la frase anterior, casi siempre referida a conceptos cuantitativos. *Se trasladó con el equipaje, los paquetes que le encargaron, sus útiles de trabajo y toda la pesca.*

PESETA

Cambiar la peseta. Vomitar. También se dice «devolver la peseta». Es eufemismo para evitar nombrar algo que puede causar repugnancia en el interlocutor.
Mirar la peseta. Ser comedido en el gasto, ser ahorrativo: *Calcule usted el presupuesto, pero mirando mucho la peseta.*

PESO

Caer algo de o por su peso o por su propio peso. Resultar tan evidente que no precisa demostración. Ser tan lógico que se comprende con suma facilidad. Ser tan manifiesta la causa, que el efecto se prevé sin esfuerzo mental alguno. Esta locución aplica a un suceso la ley de la gravedad, que no admite excepciones ni da sorpresas.

PESTAÑAS
Quemarse las pestañas. Suele decirse de quien pasa mucho tiempo leyendo o estudiando, especialmente en horas nocturnas. El dicho proviene de la época en que se utilizaban velas. *Se quemó las pestañas preparando esas oposiciones.* A veces se emplea la locución de sentido equivalente «Dejarse las pestañas en los libros».

PESTAÑEAR
Sin pestañear. Sin inmutarse: *Le insultaron y él ni pestañeó.* Prestar la máxima atención: *Todos escucharon el discurso sin pestañear.*

PETENERA
Salir por peteneras. Hacer algo fuera de lugar, decir algo que no guarda relación con lo que se habla (= salirse por la tangente), acudir a subterfugios. *Fui a pedirle una explicación y salió por peteneras.* La petenera es un aire popular, parecido a la malagueña, con el que se cantan coplas de cuatro versos octosílabos.

PEZ
Como pez en el agua. A gusto, cómodamente, en el ambiente que a uno le es propio. *No pienso mudarme. En este barrio me encuentro como pez en el agua.*
Estar pez. Ignorar una materia: *A mí no me pregunte de eso. Estoy pez.*
Reírse uno de los peces de colores. No tener razón para inquietarse por algo: *Con el dinero que tiene, puede reírse de los peces de colores.*

PICA
Poner una pica en Flandes. Realizar con éxito una acción difícil. La pica era un arma que usaba en otro tiempo la infantería y que consistía en una especie de lanza larga, con asta de madera y un hierro pequeño y agudo en el extremo. Aparece con profusión en el llamado *Cuadro de las lanzas*, de Velázquez, que refleja precisamente un episodio de la campaña de Flandes (conquista de la ciudad holandesa de Breda, 2 de junio de 1625) y que en realidad debería llamarse «de las picas». A veces esta locución se emplea con otros verbos, como clavar o plantar.

PICADO, A
Caer en picado. Volar un avión hacia abajo, siguiendo una trayectoria casi vertical y a gran velocidad. Por analogía, todo aque-

llo que decae, desciende, empeora, etc., con mucha rapidez. *La cotización del dólar ha caído en picado.*

PICAR

Picar muy alto. Pretender algo que se halla en una posición relevante. *No acepto un cargo subalterno; yo pico más alto. Él nunca se casará con esa chica; pica muy alto.*

PICIO

Más feo que Picio. Feísimo. El tal Picio pasa por ser un zapatero que vivió en Granada a mediados del s. XIX. Condenado a muerte por un crimen, y hallándose en capilla, recibió inesperadamente el indulto. Se dice que la impresión que le causó la noticia le produjo tal transformación en el rostro, que su fealdad llegó a ser proverbial. Al verse libre se estableció en Lanjarón, por donde circulaba con un pañuelo tapándole la cara.

PICO

Cerrar el pico. Callar. Suele utilizarse en imperativo: *¡Tú cierra el pico!* A veces se dice «abrocharse el pico».
Darse el pico. Besarse en la boca, en especial si el beso es largo: *Allí estaba la parejita dándose el pico.*
De picos pardos. De juerga. *Irse de picos pardos*: Ir a divertirse, por lo general a lugares de mala nota.
Meterse un pico. Inyectarse una dosis de sustancia estupefaciente.
Ser un pico de oro. Ser muy elocuente, tener gran capacidad de convicción mediante la palabra: *Ese abogado es un pico de oro.* En ocasiones tiene connotación despectiva, al aplicarse a una persona que se expresa con brillantez (= que tiene mucha labia) pero que no resuelve nada.

PICOTA

Poner a alguien en la picota. Colocarlo en una situación de gran dificultad, ponerlo en evidencia, hacer públicas sus faltas. La picota era una columna que se alzaba a la entrada de ciertas ciudades, en donde, con finalidad ejemplarizadora, se exponían las cabezas de los ajusticiados o se exhibía a los reos sujetos con cadenas o cepos.

PIE

A cuatro pies. A cuatro patas, a gatas.
A los pies de uno. Lugar donde, en sentido figurado, se coloca aquello que le está sometido, que es objeto de su dominio, que le rinde sumisión. *El artista triunfó plenamente: todo el público esta-*

ba a sus pies. El penitente se postró a los pies de la Virgen. Después de conquistar aquellas tierras y acabar con sus enemigos, el rey tuvo todo el país a sus pies.
A pie. Caminando: *Ir a pie.*
A pie o a pies juntillas. Con los pies juntos, como para saltar. En sentido figurado, se emplea con el verbo creer *(creer algo a pies juntillas)* para significar que se da algo por cierto, sin sombra de duda.
Al pie de. En la parte baja de: *al pie de la escalera, de la montaña, del monumento, etc.*
Al pie de la letra. Traducción literal de la locución latina *ad pedem litterae.* Ateniéndose exactamente a lo escrito. Según las letras y el significado natural de las palabras y renunciando a cualquier cambio o interpretación. *Recitó la lección al pie de la letra.*
Al pie del cañón. Permanecer junto al cañón durante la batalla, dispuesto en todo momento a abrir fuego con él. En sentido figurado, estar permanentemente en el puesto de trabajo, estar siempre trabajando o dispuesto a trabajar. *Con esta afluencia de clientes no nos queda más remedio que estar todo el día al pie del cañón.*
Atar a alguien de pies y manos. Colocarle en una situación tal, que no puede emprender acción alguna: *Mientras mi jefe no me firme la autorización, estoy atado de pies y manos* (= no puedo hacer nada, ir a ninguna parte, etc.).
Buscarle los tres pies al gato. Obstinarse en buscar defectos, explicaciones, posibles consecuencias, razones, etc., sin necesidad alguna y con el único resultado de complicar las cosas. *Si te han dicho que tienes que hacer eso, para qué vas a buscarle los tres pies al gato.* Los pies del gato son, claro está, las patas delanteras, y sólo se encontrarán dos por más que se busque.
Con buen o mal pie. Locución que proviene de la creencia supersticiosa de que los asuntos se resolvían felizmente si el primer pie que se ponía en el suelo al levantarse, al penetrar en un recinto, etc., era el derecho. Ahora se aplica a las situaciones que tuvieron un desarrollo favorable o desfavorable porque ya comenzaron bien o no. *Yo entré en aquella casa con mal pie. La verdad es que empezamos con buen pie, y luego todo ha ido divinamente.* En ocasiones se precisa *con el pie derecho o con el pie izquierdo.*
Con el pie derecho o con el pie izquierda. *Ver* **Con buen o mal pie.**
Con los pies por delante. Muerto. Se da a entender la posición horizontal en que se traslada a los difuntos. *Yo de aquí no salgo si no es con los pies por delante.*
Con pies de plomo. Con extremada cautela y precaución: *Ándate con pies de plomo porque el jefe es muy exigente.* Unos pies de plo-

mo (como los zapatos con suela de ese metal que usan los buzos) obligan, lógicamente, a caminar con gran lentitud.

Con un pie en el hoyo, sepulcro, etc. A punto de morir: *Se encuentra muy enfermo; puede decirse que está con un pie en el sepulcro* (= a las puertas de la muerte).

Dar pie. Dar ocasión o motivo: *Él no hubiera reaccionado tan airadamente si tú no le hubieras dado pie.*

Dar uno el pie y tomarse la mano. Tomarse más libertades de las permitidas. Abusar de un ofrecimiento. *No se puede ser complaciente con ellos: les das el pie y se toman la mano.*

De a pie. Común y corriente. Uno más. Persona sin relevancia (= del montón). *Lo que espera el ciudadano de a pie* (= el ciudadano medio, la persona corriente) *es una administración eficaz.* Se trata de un símil militar: los infantes eran en otro tiempo las fuerzas menos prestigiosas y consideradas y, desde luego, las más numerosas.

De o en pie. Derecho: *Póngase de pie.*

De pies a cabeza o de los pies a la cabeza. Todo el cuerpo (= de arriba abajo). *Lo miró de pies a cabeza. Quedó empapado y hubo de cambiarse de pies a cabeza.*

En pie de guerra. Dispuesto para la guerra, a punto de emprender una acción armada. *El ejército se puso en pie de guerra. El país entero estaba en pie de guerra.*

En pie de igualdad. En situación de igualdad: *Aquí no hacemos distinciones: todos estamos en pie de igualdad* (= somos iguales, tenemos idénticos derechos). Pie tiene aquí el sentido de medida.

Hacer pie. Llegar a tocar con los pies el fondo de un río, mar, lago, etc. *Es una piscina muy honda: andas cuatro pasos y ya no haces pie.*

Nacer de pie. Ser persona afortunada. *Todo le sale bien. Parece que haya nacido de pie.* Esta locución se relaciona con una creencia según la cual los niños que al nacer presentaban primero los pies (en lugar de la cabeza, como es común) estaban bendecidos por la fortuna.

No dar pie con bola. No acertar. Equivocarse, desorientarse por efecto del atolondramiento. *En el examen no dio pie con bola.* Parece clara la comparación con el jugador que no logra hacerse con la pelota.

No poderse tener en pie. Estar muy cansado: *Después del día que he llevado, no me tengo en pie.* No hallarse en condiciones de mantenerse en pie por enfermedad u otra causa. *Tuvo que volver a la cama porque no podía tenerse en pie. Cogió una borrachera tal, que no se tenía en pie.* En sentido figurado, se aplica a una argumentación inconsistente, que puede rebatirse con facilidad (en este caso, desaparece el verbo poder): *Eso que dices no se tiene en pie.*

No tener ni pies ni cabeza. Carecer algo de lógica o de sentido: *El argumento de esa película no tiene ni pies ni cabeza.*
Pararle los pies a uno. Poner coto a sus excesos, no dejarse avasallar por él: *En seguida quiso hacerse el amo y hubo que pararle los pies.*
Pies para qué os quiero. Fórmula con que se da a entender el propósito de salir huyendo: *Nos dimos cuenta de que el techo estaba a punto de derrumbarse, y ¡pies para qué os quiero!*
Poner pies en polvorosa. Huir, escapar: *Cuando los ladrones nos oyeron llegar, pusieron pies en polvorosa.* Seguramente esta locución alude al polvo que se levanta en un camino por efecto de las pisadas de quienes pasan corriendo.
Por pies. Por rapidez. Echando a correr. Se emplea con verbos como escapar, salir, etc.: *Se declaró un incendio y tuvimos que salir por pies.*
Sacar los pies de las alforjas (del plato o del tiesto). Perder la compostura alguien que hasta el momento se había mostrado comedido: *Cuando le hicimos la advertencia, él sacó los pies del tiesto y comenzó a increparnos.*
Ser pies y manos. Ser alguien el más íntimo auxiliar de otra persona (= ser su mano derecha): *Tiene un secretario que es sus pies y sus manos.*
Sin pies ni cabeza. *Ver* **No tener ni pies ni cabeza.**

PIEDRA
A piedra y lodo. Completamente cerrado: *Se encerró en su habitación a piedra y lodo.* La piedra a que se refiere la locución es el sillar o la piedra de construcción, y el lodo, la argamasa.
Ablandar las piedras. Mover a gran compasión, inspirar gran lástima: *Sus lamentos ablandaban las piedras.*
De piedra. Con esta expresión se da a entender la inmovilidad que adopta una persona cuando experimenta perplejidad, sorpresa, etc.: *Cuando me lo dijo me quedé de piedra.* En su forma negativa *(no ser de piedra)* significa que una persona está sujeta a las debilidades y a las servidumbres emotivas propias de la condición humana: *Sus palabras me conmovieron; al fin y al cabo uno no es de piedra.*
Menos da una piedra. Hay que conformarse con lo que se obtiene, porque podía haber sido menos o nada: *La empresa no me va a retribuir por este trabajo, pero me paga todos los gastos del viaje. ¡Menos da una piedra!*
No dejar piedra por (o sin) remover. Buscar algo denodadamente: *Tras la desaparición del niño, la policía no dejó piedra por remover.* Hacer gestiones incansables, recurrir a todas las instan-

cias para conseguir un fin: Para lograr que le concedieran el permiso, no dejó piedra por remover.

No dejar piedra sobre piedra. Destruir por completo un edificio o conjunto de edificios. Arrasar. *El bombardeo fue tan intenso, que no dejó piedra sobre piedra en aquella ciudad (o no quedó piedra sobre piedra).*

Poner la primera piedra. Ceremonia simbólica en la que una autoridad coloca la primera piedra de un edificio u obra pública: *El ministro puso la primera piedra del nuevo hospital.*

Tirar la piedra y esconder la mano. Causar un perjuicio y aparentar inocencia: *Ten cuidado con él; es de los que tiran la piedra y esconden la mano.*

Tirar piedras a su propio tejado. Perjudicar los propios intereses: *Si admito que incurrí en negligencia, estoy tirando piedras a mi propio tejado.*

PIEL

Dejarse la piel en algo. Entregarse plenamente y sin reservas a un trabajo o causa, comprometiendo incluso el bienestar y la salud: *Podrá discutirse su gestión, pero no cabe duda de que se está dejando la piel en el cargo.*

Ser de la piel del diablo o de Barrabás. Ser una persona malvada, hasta el punto de podérsela asimilar con el diablo o con Barrabás. Este último se ha considerado la personificación de todas las maldades por haber sido indultado en lugar de Jesús («Barrabás... el cual había sido encarcelado por un motín ocurrido en la ciudad y por homicidio», Lucas, 23,18-19). En la práctica, esta locución se aplica con mucha más ligereza, sobre todo a los niños traviesos y revoltosos: *Mi hijo pequeño es de la piel del diablo.*

Tener o ponerse la piel de gallina. Producirse el fenómeno de que la piel del tronco y las extremidades adquiera un aspecto semejante a la de las gallinas desplumadas, por efecto de la contracción de los músculos epidérmicos, que tensan la piel. Se trata de una respuesta refleja para contrarrestar, mediante el cierre de los poros, la pérdida de calor corporal. Es el resultado del frío o de perturbaciones en la circulación periférica motivadas por una impresión o un susto. En sentido figurado, se aplica a las situaciones penosas o de temor. *Sus lamentos ponían la carne de gallina. Recibí una citación del juzgado y se me puso la carne de gallina.*

PIERNA

Dormir a pierna suelta. Dormir a gusto; placentera, profundamente. Alude a la relajación muscular que se produce durante el sueño.

Estirar las piernas. Dar un corto paseo, especialmente si se ha permanecido sentado mucho tiempo: *¿Por qué no paramos el coche y estiramos un poco las piernas?*
Hacer piernas. Hacer ejercicio para fortalecer las piernas: *Cada mañana practico con la bicicleta para hacer piernas.*
Ser un piernas. Ser una persona insignificante, desprovista de valía.

PIEZA

De una pieza. De una sola pieza, sin estar constituido por la suma de unas partes. Tratándose de personas, las que tienen un carácter entero, las que actúan ateniéndose en toda circunstancia a sus principios: *Es hombre de una (sola) pieza.*
Ser una buena pieza. Suele aplicarse a los niños traviesos y revoltosos, o a aquellas personas que observan una conducta reprobable, pero a las que se prefiere no dedicar una calificación insultante. *Ese niño es una buena pieza. No me extraña que os haya estafado; yo ya sabía que ése era una buena pieza.* Se emplean variantes como *estar hecho una buena pieza, menuda pieza, vaya pieza*, etc.

PÍLDORA

Dorar la píldora. Presentar algo desfavorable con suavidad o miramientos, para que la contrariedad no sea tanta. Suavizar los aspectos desagradables de un asunto, para convencer a otro o para ablandar su ánimo. *No me dores la píldora, que ya sé que es un trabajo arduo y mal pagado.*
Tragarse la píldora. Creer una mentira, dar por buena una excusa.

PIMIENTO

Como un pimiento. Muy rojo. *Ponerse alguien como un pimiento:* sonrojarse.
¡Y un pimiento! Fórmula despectiva de rechazo: *¿Crees que voy a ayudarte? ¡Y un pimiento!*

PINCHAR

Ni pincha ni corta. Carece de mando, influencia o relevancia: *Usted aquí ni pincha ni corta; exijo hablar con el director.* Esta locución proviene de un dicho: «Es como la espada de Bernardo, que ni pincha ni corta». No está claro quién pudo ser este Bernardo.

PINGAR

Poner a uno pingando. Remojarlo, dejarlo empapado, dejarlo chorreando.

PINGO

Poner a alguien como un pingo. Insultarle, hablar mal de él, reconvenirle agriamente (= ponerlo como un trapo): *Fulano anda por ahí poniéndote como un pingo.*
Ser un pingo. Se aplica a la mujer que observa una conducta despreciable.

PINITO

Hacer pinitos. Dar los primeros pasos los niños cuando comienzan a andar. Iniciarse en una actividad o carrera: *Hizo sus pinitos como cantante.*

PINTADO, A

El más pintado. El más hábil, el más experimentado: *Esto no lo resuelve ni el más pintado.* El más pintado podía ser el rey, cuyo retrato presidía las dependencias oficiales, o acaso Jesucristo o algún santo cuya imagen se hallara en muchos lugares.

PINTO

Estar entre Pinto y Valdemoro. Hallarse en una postura ambigua, intermedia, indefinida, a medio camino entre dos cosas: *Tengo las mismas probabilidades de que me acepten y de que me rechacen: estoy entre Pinto y Valdemoro.* A veces esta locución se adorna con añadidos como «más cerca de Valdemoro que de Pinto», para acentuar las probabilidades negativas. Algunos autores cuentan que entre esas dos localidades madrileñas había un manicomio, y que la expresión significaría, al principio, estar loco. Otros cuentan que en Pinto había un hombre que solía emborracharse todas las noches, y en su delirio alcohólico se dedicaba a saltar un arroyo que separaba ambos términos municipales diciendo sucesivamente: «Ahora estoy en Pinto», «Ahora en Valdemoro». Una de las veces cayó al agua, y exclamó: «Y ahora estoy entre Pinto y Valdemoro». También se relaciona el dicho con este refrán: «Vino tinto, si no lo hay de Valdemoro, démelo Pinto». Al parecer, en la comarca sólo se despachaban vinos de estas dos localidades, con lo que el consumidor se veía forzado a elegir, cuando podía, entre Pinto y Valdemoro.

PINTURA

No poder ver a uno ni en pintura. Odiarlo, tenerle antipatía, no poder tolerar su presencia: *Me voy antes de que venga; ya sabéis que no me puede ver ni en pintura* (= no me traga).

PIÑÓN

Estar a partir un piñón. Estar unas personas ligadas por la más estrecha amistad. El aprecio entre ellas sería tal que estarían dispuestas a compartir algo tan insignificante como un piñón.

PÍO

No decir ni pío. No decir nada, no replicar: *Le pidieron explicaciones, pero él (no dijo) ni pío.* Por analogía con el piar de los pájaros.

PIOJO

Como piojo o piojos en costura. Con grandes apreturas, con gran estrechez por acumularse las personas en un recinto de capacidad limitada: *En el metro íbamos como piojos en costura.* La mayoría de los piojos (se conocen más de 3 000 especies) apenas miden un milímetro de longitud en su edad adulta, lo que da una idea de los que pueden acumularse en la costura de una prenda. Allí se alimentan de fibras textiles siempre que éstas sean de origen orgánico (piojos masticadores o malófagos).

Ser un piojo resucitado. Ser persona de orígenes humildes que se ha encumbrado por medios de dudosa licitud.

PIQUE

Echar a pique. Hacer que una embarcación se hunda en el agua: *El submarino disparó un torpedo y echó a pique el buque de transporte.*

Irse a pique. Hundirse en el agua una embarcación: *El buque de transporte se fue a pique al ser torpedeado por el submarino.* También se emplea en sentido figurado, para dar a entender que algo se malogra sin remedio: *El negocio se les fue a pique.*

PISTO

Darse pisto. Darse importancia, presumir: *Hay que ver el pisto que se da Fulano.* No parece que esta locución pueda explicarla con lógica ninguna de las acepciones de pisto, la más conocida de las cuales es una fritada de hortalizas. A veces se dice «darse más pisto que los hijos de Evaristo».

PISTOLA

Poner la pistola en el pecho de alguien. Colocarle en un dilema grave. Coaccionarle. *Me pusieron la pistola en el pecho: o daba mi conformidad por escrito o me expulsaban.*

PITO

Importarle a uno un pito. No importarle nada: *Me importa un pito su opinión.* Es posible que esta locución no se refiera al pito en su acepción de silbato, sino a la taba (pito) con que antes jugaban los niños, cuyo exiguo valor no hace falta ponderar.

Por pitos o por flautas. Por una cosa u otra. Suele aplicarse a situaciones que no se resuelven o sufren dilación por una serie de causas inconcretas. *Por pitos o por flautas nunca puede atenderme.* A veces se dice «entre pitos y flautas», y se emplea con frases referidas al paso del tiempo: *Entre pitos y flautas* (= entre unas cosas y otras) *ya son las seis.* La comparación no es arbitraria, pues no alude a dos cosas esencialmente distintas. El pito no es aquí silbato, sino una flauta pequeña o flautín.

Tomar por el pito del sereno. No mostrar respeto ni consideración por una persona: *Estoy harto de que me toméis por el pito del sereno.* Se refiere al silbato con que los serenos o vigilantes nocturnos daban la alarma.

PIZCA

Ni pizca. Nada en absoluto, ni lo más mínimo: *Su actitud no me gustó ni pizca.* Pizca viene de pizco, pellizco, y designa una porción mínima de una cosa.

PLAN

A todo plan. Sin reparar en gastos, a lo grande: *Montaron un despacho a todo plan.*

En plan de. Presentándose como, aparentando. A veces se prescinde de la preposición. *Aquí se viene a trabajar, no en plan de turista. Se está usted poniendo en plan antipático.*

No ser plan. No ser conveniente, oportuno o posible: *Si hemos de ir y luego volver, no es plan.*

PLANA

A toda plana. A página entera. En los periódicos, las noticias cuya importancia se quiere destacar se diponen ocupando todo el ancho de caja de la página (esto es, el espacio que ocupa el texto y los grabados, descontando los márgenes).

Corregir o enmendar la plana. Introducir correcciones o variaciones en lo que otro dice o escribe, sin justificación o autorización para hacerlo. *El director dio unas instrucciones muy claras, pero el subdirector le enmendó la plana cuando nos las transmitió a nosotros. Sé muy bien lo que digo; no me enmiende usted la plana.* Esta locución proviene también del léxico periodístico, y se refiere a las correcciones que se hacen a última hora, cuando las páginas (planas) ya están montadas.

PLANCHA

A la plancha. Forma de cocción que consiste en disponer los alimentos sobre una plancha de hierro caliente, solos o con aderezo.

Hacer o tirarse una plancha. Incurrir en error o torpeza, poniéndose en situación desairada o en ridículo: *Le confundí con otra persona y me tiré una plancha.*

PLANO, A

De plano. Enteramente, con toda claridad y sin reservas. *El detenido confesó de plano. Se equivocó de plano. Dar de plano:* golpear con la mano abierta o con la parte ancha de un instrumento cortante.

PLANTA

De nueva planta. Desde el principio, desde los cimientos. La planta es la figura (cuadrada, rectangular, poligonal, etc.) que forman sobre el terreno los cimientos de un edificio.

PLANTAR

Plantar cara. Enfrentarse a alguien, colocarse frente a él con ánimo agresivo: *Le advertí que estaba prohibida la entrada y él me plantó cara.*

PLANTILLA

En o de plantilla. Se aplica a la persona empleada en una empresa o entidad. Es decir, la que, en virtud de un contrato laboral o, en el caso de los funcionarios, por haber obtenido plaza, forma parte del personal de un centro de trabajo. Se da el nombre de plantilla a la relación o lista, ordenada por categorías, de todos los individuos que prestan servicios en dicho centro. *Fulano iba a la empresa a hacer trabajos por horas, pero ahora ya está en plantilla* (= tiene empleo fijo). *La federación impuso una sanción a la plantilla completa del club.*

PLANTÓN

Dar un plantón. No acudir a la cita que se tenía con una persona, obligándola a aguardar inútilmente. *Su novia le dio un plantón.* El plantón es un soldado o miembro de las fuerzas de orden que hace guardia en un puesto concreto, por lo general una puerta. Asimismo, la persona encargada de la vigilancia de la puerta de un edificio. Se dice «estar de plantón». La locución que comentamos asimila a la persona obligada a esperar con quien está de plantón.

PLATA

Hablar en plata. Expresarse con sinceridad, sin circunloquios y con concisión. *Hablando en plata: ese sujeto es un sinvergüenza.*

PLATO

Comer en el mismo plato. Tener unas personas la máxima familiaridad. Es frecuente su empleo en sentido irónico o negativo: *Se per-*

mitía demasiadas confianzas; ¡ni que hubiéramos comido en el mismo plato! En ocasiones se dice «en el mismo pesebre».
No haber roto un plato en su vida. No haber perjudicado a nadie ni haber incurrido en la más leve falta. Esta locución se emplea con ironía, y muchas veces para resumir la vida anterior, intachable, de quien de pronto comete una acción reprobable. *¡Y parecía que no había roto un plato en su vida!*
No ser plato de gusto de uno. Resultarle desagradable algo o alguien: *Debo comunicarle yo la mala noticia, y eso no es plato de gusto.*
Pagar los platos rotos. Recibir castigo o reprobación como único responsable de algo que es culpa de varios: *Poned mucha atención en lo que hacéis, porque luego quien paga los platos rotos soy yo.*

PLAZA

Sentar plaza. Antiguamente y aún hoy en ciertos cuerpos de voluntarios, incorporarse al servicio militar (asentarse en la plaza, esto es, en la localidad donde radica la unidad en la que se entra a servir). Modernamente, tiene el sentido de presentarse como, ser considerado como, pasar por: *Perdonen la disquisición erudita; no quisiera sentar plaza de pedante.*

PLENO, A

En pleno. En su totalidad, todos los miembros de una corporación: *Al acto asistió el gobierno en pleno* (= su presidente y todos los ministros).
Plenos poderes. Capacidad legal para tomar decisiones sin consultar a nadie. Por lo general los concede un organismo superior y tienen carácter temporal o se circunscriben a un asunto preciso. *El consejo otorgó plenos poderes al director para resolver aquel problema técnico. El presidente solicitó plenos poderes ante la situación de emergencia.*

PLOMO

A plomo. En vertical (como la plomada): *El camino terminaba en un precipicio a plomo sobre el río* (= a pico).
Caer a plomo. Caer con todo el peso del cuerpo, rápidamente y en vertical.

PLUMA

A vuela pluma. Escribir de corrido, sin detenerse a pensar, a toda prisa: *Se hacía tarde y hube de escribir el artículo a vuela pluma.* También se escribe junto: vuelapluma.

Adornarse con plumas ajenas. Atribuirse los méritos de otros.
Dejar correr la pluma. Escribir despreocupadamente, sin esmerarse.

PLUMAZO

De un plumazo. Con un trazo fuerte de la pluma. Manera expeditiva de suprimir o modificar algo: *De un plumazo les desposeyeron de sus derechos adquiridos.*

PLUMERO

Vérsele a uno el plumero. No poder ocultar uno su verdadera naturaleza o intenciones (= asomar o enseñar la oreja): *En cuanto empezó a hablar se le vio el plumero.*

PLUS

Plus ultra. Locución latina: más allá. *Ver* **Non plus ultra.**

POBRE

¡Pobre de mí (de ti, de él, etc.)! Expresión conmiserativa: *¡Menudo trabajo me espera, pobre de mí!* O de advertencia y aun de amenaza: *¡Pobre de ti si no lo haces!*

POCO, A

A poco de. Poco después de: *A poco de terminar el curso, se marchó de vacaciones.*
De poco más o menos. De poca relevancia, que merece poca estimación: *Era gente de poco más o menos.*
Poco a poco. Despacio, de manera gradual: *Si tienes constancia, poco a poco lo irás consiguiendo.*
Poco más o menos. Con escasa diferencia, aproximadamente: *Este pueblo tiene, poco más o menos, cinco mil habitantes.*
Por poco. Por escaso margen o diferencia. Se da a entender que se está a punto de alcanzar un resultado, que apenas falta nada para que suceda algo. *Por poco se muere. Por poco ganamos el partido. Por poco me suspenden. Por poco se pegan. Por poco no llegué a tiempo.*
Tener en poco. Tener en poca consideración, no estimar algo o a alguien: *No le ascienden porque sus jefes lo tienen en poco.*

PODER

A o hasta más no poder. Hasta el límite de lo posible. *Trabaja a más no poder. Es tonto a más no poder.*
De poder a poder. Poniendo a contribución todos sus recursos dos partes en conflicto. Enfrentándose cada cual con todas sus fuerzas. *Los ejércitos libraron la batalla de poder a poder.*

No poder menos o por menos. No poder evitar, ser absolutamente necesario. A esta locución le sigue siempre la preposición de y un infinitivo. *Después de lo ocurrido, no puede por menos de presentar la dimisión. No pude por menos de afear su conducta.*
No poder tragar. Detestar una cosa o a una persona, tenerle la mayor aversión (= no poder ver): *Ésos dos no se pueden tragar (o no se tragan).*
No poderse tener. No poder sostenerse por uno mismo, no poder mantenerse en pie (por cansancio, embriaguez, enfermedad): *Después de jugar ese partido, estoy que no me puedo tener (o que no me tengo).*
Poder con alguien o algo. Vencerle, prevalecer sobre él, dominarlo. *No podrán conmigo. Con ése no tiene nada que hacer: puede con él (o le puede).*
Por poder o por poderes. Gestión que no hace uno personalmente, sino que delega en otro a quien nombra su representante legal (apoderado): *firma por poder* (en nombre de otro), *casarse por poderes* (en ausencia de uno de los contrayentes), etc.

POEMA

Ser algo o alguien todo un poema. Locución ponderativa que se aplica a lo que resulta difícil de definir o describir con pocas palabras; de ahí que se precise «todo un poema» para cantar sus peculiaridades y múltiples matices. Por lo general se refiere a lo que es pintoresco, extravagante o insólito. *Cuando se enteró puso una cara que era todo un poema. Tenías que haber visto a Fulano en aquella situación: era todo un poema.*

POLCA

El año de la polca. Una época tan remota como imprecisa (= el tiempo de Maricastaña, el año de la nana, de la pera, del catapún, etc.): *¿Adónde vas tú con ese chisme, que es del año de la polca?* La polca es una danza procedente, al parecer, de Polonia (deriva de *polska*, polaca), aunque algunos autores sitúan su origen en Bohemia. Se puso de moda en el Imperio austríaco hacia 1830, y de Viena se extendió a toda Europa.

POLO

De polo a polo. De un extremo al otro (del mundo).

POLVO

Aquellos polvos trajeron estos lodos. Aquellas causas determinaron estos efectos (indeseados, molestos): *Las actuales dificultades*

son el resultado de vuestra imprevisión; aquellos polvos trajeron estos lodos.
Estar hecho polvo. Estar muy fatigado o muy quebrantado físicamente. *Después de la excursión de ayer, estoy hecho polvo. Esta bronquitis me tiene hecho polvo.*
Hacer morder el polvo a uno. Infligirle una grave derrota o una gran humillación: *Como lo agarre, le haré morder el polvo.* Según el contexto, puede prescindirse del verbo hacer: *Le dio una soberana paliza y acabó mordiendo el polvo.*
Hacer polvo a alguien o algo. Perjudicarlo gravemente: *Si no me pagas lo que me debes me haces polvo.* Producirle un gran quebranto físico. *Le dio una paliza que lo hizo polvo. Esta gripe me ha dejado hecho polvo.* Deshacer, destruir, malograr, impugnar: *Hizo polvo su argumentación, su carrera, sus esperanzas, sus ilusiones*, etc.
Limpio de polvo y paja. Neto, completamente libre de cargas: *Con este negocio te puedes ganar un millón limpio de polvo y paja.* Los arrendatarios o aparceros que efectuaban cada año el pago en especies al dueño de las tierras, venían obligados a entregar el trigo limpio de polvo y de paja, esto es, debidamente trillado y aventado.
Morder el polvo. *Ver* **Hacer morder el polvo a uno.**
Sacudir el polvo a alguien. Darle de golpe. En sentido figurado, impugnar o rebatir lo que ha dicho.

PÓLVORA
Gastar la pólvora en salvas. Agotar todos los recursos en la preparación de un asunto, comprometiendo o malogrando su buen éxito. Salvas: Serie de cañonazos consecutivos y sin bala disparados en señal de honores o saludos.

PONER
Poner en claro. Aclarar, precisar: *Es menester poner en claro este asunto.*
Ponerse al corriente. Enterarse de un asunto o situación, con objeto de comprender bien su naturaleza y desarrollo. *Cuando venga el jefe te pondrá al corriente de cómo va el trabajo. No puedo emitir una opinión sobre el caso en tanto no me ponga al corriente.*
Ponerse bien. Restablecerse de una enfermedad o indisposición.

PORRA
Mandar a la porra. Expresión de rechazo (= despedir a alguien con cajas destempladas, mandar al cuerno, a paseo, etc.): *Es un pelmazo. ¿Por qué no lo mandáis a la porra?* Se trata de una locu-

ción de origen militar. Antiguamente, al frente de cada regimiento marchaba el tambor mayor portando un bastón rematado con un puño de plata. Cuando se acampaba, ese bastón o «porra» se plantaba en un lugar, y allí era donde se cumplían los arrestos, a falta de calabozo o prevención. Así pues, mandar a la porra equivalía a arrestar, castigar.
¡Porra! o ¡porras! Interjección por lo común de sorpresa, disgusto o rechazo: *¿Que le preste yo dinero? ¡Porras!*

PORRETA
En porreta o en porretas. Completamente desnudo, en cueros vivos. Las porretas son las hojas verdes del puerro y de algunas otras plantas, lo que no parece tener mucha relación con el uso que se hace de este dicho.

PORRILLO
A porrillo. En abundancia, copiosamente: *En el texto había faltas a porrillo.*

PORTANTE
Coger o tomar el portante. Marcharse, despedirse: *Si no está usted a gusto aquí, coja el portante.* Podría ser una deformación de puerta (coger la puerta), ya que las diversas acepciones de portante no explican bien esta locución.

POS
En pos. Siguiendo algo o a alguien, yendo detrás. Es una expresión más bien literaria, poco usada en el lenguaje hablado, construida con una preposición que en la práctica sólo se emplea como prefijo *(posguerra)* y que deriva de la latina *post* (detrás, después de). *Fue en pos de él.*

POSESIÓN
Dar a alguien posesión de un cargo. Dar un superior a un subordinado la autorización para ejercer el cargo para el que ha sido designado: *El ministro dio posesión de su cargo al director general.*

POSIBLE
Hacer lo posible o todo lo posible. Hacer algo poniendo a contribución toda la capacidad y los medios con que uno cuenta, sin ahorrar esfuerzo ni abrigar reserva alguna. *Haré lo posible por complacerle. Haré lo posible por conseguirlo.* Cuando se quiere subrayar lo sacrificado del empeño, se dice *hacer lo imposible.*

POSTA

A posta. Adrede, con toda intención y propósito. Puede escribirse junto: «aposta». Seguramente guarda relación con la función del centinela (que permanece apostado, esto es, en su puesto). *No lo ha hecho distraídamente, sino a posta.*

POSTÍN

De postín. Elegante, lujoso, de alta categoría: *Se alojaron en un hotel de postín.* Esta expresión ha perdido su sentido original, que designaba el tono o la importancia que, sin fundamento alguno, se otorgaba una persona o se atribuía a una cosa.

POSTRE

A la postre. En definitiva, al fin y al cabo, al final (= lo postrero): *A la postre, quedó de manifiesto su mala fe.* Tiene uso más bien literario.

POTE

Darse pote. Darse postín, darse tono: *Hay que ver el pote que se da Fulano con su coche nuevo.* Quizá guarde relación con el pote, olla o cocido de alubias, verdura y tocino. A este plato, muy común, con sus variantes, en algunas regiones españolas, se incorporaban tantos más ingredientes cuantas más disponibilidades económicas tenía el que lo comía.

POTENCIA

En potencia. Potencialmente. Tener poder una cosa para producir un cambio en otra cosa. Residir en una cosa un poder que le permite pasar a otro estado. Esta expresión está tomada del léxico filosófico, pero se usa comúnmente. *Es violento y carece de escrúpulos: un auténtico delincuente en potencia.*

POTOSÍ

Valer alguien o algo un potosí. Valer muchísimo dinero, una fortuna: *La finca le costó un potosí.* También se emplea en sentido figurado, para denotar la valía o las prendas morales de una persona: *Tu hermano vale un potosí.* Potosí es una ciudad de Bolivia fundada por los españoles en 1545 para explotar los filones de plata descubiertos un año antes en el cerro de ese nombre. Las de Potosí fueron las minas más ricas de América hasta el s. XVIII. También se dice «valer un Perú», por estar esa explotación comprendida en el virreinato del Perú.

PRÁCTICA

En la práctica. Prácticamente, a efectos prácticos, de hecho: *Está prohibido, pero en la práctica se tolera.*

PRECEPTO
Día o fiesta de precepto. Día en que los fieles vienen obligados a oír misa. Precepto significa mandato.

PRECIO
No tener precio algo. Ser inapreciable, de mucho valor. *Es un recuerdo de familia y no lo vendo; para mí no tiene precio.* También en sentido figurado. *Un marido como el tuyo no tiene precio. Me prestó una ayuda que no tiene precio.*

PRECIPICIO
Al borde del precipicio. En grave riesgo de caer en él. En sentido figurado, hallarse en una situación límite, de gran peligro: *Por las noticias que nos llegan, ese país está al borde del precipicio.*

PREGUNTA
A la cuarta pregunta. Sin dinero: *Me quedé a la cuarta pregunta.* Es posible que las tres preguntas anteriores se refiriesen a datos personales y la cuarta, al patrimonio o a los ingresos.

PRENDAS
No dolerle prendas a uno. Acceder a desprenderse de algo que le pertenece con tal de conseguir un fin, cumplir un compromiso o poner en claro su buena fe. En sentido figurado significa no escatimar uno argumentos, incluso los que pueden volverse contra él, para defender su criterio: *Él es mejor profesional que yo; lo admito porque a mí no me duelen prendas. Sin embargo...*
No soltar prenda. Callarse algo: *Le interrogaron a fondo, pero él no soltó prenda.*

PRENSA
En prensa. En fase de publicación: *Su artículo ya está en prensa.*
Tener uno buena o mala prensa. Que la prensa hable bien o mal de él. Se emplea en sentido figurado como expresión sinónima de tener buena o mala fama, consideración, imagen, etc., aunque no salga uno en la prensa. *Fulano tiene muy buena prensa entre sus colegas.*

PRESENCIA
Hacer acto de presencia. Presentarse, acudir, por lo general a un lugar donde permanece uno poco tiempo, con el único fin de cumplir una obligación social o ser visto porque así conviene a sus intereses: *El gobernador hizo acto de presencia en la fiesta.*

PRESENTE

Hacer presente. Presentar, poner de manifiesto, dejar constancia: *Le hice presente nuestro apoyo.*

Tener presente algo o a alguien. Recordarlo, tomarlo en cuenta. *Pierda cuidado, que tengo muy presente su asunto. Han transcurrido muchos años, pero lo tengo presente.*

PRESTADO

De prestado. Con lo que otros le prestan a uno. De manera precaria, insegura. *Vive de prestado.*

PRIMERO, A

A la primera o a las primeras de cambio. De buenas a primeras, antes que nada, desde buen principio: *Se presentó aquí, y a las primeras de cambio ya nos pidió dinero.*

A primera vista. En apariencia, según resulta de un examen superficial. *A primera vista, su estado no parece grave. A primera vista creímos que era de mejor calidad.* Desde el primer momento, nada más ver algo o a alguien: *Se enamoraron a primera vista.*

A primeros. En los primeros días (del mes, del año): *Tenemos de tiempo hasta primeros del mes que viene.*

De buenas a primeras. De súbito, sin previo aviso ni preparación: *Estábamos tan tranquilos, y de buenas a primeras nos convocan para una reunión.*

De primera. Se sobreentiende de primera clase. Sobresaliente, inmejorable, de superior calidad: *¿Cómo te han probado las vacaciones? ¡De primera! Venirle (o irle) a uno algo de primera:* prestarle un gran servicio, resultarle de utilidad o procurarle satisfacción. *El libro que me prestaste me ha venido de primera para hacer ese trabajo.*

De primera necesidad. Los artículos y servicios precisos para el desenvolvimiento normal de la vida: *Durante la guerra escaseaban los productos de primera necesidad.*

PRINCIPIO

A principios de. En los comienzos de. Suele referirse al tiempo transcurrido en los inicios de un período determinado: *a principios de año, de siglo, del reinado de X.*, etc.

Al principio. Al comienzo, al empezar una cosa: *Al principio tenía dificultades, pero las fui superando.*

En principio. Al principio. Lo que se admite en esencia o en sus líneas generales, sin que ello presuponga aceptar también lo secundario y accesorio, los detalles, su aplicación práctica y demás aspectos no esenciales. *En principio, estoy de acuerdo con su oferta. Ahora habrá que considerar las condiciones.*

Por principio. Según un principio, ateniéndose a aquellos supuestos que se consideran básicos e invariables. *Por principio* (= según mis principios o de acuerdo con los que ambos nos vemos obligados a respetar) *yo no puedo aceptar lo que me propone.*

PRINGAR
Pringarla. Cometer un error o incurrir en omisión, con consecuencias desfavorables para los demás: *¡Fulano otra vez la ha pringado!*

PRISA
A prisa. De prisa, con rapidez. También se escribe aprisa.
Correr prisa. Ser urgente una cosa: *Este trabajo corre prisa.*
Dar prisa. Instar a otro a que proceda con rapidez: *Fulano siempre está dando prisa.*
Darse prisa. Apresurarse. *Dense prisa; hay que terminar cuanto antes. Me doy toda la prisa que puedo.*
De prisa y corriendo. A toda prisa, atropelladamente, sin esmerarse: *Este trabajo está hecho de prisa y corriendo.*
Meter prisa. Dar prisa, exigir insistentemente celeridad en la ejecución o cumplimiento de algo: *Si me mete prisa no le garantizo que vaya a hacerlo bien.*

PRIVADO
En privado. Privadamente, reservadamente, sin que trascienda: *Este es un asunto para tratarlo en privado.*

PRO
De pro. De provecho: *Es un hombre de pro.*
El pro y el contra o los pros y los contras. Confrontación de lo provechoso y lo desventajoso, de lo favorable y lo desfavorable, etc. *Tomó su decisión después de considerar los pros y los contras.*
En pro de. En provecho de, en favor de, en apoyo de: *Actuó de este modo en pro del interés general.*

PROA
Poner la proa a alguien o algo. Proponerse perjudicar a alguien. Poner las miras en un propósito, y hacer lo posible para conseguirlo. Símil marinero: para abordar una nave a otra, la primera dirige la proa hacia la segunda. *El jefe le tiene puesta la proa a Fulano. Ése le ha puesto la proa al cargo de gerente.*
Poner la proa a algún sitio. Dirigirse allí: *¿Hacia dónde ponéis la proa?*

PROCESIÓN
La procesión por dentro. Experimentar temor, angustia, cólera, etc., y no aparentarlo: *Vosotros creéis que estoy muy tranquilo,*

pero la procesión va por dentro. Alude, como bien cabe imaginar, a cuando el mal tiempo impide que salga la procesión y ésta discurre por el interior de la iglesia.

PROFETA, ISA

Nadie es profeta en su tierra. Con esta expresión se da a entender que no suelen reconocerse los méritos de una persona en su entorno inmediato o en su país, por lo que debe abandonar a los suyos si desea triunfar. *Si se hubiera quedado aquí nunca hubiera salido de la mediocridad, y es que nadie es profeta en su tierra.* La frase la pronunció Jesús, y se recoge en los Evangelios: Lucas 4, 24; Mateo 13, 7; Marcos 6, 24; Juan 4, 44.

PROFUNDIDAD

En profundidad. Profundamente. con hondura. En los últimos tiempos se hace un uso abusivo de esta expresión, seguramente una traducción literal del inglés *in depth*. Suele aplicarse a los conocimientos, estudios, conversaciones, etc.: *Trataron el asunto en profundidad.* No se justifica algo tan rebuscado, cuando basta decir *a fondo: Trataron el asunto a fondo.*

PROMETER

Prometérselas muy felices. Tener esperanzas, por lo general infundadas, de conseguir algo o de alcanzar una situación ventajosa: *Él se las prometía muy felices, pero el cargo se lo dieron a otro.*

PROMOCIÓN

En promoción. Lo que se promociona. Se aplica a las ventas, ofertas, rebajas, etc., de productos comerciales: *artículos en (o de) promoción* (para darlos a conocer, liquidar existencias, etc.).

PRONTO

Al pronto. De pronto, en un primer momento, a primera vista: *Al pronto no me di cuenta de quién era.*
De pronto. De súbito, sin previo aviso ni preparación: *De pronto, empezó a llover.*
Más pronto o más tarde. Antes o después. Lo que necesariamente sucederá, si bien no es posible prever cuándo. *Más pronto o más tarde me dará la razón.*
Por lo o de pronto. De momento, en principio. *Por lo pronto haga usted lo que le han dicho; luego ya veremos.*
Tan pronto como. En cuanto, en el momento en que suceda algo. Es condición ineludible para lo que se dice a continuación: *Tan pronto como nos llegue la autorización, emprenderemos el trabajo.*

Tener un pronto. Tener un arranque de genio o de mal humor. Suele aplicarse a personas que por lo común muestran un ánimo apacible. También se emplea con los verbos dar, coger, agarrar, etc.: *le dio o le cogió un pronto. Cuando se enteró le dio un pronto. Es buena persona, pero de vez en cuando tiene sus prontos.* Se dice asimismo *ser hombre (o mujer) de prontos.*

PROPIEDAD

En propiedad. De la propiedad de uno: *plaza, vivienda, etc., en propiedad.*

PROPÓSITO

A propósito. Lo que es oportuno o adecuado. *Ésta es una película a propósito para niños. A propósito* (= en relación con lo anterior), *¿cuándo volveréis?*
A propósito de. En relación con lo anterior, con respecto a: *¿Qué dijo el médico a propósito de esos dolores de cabeza?*
Fuera de propósito. Sin venir al caso, de manera inoportuna, a destiempo: *Eso que pretendes está fuera de propósito.*

PROVECHO

Buen provecho. Fórmula de cortesía popular que se emplea para saludar a quienes están comiendo. También se usa en sentido irónico o de rechazo, para despachar a alguien que ha conseguido algo: *Quédatelo y que buen provecho te haga* (= que te aproveche).

PROVIDENCIA

Como primera providencia. Como primera decisión, como disposición esencial, como primer paso: *Como primera providencia, haremos una lista de todo lo que tenemos.* En esta acepción, providencia significa disposición, provisión.

POZO

Pozo sin fondo. Lo que no tiene final conocido. Situación de la que es dificilísimo salir. Aquello cuyo mantenimiento exige un gasto continuo, indefinido y de dudosa utilidad.

PRUEBA

A prueba. Como prueba, con fines de ensayo: *Me ha dejado el coche a prueba, y si me satisface se lo compraré.*
A prueba de. Capaz de resistir la acción de un agente exterior o de superar unas exigencias: *Cristal a prueba de balas.*
En prueba de. Como demostración de: *Le ofrecemos este obsequio en prueba de afecto.*

Poner a prueba. Someter a consideración y examen las cualidades de una persona o cosa. *Antes de instalar la máquina, habrá que ponerla a prueba. Aquel cúmulo de desgracias puso a prueba su fortaleza de ánimo.*

PÚBLICO, A

Dar al público. Hacer público, dar a conocer, publicar: *El autor dio al público su último libro.*
En público. Públicamente, ante el público. *Es la primera vez que este pianista actúa en público. Tuvieron una violenta disputa en público.*

PUENTE

Hacer puente. Considerar no laborable un día situado entre dos festivos. *Como el jueves es fiesta, hacemos puente hasta el lunes* (= no acudimos a trabajar el viernes).
Tender un puente. Establecer un vínculo, actuar como mediador entre dos instancias: *Me esforcé por tenderles un puente para que se reanudaran las relaciones.* La palabra pontífice (= constructor de puentes) refleja precisamente esta función de mediador (en este caso entre lo divino y lo humano).

PUERTA

A las puertas de. Inminencia de algo, estar a punto de pasar de una cosa a otra, de un lugar a otro, de un estado a otro. *Estuvo a las puertas de conseguirlo. El enfermo está a las puertas de la muerte.*
A puerta cerrada. Reunión a la que sólo tienen acceso quienes participan en ella. *El juez declaró que la vista sería a puerta cerrada. La sesión se celebró a puerta cerrada.*
Abrir la puerta a algo. Dejarle paso, permitirle la entrada, favorecer su extensión: *La legislación permisiva ha abierto la puerta al tráfico de drogas.*
Cerrársele a uno todas las puertas. Ser rechazado, excluido. *Con su actitud sólo consiguió que se le cerraran todas las puertas.*
Dar a uno con la puerta en las narices. Excluirlo, expulsarlo, negarle la admisión de manera ostensible y brusca: *Yo acudí a él de buena fe, y me dio con la puerta en las narices.*
De puerta a puerta. Se dice de las mercancías que se recogen en el domicilio del remitente y se entregan en el del destinatario: *Servicio de mensajería de puerta a puerta.*
De puertas adentro o de puertas afuera. Lo que se desarrolla de manera reservada, en el seno de una familia o colectividad, o bien lo que trasciende al exterior. Muchas veces quiere significarse que en el primer caso se adopta una actitud, y en el segundo otra muy distinta. *Esa imagen tan atractiva es la que dan de puertas afuera, pero ¡los tendrías que conocer de puertas adentro!*

En la puerta de la calle. Esta expresión forma parte de frases en las que se refleja el rechazo o la exclusión: *poner a uno en la puerta de la calle, quedarse en la puerta de la calle, señalarle cuál es la puerta de la calle, dejarlo en la puerta de la calle*, etc.
En puertas. Ser inminente un acontecimiento: *Está en puertas la celebración de un congreso.*
Franquear las puertas. Abrir las puertas, obtener libre acceso: *Su influencia le franquea todas las puertas.*
Llamar a la puerta. Solicitar un favor: *Estaba desesperado; ya no sabía a qué puerta llamar.*
Por la puerta grande. En triunfo, con el aplauso y el reconocimiento de todos: *Lo tuvieron mucho tiempo olvidado, pero al cabo hubieron de admitir su valía, le llamaron y entonces entró por la puerta grande.* Símil taurino. El máximo honor que se concede a un matador tras una faena particularmente lucida, consiste en sacarlo a hombros por la puerta grande.
Tomar o coger la puerta. Marcharse de un sitio (= tomar o coger el portante): *Se enfadó con nosotros y cogió la puerta.*

PUERTO
Llegar a buen puerto. Llegar a buen fin una cosa, concluir felizmente, completarse un asunto de manera satisfactoria: *Estamos seguros de que esta iniciativa llegará a buen puerto.* También se dice *llevar alguien algo a buen puerto.*

PUESTO, A
En el puesto de. En el lugar de.

PULGA
Buscar las pulgas. Provocar el enfado de otro: *Déjalo en paz; no le busques las pulgas* (= las cosquillas). La expresión proviene de la acción de espulgar, esto es, limpiar de pulgas la cabeza, el cuerpo o los vestidos.
Tener malas pulgas. Tener mal genio.

PULSO
A pulso. Con esfuerzo y por uno mismo: *Se lo ha ganado a pulso.*
Echar un pulso. Prueba de fuerza que consiste en agarrarse dos contrincantes por la mano, apoyando los codos en una superficie lisa, y tratar de obligarse mutuamente a ceder, dejándose arrastrar la mano hacia uno de los lados. La fuerza se hace con la muñeca (pulso) y la mano. Se emplea en sentido figurado cuando dos personas tienen un enfrentamiento personal que ha de resolverse

en la victoria de una u otra: Yo no pienso intervenir en el debate; eso va a ser un pulso entre ellos dos.
Tomar el pulso. Tantear una cosa, examinarla, con el fin de hacerse una idea de su estado, como el médico con su paciente: *Mi viaje tiene por objeto tomar el pulso al país.*

¡PUM!
Hacer pum. Por analogía con una explosión o con algo que revienta, concluir una cosa de mala manera: *Ese negocio no tardará en hacer pum.*
Ni pum. Nada en absoluto: *no decir, entender, saber, ver, etc., ni pum.*

PUNTA
A punta de lanza. Con mucho rigor y exactitud. Se construye la locución con el verbo llevar: *llevar a punta de lanza* (= en la punta de la espada). *Esa prohibición se lleva a punta de lanza.*
A punta pala. En gran cantidad (= a paladas): *Allí había porquería a punta pala.*
De punta. Por analogía con un instrumento punzante, se aplica a lo que es agresivo o presenta cariz adverso: *estar, ponerse, etc., de punta. Todos están de punta con él* (= en contra de él).
De punta a punta o de punta a cabo. De un extremo a otro, totalmente: *Recorrí la casa de punta a punta y no encontré a nadie.*
De punta en blanco. En lenguaje caballeresco, llevar la armadura completa, con todas sus piezas. Modernamente, ir impecablemente vestido. Se emplea con los verbos ir, ponerse, presentarse, etc.
En la punta de la espada. Con mucho rigor y exactitud. Esta expresión es sinónima de «a punta de lanza» y se construye igual.
Estar hasta la punta de los pelos. Estar harto de algo o alguien, hallarse en el límite de lo tolerable: *Estoy de él hasta la punta de los pelos.*
La otra punta. El otro extremo, el otro lado: *La otra punta del pasillo.* Como es lógico, ésta y parecidas expresiones se referían a objetos puntiagudos, pero se han extendido a cualesquiera otros para referirse a ellos en el sentido de la longitud.
Poner los pelos de punta. *Ver* **PELO.**
Por la otra punta. Por el otro extremo, por el otro lado.
Sacar punta a algo. Buscarle un significado distinto del que aparenta. Estudiarlo a fondo buscando sus matices y posibilidades. *Yo creo que el asunto está muy claro; no merece la pena sacarle más punta.*
Ser algo la punta del iceberg. Ser la parte visible pero no la más importante de un asunto: *Este caso no es más que la punta del iceberg de un escándalo de mucho mayor alcance.* Como es sabido,

casi las cuatro quintas partes de la masa de un iceberg quedan sumergidas, y sólo el resto asoma sobre la superficie del mar.
Tener algo en la punta de la lengua. Estar a punto de decirlo, estar a punto de recordarlo: *Tengo su nombre en la punta de la lengua.*

PUNTADA

No dar puntada. No tomar iniciativa alguna en un asunto, dejarlo abandonado. Por analogía con la puntada que se da al coser (esto es, cada uno de los agujeros que se hacen en la tela con la aguja).

PUNTAPIÉ

A puntapiés. Sin consideración, brutalmente: *expulsar, tratar, etc., a alguien a puntapiés. Hacer algo a puntapiés:* hacerlo de cualquier manera, sin esmero (= a patadas).

PUNTILLA

Dar la puntilla. Completar la destrucción de algo, rematarlo. *Su posición era ya muy precaria, pero vino Fulano y le dio la puntilla. Estaba muy mal, y aquel disgusto le dio la puntilla.* La puntilla es un puñal corto que sirve para rematar las reses, clavándoselo entre dos vértebras cervicales. Se emplea en la lidia, una vez concluida la suerte de matar, cuando el toro ya ha doblado (= ya ha caído al suelo).
De puntillas. Sobre la punta de los pies, por lo general con el propósito de no hacer ruido: *Se fue de puntillas.*

PUNTO

A punto. En situación de servir para el fin propuesto: *La comida está a punto.*
A punto de. A tiempo, oportunamente, en trance de: *Estamos a punto de ganar.*
A punto fijo. Con seguridad, con certeza: *A punto fijo no sé si vendrá hoy.*
Al punto. De inmediato, en seguida, sin dilación: *Mis órdenes se cumplirán al punto.*
Con puntos y comas. En toda su extensión, con todos sus detalles, sin omitir nada: *Y ahora cuéntamelo todo con puntos y comas.*
De todo punto. Totalmente, absolutamente, sin que falte nada: *Esto es de todo punto imprescindible.*
En punto. Con toda exactitud. Se aplica a las horas: *Las dos en punto.*
Hasta cierto punto. En cierta medida, no del todo: *Hasta cierto punto tiene razón, pero...*
Lo dijo Blas, punto redondo. Con esta expresión se da a entender

que un asunto queda zanjado, por haber pronunciado la última palabra una persona con autoridad para ello. Es muy común darle un sentido irónico, negando precisamente esa autoridad: *¿Fulano se ha atrevido a hacer esa afirmación? O sea que lo dijo Blas, punto redondo. ¡Pues yo no estoy conforme!* Se cuenta que este dicho proviene de cierto señor feudal que cuando impartía justicia entre sus vasallos, no admitía apelación alguna a sus sentencias.
Perder o ganar puntos. Desmerecer, perder prestigio o viceversa. *Después de aquel error garrafal perdió muchos puntos. Últimamente Fulano está ganando puntos ante sus jefes.*
Poner los puntos sobre las íes. Puntualizar una cosa, examinarla minuciosamente con el fin de perfeccionarla: *Leyó atentamente el trabajo e hizo muchas observaciones; ya sabes que le gusta poner los puntos sobre las íes.*
Punto en boca. Callarse (= coserse la boca), guardar un secreto, abstenerse de replicar: *De todo lo que acabo de decirte, punto en boca.*
Punto por punto. En todos sus extremos, en todas sus partes, con exactitud: *Repitió sus palabras punto por punto.*
Y punto. Expresión conclusiva con que se pone fin a una frase, dando a entender que lo dicho no admite réplica: *Usted se larga ahora mismo de aquí, y punto* (= y no se hable más).

PUÑADO

A puñados. Con abundancia, en cantidad: *Gana (o gasta) el dinero a puñados.*

PUÑAL

Poner un puñal en el pecho. Colocarle en un dilema grave. Coaccionarle (= ponerle una pistola en el pecho).

PUÑALADA

Coser a puñaladas. Inferir numerosas puñaladas a una persona.
No ser puñalada de pícaro. No ser una cosa de las que pueden hacerse sin premeditación, atropelladamente, a toda prisa.
Puñalada trapera. La que se da a traición. Mala jugada, mala pasada: *Después de los favores que le he hecho, él me paga con una puñalada trapera* (= por la espalda).

PUÑETA

De la puñeta. Expresión que se añade a una palabra o frase para subrayar que se trata de algo molesto, inoportuno, etc. (= del demonio y locuciones afines): *Ahora resulta que no escribe el bolígrafo de la puñeta.* En la actualidad la palabra puñeta ha perdido

su significado inicial de masturbación (hacerse una puñeta). Está claro que esa manipulación exige accionar el puño, y de ahí el nombre.
Hacer la puñeta. Molestar, perjudicar. *Tiene un grano que le está haciendo la puñeta. Fulano se pasa la vida haciéndole la puñeta a su mujer.*
Irse algo a hacer puñetas. Malograrse, estropearse, destruirse: *El negocio se les ha ido a hacer puñetas.*
Mandar a hacer puñetas. Despachar con malos modos, despedir sin consideraciones (= al cuerno, con cajas destempladas, a paseo, etc.): *Se puso tan pesado que lo mandaron a hacer puñetas.*

PUÑO
Como un puño o como puños. Expresión con la que se pondera el tamaño de algo: *Le caían lágrimas como puños.* Se emplea en sentido figurado en la frase *Verdades como puños.*
En un puño. Dominado, sometido al poder de otro. *Su mujer lo tiene en un puño. El dictador tenía el país en un puño.*

PURÉ
Hecho puré. Fatigado, maltrecho (= hecho migas, polvo, etc.).

PURGA
Ser algo la purga de Benito. Causar efecto instantáneo. Suele aplicarse a medicinas y remedios: *Me tomé las pastillas que me recomendaste, y fueron la purga de Benito.* Esta locución proviene del dicho «La purga de Benito, que ya estaba obrando antes de salir de la botica».

PUTA
Como puta por rastrojo. Al retortero, a mal traer. El rastrojo es la caña de la mies que queda después de la siega. Al parecer los campos recién segados y cubiertos de rastrojos serían un escenario por lo menos cómodo para los encuentros sexuales.
De puta madre. Expresión ponderativa. *Lo pasamos de puta madre. Este arroz te ha salido de puta madre.*
De puta pena. De mucha pena. Puta, aquí en funciones de adjetivo, refuerza el sustantivo, como también en el caso, aunque con distinto valor, de otras expresiones al uso: *puta calle, miseria, pela (peseta), vez, vida*, etc.

Q

No haber de qué. Fórmula de cortesía con que se corresponde al agradecimiento de otro (no hay de qué = de nada). No tener por qué. No haber motivo para.
¡Pues qué! Locución interjectiva, de sentido negativo, que tiene muchas aplicaciones en la conversación corriente. Se dice también «¡pues y qué!». Suele reforzar una interrogación a la que precede: *¡Pues qué!¿Esas tenemos?*
¿Qué tal? Fórmula habitual de saludo. También se emplea para preguntar algo que se da por supuesto y que exime de formular la pregunta completa. Un *¿qué tal?* dirigido a quien termina de examinarse está claro que equivale a cómo le ha ido. Si se dirige a quien acaba de ver a un enfermo, resulta evidente que hay que entenderlo como una demanda sobre sus impresiones de la visita.
Sin qué ni para qué o sin qué ni por qué. Sin motivo, sin razón alguna: *Lo hizo sin qué ni por qué.*
¿Y qué? Con esta locución se da a entender que lo que acaba de enunciarse no importa: *Hoy has llegado tarde.* Respuesta: *¿Y qué?* Entraña casi siempre un leve matiz de desafío.

QUEBRADERO

Quebradero de cabeza. Preocupación, inquietud, perturbación del ánimo: *Su hijo mayor le ocasionaba muchos quebraderos de cabeza.* Literalmente, que quiebra (rompe) la cabeza.

QUEBRAR

Quebrársele a uno la voz. Rompérsele, quedarse sin habla por un momento, flaquearle. Suele decirse del efecto que produce la emoción: *Durante el discurso de despedida se le quebró la voz.*

QUEDAR

¿En qué quedamos? Locución con la que se insta a una persona a definirse, tomar partido, elegir entre varias opciones, poner en or-

den sus ideas confusas, etc.: *¿En qué quedamos? ¿Vienes con nosotros o no?*
No quedar por alguien o algo. No ser obstáculo al desarrollo o resolución de un asunto: *Yo acepto sus condiciones; por mí que no quede.*

QUEJARSE

Quejarse de vicio. Quejarse o lamentarse continuamente, por hábito. Quejarse sin razón alguna. *Ande, no proteste, que se queja usted de vicio; ¡con lo bien que le tratamos aquí!*

QUEMA

Huir alguien de la quema. Escapar a un peligro. *Se dio cuenta de que la empresa iba a quebrar y se despidió para huir de la quema. Durante la guerra llegaban numerosos refugiados a territorio neutral, huyendo de la quema.*

QUERER

Como quiera que. Puesto que, ya que, toda vez que, habida cuenta que: *Como quiera que es preciso atender un importante pedido, se solicita del personal que trabaje horas extraordinarias.*
Está como quiere. Expresión ponderativa del atractivo aspecto físico de una persona: *El protagonista de esa película está como quiere.*
¡Que si quieres! Exclamación con que se rechaza una pretensión, se pondera la dificultad que entraña una cosa o se subraya una negativa que se recibe: *Yo traté de convencerlo, pero ¡que si quieres!* A veces se completa diciendo: «¡Que si quieres arroz, Catalina!» (*Ver* **ARROZ**).
Querer decir. Significar: *¿Qué quiere decir esta palabra inglesa?* Utilizada en presente y en primera persona, esta locución se intercala con fines aclaratorios entre dos frases: la segunda amplía o puntualiza el significado de la primera. *Ellos me encomendaron este trabajo; quiero decir que me llamaron y me preguntaron si podía hacerlo.* Dar a entender: *¿Qué habrá querido decir? Lo que quiso decir es que...* A veces se utiliza para manifestar duda, escepticismo: *¿Quiere usted decir?* (= ¿está usted seguro?)
Quieras que no. Tanto si quieres como si no. Por la fuerza. Habitualmente se aplica a situaciones en las que no media la violencia sino la simple insistencia o testarudez de otro. *Quieras que no, nos hizo entrar en su casa.*
Sin querer. Sin proponérselo, involuntariamente: *Le di un golpe sin querer.*

QUESO

Dársela a uno con queso. Engañarle, burlarse de él, sorprenderlo en su buena fe: *Yo confiaba en él, y me la dio con queso.* La mayoría de autores relacionan esta locución con el queso que se pone como cebo para cazar ratones, con lo que equivaldría a caer en la trampa, dejarse atrapar, etc. Un autor, sin embargo, da una explicación algo más complicada. Al parecer, cuando los mayoristas de vinos acudían a La Mancha a comprar su mercancía, entre cata y cata, y para no embriagarse, comían una porción de queso curado en aceite. Algunos cosecheros poco escrupulosos servían un queso particularmente fuerte, a fin de neutralizar el gusto del mayorista y poderle colocar luego vinos de inferior calidad.

QUICIO

Fuera de quicio. Fuera de orden, fuera de lo que es regular y se tiene por normal: *Fulano estaba fuera de quicio* (= estaba furioso, fuera de sí). El quicio es el lado de una puerta o ventana en torno al cual gira la hoja para abrirse y cerrarse.
Sacar de quicio. Exasperar a alguien, sacarle de tino, ponerle fuera de sí.

QUIEN

No ser quien para algo. No estar autorizado, no ser la persona adecuada: *Usted no es quien para decirme lo que debo hacer.*
Quien más y quien menos. Todos. Unos en mayor y otros en menor medida, pero sin que escape nadie a la generalización. *Quien más y quien menos se ha equivocado alguna vez.*

QUILO

Sudar el quilo. Trabajar con gran fatiga y desvelo. El quilo es un líquido blanquecino contenido en el intestino delgado y que constituye el resultado de la digestión, esto es, la parte del alimento que no se ha podido absorber.

QUINA

Ser alguien o algo más malo que la quina. Ser malísimo. La quina es un líquido con propiedades medicinales (febrífugo) obtenido de la corteza del árbol de la quina (varias especies de *Cinchona*). Su mal sabor explica esta expresión.
Tragar quina. Soportar o sobrellevar algo a disgusto: *Estoy harto de este trabajo; no tienes idea de la quina que me toca tragar.*

QUINTO, A

El quinto pino. Un lugar muy lejano e impreciso. Se emplea con verbos como estar, ir, mandar (al), etc., o simplemente con la preposición en. *He tardado porque he tenido que aparcar en el quinto pino. Eso está en el quinto pino.* Hay expresiones equivalentes en que se emplea el mismo ordinal: el quinto infierno, la quinta puñeta, etc.

Quinta columna. La forman quienes ayudan al enemigo desde el interior del país. La expresión se ha incorporado al lenguaje universal y tiene su origen en la guerra civil española (1936-1939). Se cuenta que preguntado el general Emilio Mola Vidal (1887-1937), a la sazón jefe del ejército del Norte, sobre las fuerzas con que contaba para la ofensiva sobre Madrid (noviembre de 1936), respondió que con cinco columnas. Se le hizo observar que sólo disponía de cuatro, y él precisó que había una quinta: la formada por los simpatizantes de la causa nacional que permanecían en la capital sitiada.

QUISQUE

Cada quisque. Todos sin excepción, cada uno. *Quisque* es palabra latina que significa precisamente cada uno. *Tienes que atenerte al reglamento, como cada quisque.*
Todo quisque. Todos sin excepción, todo el mundo: *Aquí trabaja todo quisque.*

QUITAR

¡Quita! o ¡quita allá! Expresión de rechazo o reprobación. Aparta, aleja eso de mí. *¿Que yo le haga un favor a ése? ¡Quita allá!*
Quitando algo. Prescindiendo de ello: *Estoy de acuerdo en todo, quitando lo de la cantidad que hay que pagar.*
Quitarse a uno de en medio (de encima o de delante). Despedirlo, eludirlo, apartarlo, librarse de él: *Menos mal que nos lo hemos podido quitar de encima.*
Quitarse uno de en medio. Apartarse, marcharse, desaparecer: *En cuanto se pusieron mal las cosas, me quité de en medio.*
Sin quitar ni poner. Fielmente, con toda exactitud, sin omitir ni añadir nada: *Te lo cuento tal como sucedió, sin quitar ni poner nada.*

QUITE

Andar o estar al quite. Estar preparado para acudir en ayuda de alguien: *Cometió un grave error; menos mal que estábamos al quite.* Quite, en esgrima, es un movimiento defensivo con que se detiene o evita el ofensivo. En tauromaquia, la suerte que ejecuta un torero, generalmente con el capote, para librar a otro del peligro de ser acometido por el toro.

R

RÁBANO

Coger o tomar el rábano por las hojas. Equivocarse por completo en la interpretación de una cosa. Como se sabe, la parte comestible del rábano *(Raphanus sativus)* es la raíz carnosa, y no su parte aérea (tallo y hojas). Está claro, pues, que tomarlo por las hojas es un error.

Importarle a uno un rábano algo. No importarle nada (= un pito): *Me importa un rábano lo que piense de mí.* Con un solo rábano nadie sacia su hambre, y este es probablemente el origen del dicho. A veces se puntualiza «un rábano colorado», aclaración a todas luces innecesaria.

RABIAR

A rabiar. Con mucha rabia: *Se puso a rabiar.* Intensamente: *Me gusta a rabiar.*

RABILLO

Mirar con el rabillo del ojo. Mirar disimuladamente (por el rabillo o ángulo del ojo): *Hacía ver que estaba pendiente del conferenciante, pero no paraba de mirar con el rabillo del ojo a la chica que tenía al lado.*

RABO

(Salir) con el rabo entre las piernas. Abandonar un lugar, humillado o vencido: *Después de la bronca del director, salió de su despacho con el rabo entre las piernas.* Remite a la actitud que adoptan los perros cuando son rechazados o huyen de quienes les maltratan.

De cabo a rabo. Del principio al fin: *La leccíon hay que sabérsela de cabo a rabo.*

El rabo por desollar. La parte aún más dura y aún pendiente de una tarea: *Reanudemos cuanto antes el trabajo, que aún nos queda (falta, etc.) el rabo por desollar.* Parece aludir a las dificultades de esa operación en ciertos animales, bovinos sobre todo, por la piel gruesa del rabo, y por la poca carne y abundantes huesecillos que contiene esa parte de su cuerpo.

RACHA

A rachas. Con intermitencias: *Este negocio no funciona con regularidad; va a rachas.* Racha es sinónimo de ráfaga de aire, y designa también los breves períodos de fortuna o desgracia en una actividad.

RACIÓN

A media ración. Con poca comida o, en general, con reducidos medios de subsistencia: *Me fui de aquella residencia porque nos tenían a media ración.*
Ración de hambre. Ración mínima, insuficiente: *El restaurante sería bueno, pero las raciones eran de hambre.*

RAÍZ

A raíz de. En la proximidad de, inmediatamente a. Tiende a usarse en estos sentidos: en relación con, con motivo de, como consecuencia de. *A raíz de los acontecimientos que comentamos, sucedió que...*
De raíz. Enteramente, desde el principio: *Hay que atajar el mal de raíz.*
Echar raíces. Establecerse en un lugar: *Emigró hace muchos años y ya ha echado raíces allí.* Afirmarse, consolidarse algo: *La ambición echó raíces en él.*

RAMA

Andarse o irse por las ramas. Perderse en lo superfluo, descuidando lo esencial: *No se ande usted por las ramas y dígame exactamente lo que quiere.*
De rama en rama. Cambiando continuamente de lugar o de propósito, yendo de una cosa a otra sin proponerse un fin concreto. Se usa con verbos de movimiento: andar, ir, saltar, etc. Es una analogía con los animales arborícolas, aunque de éstos no puede decirse que actúen sin propósito, pues les mueven razones tan esenciales como alimentarse, reproducirse, escapar de sus enemigos, etc.
En rama. En edición, se da este nombre a los pliegos, ya impresos y plegados en cuadernillos, pero todavía no encuadernados para formar libros.

RANA

Salir rana alguien o algo. Defraudar, causar decepción, no resultar lo que uno había previsto: *Era su hombre de confianza, pero le salió rana.*

RANCHO

Hacer o formar rancho aparte. Alejarse uno de su compañía natural y aislarse o integrarse en un grupo disidente: *No contéis con ellos; hacen rancho aparte.* La expresión provendría de los soldados que se apartaban de sus compañeros para comerse el rancho.

RAPE

Al rape. Corte de pelo hasta la raíz, dejando la cabeza calva (= al cero, llamado así porque la maquinilla de tonsurar tiene números que miden la longitud del pelo que se corta, y el cero corresponde a la mínima). Podría provenir del latín *rapax*, que significa rapaz, voraz, ávido: ¿ávido y voraz de pelo? También de *rapon*, palabra en germanía de la que el Diccionario de la Real Academia hace derivar directamente el verbo rapar.

RAS

A o al ras. Casi tocando, casi al nivel de una cosa: *El avión pasó a ras de tierra.*

RASCAR

No rascar una. No dar una, equivocarse sistemáticamente: *Últimamente, Fulano no rasca una.*
Rascarse las narices (o la tripa). No hacer nada, permanecer ocioso (= no dar golpe, tocarse las narices): *Uno aquí matándose a trabajar, y ésos rascándose las narices.*

RASERO, A

Por el mismo rasero. Con criterio de igualdad, sin establecer la menor diferencia: *A mí me parece injusto que nos midan a todos por el mismo rasero.* El rasero es un palo cilíndrico que sirve para rasar (igualar) las medidas de áridos.

RASGO

A grandes rasgos. Generalizando, sin entrar en pormenores: *A grandes rasgos, la situación es la siguiente...*

RASO

Al raso. En el campo o a cielo descubierto, a la intemperie: *Dormimos al raso.*

RASTRA

A la rastra o a rastras. Arrastrando: *Te pesará menos si lo llevas a rastras.* De mal grado, por la fuerza: *Él no quería asistir, y lo llevamos nosotros a rastras.*

RASTRO

Ni rastro. Ni huella, ni señal, ni vestigio. Se dice de aquello que no aparece o no se encuentra. *Fui a ver si lo encontraba, pero ni rastro de él.*

RATO

A ratos. De vez en cuando, sin continuidad: *Me encuentro bien a ratos.*
A ratos perdidos. En momentos de ocio, cuando no reclaman otras ocupaciones más urgentes: *Este cuadro lo estoy pintando a ratos perdidos.*
Para rato. Para mucho tiempo. *Ese delincuente tiene cárcel para rato. Antes de que los reciba el director, tienen ustedes para rato.*
Pasar el rato. Dejar transcurrir el tiempo, por lo general dedicado a algún entretenimiento: *Me voy al bar a pasar el rato.*
Un buen rato. Un tiempo considerablemente largo: *Hace un buen rato que esperamos el autobús.* Un rato agradable: *Coincidimos con Fulano y juntos pasamos un buen rato.*
Un mal rato. Un rato desagradable, un disgusto: *Durante el examen pasó un mal rato.*
Un rato. Una porción determinada de tiempo: *Hace un rato.* Puede usarse en diminutivo para los períodos breves: *Espérese un ratito.* También tiene valor ponderativo: *Es un rato inteligente.*
Un rato largo. Expresión ponderativa que refuerza el concepto de rato: *¿Que si es competente en su profesión? ¡Un rato largo!*

RAUDALES

A raudales. Con gran abundancia. Se aplica tanto a cosas materiales como en sentido figurado: *alegría, dinero, disgustos, etc., a raudales.* Raudal es un flujo copioso de agua u otro líquido.

RAYA

A raya. Dentro de unos límites (simbolizados por la línea que señala un confín). Se emplea con verbos como mantener, pasarse, tener, etc. *A ése hay que mantenerlo a raya, no se vaya a extralimitar. Usted se ha pasado de la raya* (= se ha excedido).

RAYO

A rayos. Se emplea con los verbos saber y oler, para significar que algo produce una sensación desagradable. *Este vino sabe a rayos. El aliento le huele a rayos.*
Echar rayos. Estar furioso y manifestarlo con palabras y gestos: *El jefe estaba que echaba rayos.*
Partirle a uno un rayo. Matarle, acabar con él. Se emplea como

expresión de rechazo: *A ése que lo parta un rayo.* También para lamentarse de la desconsideración o abandono de que alguien es objeto: *Tú aquí, tan ricamente, y a mí que me parta un rayo.*

RAZA

De raza. De casta, de origen. Se usa comúnmente para ponderar unas cualidades sobresalientes: *Es un escritor de raza.*

RAZÓN

A razón de. Al respecto, en relación con: *A razón de lo que nos ha dicho...* Con cantidades, se refiere a las que son resultado de ciertas operaciones o implican algún tipo de distribución; *a razón del diez por ciento anual, a razón de seis por cada tres, a razón de seis mil para cada uno,* etc.

Atender a razones. Considerar las razones aducidas por otro: *Es muy terco; no atiende a razones.*

Cargarse de razón. Aguardar con paciencia a fin de acumular razón y fuerza moral: *Cuanto más persista en su actitud, más me cargo yo de razón. Estar cargado de razón*: tener mucha razón (= sobrarle a uno la razón).

Dar razón. Informar, notificar: *Le pregunté dónde estaba Fulano y no supo darme razón.*

Entrar en razón. Aceptar las razones de otro, avenirse a ceder, abandonar el empeño de hacer prevalecer el propio criterio: *Mis argumentos le hicieron entrar en razón.*

Perder uno la razón. Enloquecer. Dejar de tener razón.

REAL

Asentar (o sentar) los (o sus) reales. Establecerse, fijar la residencia. Por analogía con el campamento que se establece en un lugar, y del que forma parte un rey o una persona ilustre (que ocupa la tienda llamada «el real»).

REALIDAD

En realidad. Realmente, en verdad: *Esto es, en realidad, lo mismo que aquello.*

REATA

De (o en) reata. En fila, formando hilera. La reata es la cuerda o correa con que se ata a dos o más caballerías, para que vayan una tras otra. Por extensión, se llama reata al conjunto de esas caballerías. Y por analogía, se aplica a personas que se disponen en fila, forman cola, van unas tras otras, etc.

REBATO

Tocar a rebato. Convocar a toque de campana a los vecinos de uno o más pueblos con motivo de algún peligro o desastre. Por extensión, dar una señal de alarma. También se usa esta expresión para comentar el apresuramiento de alguien: *¿Adónde vais tan aprisa? ¿Es que tocan a rebato?*

REBOTE

De rebote. De resultas, de rechazo, por añadidura: *Acepté ese encargo, y de rebote me ha caído este otro.*

REBOZO

Sin rebozo(s). Sin disimulo, con absoluta sinceridad: *Lo confesó todo sin rebozo.*

RECAUDO

A buen recaudo. Bien guardado, colocado en un sitio que ofrece absoluta seguridad: *El dinero lo tengo a buen recaudo.*

RECHAZO

De rechazo. Como reacción o como consecuencia. Incidentalmente. *Perjudicó gravemente a Fulano y, de rechazo, a Mengano.*

RECIBO

Acusar recibo. Dar cuenta de haber recibido algo: carta, paquete, envío en general, etc.

Ser (o estar) algo de recibo. Hallarse en condiciones de ser recibido o merecer serlo. Su aplicación se extiende a todo lo que se ajusta a unas normas mínimas de adecuada presentación. Se usa mucho en sentido negativo, para ponderar aquello que resulta inadmisible. *El trabajo que presentó no era de recibo. Su actitud no es de recibo.*

RECÍPROCO

A la recíproca. En igualdad en la correspondencia. *Estar o quedar a la recíproca:* mostrarse dispuesto a corresponder en la misma medida a aquello que se recibe (un ofrecimiento, un favor, un afecto, etc.).

RÉCORD

En un tiempo récord. En el mínimo posible: *Me lo tuvo listo en un tiempo récord.* Esta expresión traduce literalmente el inglés *record time*, y nos ha llegado a través del lenguaje deportivo. *Record* significa registro y, por extensión, marca lograda por un deportista o equipo.

REDIL

Volver alguien al redil. Volver a la obediencia o al sitio que había abandonado. Volver a ocupar el lugar que parecía corresponderle de modo natural. *Su marido se fue de casa, pero acabó volviendo al redil.* El redil es el aprisco o recinto vallado donde se recoge el ganado.

REDONDO, A

A la redonda. En derredor, en torno. Suele acompañar a medidas de longitud. *No hay una casa en diez kilómetros a la redonda.*

REDONDO

En redondo. Formando círculo. Categóricamente, absolutamente: *negarse en redondo.*
Salir una cosa redonda. Salir perfecta, quedar inmejorablemente realizada: *Este trabajo me ha salido redondo.*

REFRESCO

De refresco. De nuevo, lo que se añade, lo que sustituye con ventaja: *tropas, caballos de refresco.*

REGADERA

Estar alguien como una regadera. Estar loco, ser extravagante.

REGISTRAR

¡A mí que me registren! Comentario que se hace para dar a entender que uno es totalmente ajeno a un asunto (= a mí qué me cuentan).

REGISTRO

Tocar uno muchos (o todos los) registros. Efectuar numerosas gestiones y diligencias para resolver un asunto o lograr un fin: *Lo consiguió, pero hubo de tocar muchos registros* (= hubo de dar muchos pasos, tocar muchas teclas, etc.).

REGLA

En toda regla. Como es debido, según las reglas (en regla): *Su documentación está en toda regla.* Se usa también como expresión ponderativa. *Es un profesional en toda regla. Es un sinvergüenza en toda regla.*
Por regla general. En general, por lo común: *Por regla general suele venir más tarde.*

REGUERO

Como un reguero de pólvora. Por analogía con la facilidad y rapidez con que prende la pólvora, esta expresión se aplica a las noticias, rumores, etc., que se propagan muy aprisa.

REGULAR
Por lo regular. Por lo común, por lo general: *En esta época del año, por lo regular hace más frío.*

REJA
Entre rejas. En la cárcel. Se usa con verbos como estar, meter, pasarse, quedarse, etc. *Se pasó una temporada entre rejas.*

RELIEVE
Dar relieve a algo. Resaltarlo, realzarlo, poner de manifiesto su importancia: *La asistencia del alcalde dio relieve al acto.*
Poner de relieve. Destacar, insistir en la importancia de algo: *En su discurso, puso de relieve la necesidad de...*

RELIGIÓN
Entrar en religión. Profesar como religioso o religiosa: *Antes de entrar en religión, fray Fulano era maestro.*

RELLENO
De relleno. Lo que se añade sin necesidad, sólo para aumentar algo cuantitativamente. *En este texto hay demasiadas frases de relleno. Como temían que la fiesta fuera poco lucida, invitaron a mucha gente de relleno.*

RELOJ
Contra reloj. Modalidad de carrera o de parte de una carrera deportiva consistente en que los corredores toman la salida de uno en uno, con un intervalo determinado e igual para todos. Gana el que logra el mejor tiempo (el que invierte menos tiempo en efectuar el recorrido fijado). Esta expresión ha pasado al lenguaje corriente para significar algo que se hace muy deprisa, para cumplir un horario o un plazo: *Tuve que hacer el trabajo contra reloj.*
Ir o marchar como un reloj. Hacer algo con la máxima regularidad y puntualidad. Es común su aplicación a funciones del organismo.
Ser uno un reloj. Ser sumamente puntual y regular en sus costumbres. Gozar de buena salud.

RELOJERÍA
De relojería. Se aplica a los mecanismos de tiempo, esto es, aquellos que ponen en funcionamiento un reloj cuando llega a determinada hora: *bomba de relojería.* También se dice de los mecanismos de cuerda y dotados de una serie de volantes, basados en los mismos principios que los relojes: *Los autómatas antiguos iban provistos de mecanismos de relojería.*

RELUCIR

Sacar o salir a relucir. Poner de manifiesto, sacar a la conversación (= sacar a colación). *¿Para qué sacas eso a relucir? Todo fue bien hasta que salió a relucir aquel asunto.*

RELUMBRÓN

De relumbrón. Más aparente que verdadero, de mejor presencia que calidad: *No te dejes engañar, que eso es de puro relumbrón.*

REMATE

De remate. Absolutamente, sin remedio: *Loco de remate.* El remate es el final, la conclusión de algo.

REMEDIAR

No poder remediar algo. No poderlo impedir o evitar: *Yo soy así; no puedo remediarlo.*

REMEDIO

No haber o no tener más remedio. Verse forzado o empujado a algo: *Si no trabaja usted mejor, no tendré más remedio que despedirlo.*
No tener remedio. No tener cura: *Su enfermedad es gravísima; no tiene remedio.* No tener posibilidades de cambiar o enmendarse: *Ese chico no tiene remedio.*
¡Qué remedio! Locución interjectiva de conformidad o resignación, suscitada por algo que se considera inevitable o ineludible: *Tendré que volver mañana; ¡qué remedio!*
Ser peor el remedio que la enfermedad. Tener más inconvenientes la solución adoptada que el problema que se pretendía resolver. Aunque se emplea mucho en sentido figurado, es también común esta expresión en sentido literal, referida a medicinas que producen un efecto indeseado en quien las consume.

REMISIÓN

Sin remisión. Sin perdón ni excusa, sin exención: *Cumplirá el castigo sin remisión.*

REMO

A remo. Sufriendo penalidades. Seguramente por analogía con los galeotes.
Meter el remo. Meter la pata. Equivocarse, comportarse torpemente. *Cállate y no metas más el remo.* Remo: brazo o pierna en el hombre y en los cuadrúpedos.

REMOJO

A o en remojo. En el agua. Como en el caso de ciertos alimentos que se ponen en remojo antes de proceder a su cocción, diferir un asunto hasta un momento más oportuno. *De momento, dejaremos la cosa en remojo; luego, ya veremos.*

REMOLQUE

A remolque. Remolcando, arrastrando, ejecutando algo no de manera espontánea sino forzada o por iniciativa ajena. *Actuó a remolque de los acontecimientos. A ése siempre lo llevan a remolque.*

REMONTAR

Remontar el vuelo. Elevarse por encima de los acontecimientos, superar una situación: *A Fulano parece que le vuelven a ir bien las cosas; puede decirse que ya ha remontado el vuelo.*

REMOTAMENTE

Ni remotamente. Sin la menor posibilidad, ni de lejos: *¿Lo crees posible? ¡Ni remotamente!*

REMOTO, A

No tener ni la más remota idea. No tener la menor idea, ignorar algo por completo: *Me lo preguntó, pero yo no tenía la más remota idea.*

RENGLÓN

A renglón seguido. Acto seguido, a continuación, inmediatamente: *A renglón seguido, pasaron a considerar el otro asunto.*

Leer entre renglones. Leer entre líneas. Interpretar lo que en un texto no es explícito, pero puede deducirse con facilidad mediante una serie de alusiones y sobreentendidos que reclaman cierto grado de complicidad por parte del lector: *Este artículo tiene mucha enjundia, pero hay que saber leerlo entre renglones.*

RENTA

Vivir de las rentas. Gozar en la actualidad de los beneficios de una situación anterior (por analogía con la percepción de las rentas de un capital): *El curso pasado estudiamos tanto y tan bien, que este año hemos vivido de las rentas* (= hemos tenido que estudiar menos por lo mucho que llevábamos aprendido).

REÑIDO

Estar una cosa reñida con otra. Ser incompatibles, excluirse mutuamente: *Hacer mi trabajo no está reñido con el cumplimiento de mis demás compromisos.*

REPANOCHA

Ser la repanocha. Ser el no va más, mostrar excelencia en algo. También tiene sentido de censura (= ser el colmo). *Fulano es la re-*

panocha. La panocha (panoja) es la mazorca de maíz y, en sentido más general, lo que se presenta en forma de racimo, de conjunto de cosas unidas entre sí. El prefijo reiterativo re- vendría a subrayar tal vez la complejidad o abundancia de dichas cosas.

REPASO

Dar un repaso a alguien. Demostrarle gran superioridad de conocimientos, habilidad, etc. (= darle cien vueltas): *En el debate, Fulano le dio un buen repaso a Mengano.*

REPENTE

De repente. De pronto, de súbito, sin previo aviso: *Sucedió de repente.*

REPERA

Ser la repera. Ser el no va más, mostrar excelencia en algo. También tiene sentido de censura. Equivale a la locución ya comentada «ser la repanocha».

REPETICIÓN

De repetición. Que repite. Se aplica sobre todo a los mecanismos capaces de repetir su acción automáticamente: *fusil, reloj, etc., de repetición.* A las personas que repiten servilmente las acciones y palabras de otras se las moteja de *monos (o micos) de repetición*, comparándolas con esos animales, cuyas actitudes miméticas son proverbiales.

REPLEGAR

Replegarse uno en sí mismo. Encerrarse en sí, aislarse, manifestar resistencia a comunicarse con los demás, adoptar una actitud introvertida: *Después de aquel fracaso, se replegó en sí mismo.* Replegar significa doblar o plegar muchas veces.

RÉPLICA

Dar la réplica. Replicar, contestar. Responder a los argumentos o palabras de otro: un orador a otro, un actor a otro en el teatro, etc. *El parlamentario fue muy brillante en su réplica al ministro. En el segundo acto, el primer actor no dio adecuadamente la réplica a la primera actriz.* Por extensión, emprender una acción como respuesta a la de otra persona: *Tras su derrota en el partido anterior, nuestro equipo está dispuesto para dar la réplica.*

REPOSAR

Reposar la comida. Descansar después de la comida, a fin de facilitar la digestión.

REPRESENTACIÓN

En representación de. Como representante de, que representa a alguien ausente o a una colectividad de personas: *Yo vengo en representación de Fulano.*

REPUESTO, A

De repuesto. De prevención, lo que se dispone de antemano para caso de necesidad: *pieza de repuesto.*

REQUERIR

Requerir de amores. Solicitar una persona a otra que mantengan relaciones amorosas, declarar una persona su amor a otra. Es expresión en desuso.

RESBALAR

Resbalarle a uno algo. No importarle, no afectarle, no hacer mella en él: *Lo que pueda decir Fulano a mí me resbala.*

RESERVA

A reserva. Con el propósito de, con la intención de.

RESPECTAR

Por o en lo que respecta a alguien. En lo relativo, en lo tocante, en lo que le afecta: *Por lo que respecta a Fulano, debo decir que...*

RESPECTO

Al respecto. En lo tocante, en correspondencia, respectivamente: *No sé nada al respecto* (= no sé nada de eso).
(Con) respecto a (o de). Por lo que respecta a, en lo que afecta a, en lo relativo a. *Con respecto a lo anterior... ¿Qué me dice usted con respecto a él (o respecto de él)?*

RESPETO

Campar uno por sus respetos. Obrar uno a su antojo, sin consideración a los demás: *Allí estaba él, campando por sus respetos.* Esta locución podría provenir de «acampar en un sitio imponiéndose por la fuerza de las armas» (campar = acampar; respeto = arma, en germanía).

RESPIRACIÓN

Sin respiración. Sin detenerse a respirar, sin resuello. *Me quedé sin respiración*: atónito, sin poder reaccionar. *Llegaron sin respiración*: muy fatigados, sin aliento.

RESPIRAR

No dejar respirar a alguien. Atosigarle, no dejarle en paz, molestarle continuamente (= hacerle la vida imposible), no dejarle

libre ni para respirar. *Su jefe no los deja respirar en todo el día.*
No poder respirar o ni respirar. Verse obligado a callar, no poder responder ni emitir la menor protesta, tener que guardar silencio: *En aquel país hay una dictadura brutal: la gente no puede ni respirar.*
Sin respirar. Sin descanso, sin interrumpir una tarea. *Completaron el trabajo sin respirar. Se lo bebió de un trago, sin respirar.*

RESTO
Echar el resto. Hacer todo el esfuerzo posible: *Si echamos el resto, hoy mismo podemos terminar el trabajo.* Parece provenir de los juegos de naipes, y se refiere a echar, apostar o envidar el resto del dinero que a uno le queda.

RESULTA
De resultas. Como resultado, como consecuencia: *Quedó muy maltrecho de resultas del accidente.*

RETRATO
Ser el vivo retrato de. Parecerse mucho a otra persona. Suele referirse a la semejanza de rasgos entre miembros de una misma familia: *Este niño es el vivo retrato de su abuelo.*

REVÉS
Al revés. Al contrario, a la inversa. *Esto está colocado al revés. Lo has entendido al revés.*

REVISTA
Pasar revista. Inspeccionar, por lo común un superior a sus subordinados o a la tarea que éstos hayan realizado. *El general pasó revista a las tropas que le rendían honores. Ayer fui a pasar la revista de armas.*

RIENDA
A rienda suelta. Soltando la rienda y dejando al caballo en libertad para que corra. Siguiendo su libre curso, sin oponer freno alguno. *Dio rienda suelta a su indignación.* Se dice también *soltar la rienda.*
Aflojar las riendas. Ceder en el rigor en algún asunto, aliviar un trabajo o carga, disminuir el control o vigilancia. *Desde que el jefe sabe que puede confiar en nosotros, ha aflojado mucho las riendas.*
Dar rienda suelta o soltar las riendas. *Ver* **A rienda suelta.**
Tener o llevar las riendas. Llevar la iniciativa, mandar: *Aquí el que lleva las riendas es su padre.*

RIESGO

A todo riesgo. Frente a toda contingencia, contando con exponerse al mayor peligro: *contratar un seguro a todo riesgo.*
Correr un riesgo. Exponerse a un peligro: *No corras riesgos inútiles.*

RIGOR

Ser alguien el rigor de las desdichas. Ser muy desdichado, ser el colmo de la desgracia, ocurrirle continuamente cosas desagradables.

RIÑÓN

Costar algo un riñón. Costar muy caro: *El piso le costó un riñón.* Esta expresión es análoga a otras que también se remiten a partes y órganos del cuerpo: costar un ojo de la cara.
Pegarse al riñón. Se refiere a un manjar muy exquisito o nutritivo: *Este cocido se pega al riñón.* No parece muy clara la relación entre la bondad de un alimento y las dificultades de los riñones para desempeñar sus funciones depuradoras.
Tener cubierto el riñón. Tener dinero, gozar de una posición desahogada: *Fulano tiene bien cubierto el riñón.* Resulta difícil precisar si se alude a la acumulación de grasa o a la posibilidad de llevar buena ropa de abrigo.

RIPIO

No perder ripio. Estar muy atento a lo que se oye, para no perder palabra: *De todo lo que dijimos, Fulano no perdió ripio.* El ripio es una palabra o frase superflua, introducida en un verso para darle el número de sílabas requerido o para forzar la rima. El significado primario de la palabra es residuo, desecho.

RISA

Estar muerto de risa. Reírse mucho, hacer esfuerzos para controlar o contener la risa: *Yo estaba en apuros, y ellos, muertos de risa. Muerto de risa:* inactivo, sin hacer nada (= muerto de asco).
Morirse de risa. Reírse mucho (= caerse de risa), reírse inconteniblemente: *Cuando nos lo contó, nos moríamos de risa.*
Tomar a risa. No tomar en serio, tomar a chacota, no dar crédito o importancia a algo: *El asunto es grave; no es para tomarlo a risa.*

RISTRE

En ristre. Enristrado, puesto en una sucesión de cosas iguales (en una ristra). El ristre era la parte del peto de la armadura donde los guerreros medievales encajaban la lanza para afianzar ésta antes de acometer al adversario: *lanza en ristre*. En sentido figurado se emplea para dar a entender que alguien adopta una actitud resuelta o agresiva, y se aplica al instrumento de que se vale para lograr su propósito: *Se nos acercó el guardia, bolígrafo en ristre, y nos puso una multa.*

RIZO

Rizar el rizo. Llevar una cosa al último extremo del rebuscamiento y la exigencia: *Yo creo que esa interpretación es rizar el rizo.* La expresión no remite a los rizos del cabello, sino a la aeronáutica: significa dar un avión una vuelta de campana en el aire. Es traducción literal del inglés *to loop the loop.*

ROCA

Ser como una roca. Ser muy fuerte, inamovible, fiel a unos principios (= ser de una pieza).

RODADO

Venir algo rodado. Suceder sin intervención de uno, como consecuencia lógica de otra cosa anterior: *El asunto se resolvió bien: en cuanto nos concedieron el permiso, lo demás vino rodado* (= por sus propios pasos).

RODAR

Echar algo a rodar. Ponerlo en marcha: *Esto hay que echarlo a rodar cuanto antes.* Malograr, dejar perder, estropear: *Ya lo teníamos todo arreglado, vino él y lo echó a rodar.*
Rodar cabezas. En sentido figurado, sufrir, represalias, pagar las consecuencias de los errores cometidos: *Cuando esto se sepa, rodarán cabezas.*

RODEO

Andar con rodeos. Aducir excusas y subterfugios, eludir lo esencial de un asunto, perdiéndose en cuestiones de detalle: *No se ande con rodeos y dígalo de una vez.*

RODILLA

De rodillas. Con las rodillas dobladas y apoyadas en el suelo. Suele ser señal de veneración o de penitencia. Se emplea con los verbos estar, hincar y poner. En sentido figurado, sumisión, dominio: *El invasor puso al país de rodillas.*
Doblar o hincar uno la rodilla. Ponerse de rodillas, someterse, admitir la superioridad de otro.

RODRÍGUEZ

De rodríguez. Quedarse solo un hombre casado por ausencia de su mujer: *En verano estoy de rodríguez.* A veces se da a entender con esta expresión que el hombre reanuda por un tiempo su vida de soltero, con todo lo que ello pueda implicar.

ROGAR
Hacerse (de) rogar. Resistirse a acceder a las pretensiones de otro u otros: *Ande, cántenos algo, no se haga (de) rogar.*

ROJO, A
Al rojo vivo. Se dice del hierro u otra materia cuando, por efecto de una elevada temperatura, adquiere ese color. Por extensión, gran exaltación de sentimientos, pasiones, etc. *Emoción al rojo vivo.*
Ponerse rojo. Sonrojarse: *Le dio mucha vergüenza y se puso rojo* (como la grana, como un pavo, como un pimiento, etc.).

ROLLO
Cortar el rollo. Interrumpir un discurso prolijo o fastidioso, callarse: *Se estaba poniendo muy pesado y le dijimos que cortara el rollo.*
Tener (mucho) rollo. Tener mucho cuento, encontrar siempre excusas y aducir prolijas razones, ser muy locuaz.

ROMANO, A
A la romana. A la manera de los romanos. En la cocina, se da este nombre a los alimentos rebozados con harina y huevo y fritos a continuación en aceite de oliva.

ROMPER
De rompe y rasga. De ánimo resuelto, de carácter decidido, que no elude los enfrentamientos. Tiende a aplicarse más a las mujeres (acaso porque aquellas cualidades ya se daban por supuestas en los hombres): *Mujer de rompe y rasga.*
Romper a + infinitivo. Empezar a, por lo general de una manera súbita o abrupta: *romper a aplaudir, hablar, gritar, llorar, llover, protestar, reír, etc.*
Romper filas. Deshacer la formación (los soldados, los escolares, etc.). Los que están dispuestos en hileras las deshacen a la voz de *¡rompan filas!* dada por un superior.

RONCHA
Levantar ronchas. Mortificar, causar pesadumbre o contrariedad: *La nota de protesta que enviamos levantó ronchas en la directiva.* Las ronchas son unos bultos pequeños que se forman en la piel (habones, por su forma de haba) a causa de una irritación, un enquistamiento, etc.

ROPA

A quema ropa. A boca de cañón. Se dice de los disparos de arma de fuego efectuados a cortísima distancia del objetivo: *Lo asesinaron disparándole a quema ropa.* También se escribe junto: quemarropa. Se emplea asimismo en sentido figurado: *Me lo preguntó a quema ropa* (= bruscamente, de súbito, sin rodeos).
Haber ropa tendida. Estar presente alguien que no debe escuchar lo que se dice: *Eso ya me lo contarás luego, que ahora hay ropa tendida.*

ROSA

Como una rosa. Muy bien, perfectamente: *Estoy como una rosa* (o *como las rosas*). También se emplea con el adjetivo fresco: *fresco como una rosa* (en el doble sentido de experimentar una sensación agradable de frescura, y de ser un fresco o estar fresco: *Nosotros la mar de preocupados, y él fresco como una rosa*).
De color de rosa. Amable, feliz, sin quebrantos. *¿Te has creído que la vida es de color de rosa? Nos engañan al pintarnos el asunto de color de rosa.*

ROSARIO

Acabar una cosa como el rosario de la aurora. Acabar mal, en disputa. Suele aplicarse a las reuniones en las que no sólo no hay acuerdo sino que terminan en tumulto. El origen es una determinada procesión celebrada al alba, el rosario de la aurora, que, según se dice, terminó «a cristazos», esto es, golpeándose con las cruces los airados participantes.

ROSCA

Hacer la rosca a alguien. Halagarle para obtener algo de él: *Ya está Fulano haciéndole la rosca al jefe* (= la pelota).
No comerse una rosca. Parece una deformación de «no comerse un rosco», que sí es algo comestible. Significa no conseguir uno lo que desea porque los demás no le hacen caso. Así, un tendero puede decir: *En toda la tarde no me he comido una rosca*, para significar que no ha entrado en su local ningún cliente. Últimamente se emplea como expresión sinónima de no ligar, no encontrar persona del sexo opuesto con la que entablar relación.
Pasarse de rosca. Excederse, propasarse. Por analogía con el tornillo o tuerca que se pasa de rosca, esto es, que no agarra porque la rosca se ha desgastado. *Fulano se está pasando de rosca y no deberíamos consentirlo.*

ROSITA

De rositas. De balde, sin esfuerzo ni quebranto alguno. Rositas es diminutivo de rosas y designa también lo que en el lenguaje de hoy se llama palomitas de maíz. No es fácil establecer la relación de estas dos acepciones con el dicho que comentamos. Se usa sobre todo con el verbo salir: *Se metió en un buen lío, pero logró salir de rositas.*

RUEDA

Chupar rueda. En ciclismo, colocarse el corredor inmediatamente detrás de otro para utilizarlo como pantalla frente a la resistencia del aire. Copiar, aprovecharse del trabajo de otro.

Comulgar alguien con ruedas de molino o tragárselas como ruedas de molino. Creer o dar por buena una cosa manifiestamente inadmisible, dejarse engañar con mentiras burdas y disparatadas. La comparación de las grandes ruedas de molino con las sutiles obleas es en sí misma una exageración descabellada: *¿Nos toma usted por tontos? ¿Pretende hacernos comulgar con ruedas de molino?*

Rueda de prensa. Coloquio que mantiene una persona con un grupo de periodistas que le formulan preguntas relacionadas con un asunto concreto o de carácter general. *En una sala del aeropuerto, el ministro ofreció una rueda de prensa en cuyo transcurso manifestó que... Una vez presentada su dimisión, el presidente convocó una rueda de prensa.*

RUIDO

Mucho ruido y pocas nueces o ser más el ruido que las nueces. Tener poca sustancia una cosa que, sin embargo, se presenta como algo notable: *¿Qué tal el espectáculo? ¡Bah, mucho ruido y pocas nueces!*

RÚSTICA

En rústica. Tipo de encuadernación en la que el libro, una vez cosido o encolado y prensado, se recubre con una cubierta de papel fuerte o cartón. Es la propia de las ediciones de bolsillo y de las demás presentaciones con encuadernación ligera. La palabra rústica hay que entenderla aquí en su acepción de cosa tosca y poco refinada (por la obligada comparación, sobre todo en otros tiempos, con las encuadernaciones de más precio: en tela, piel, etc.).

S

SÁBANA

Pegársele las sábanas. Levantarse uno más tarde de lo que debe o acostumbra: *¿Cómo llegas tan tarde? ¿Es que se te han pegado las sábanas?*

SABER

A saber. Esto es, o sea: *Hay dos clases, a saber: la primera y la segunda.* Cualquiera sabe: *¿Vendrá Fulano? ¡A saber!*
No saber por dónde se anda o lo que se pesca. No estar capacitado para desempeñar una tarea. No prestar atención a lo que se hace. No poder resolver un asunto por falta de la información adecuada. *No le preguntes a Fulano, que el pobre no sabe por dónde se anda.*
No saber uno dónde meterse. Estar confundido o abrumado por la vergüenza o el temor: *Después del espectáculo que dio, si yo estuviera en su lugar no sabría dónde meterme.*
No saber uno lo que tiene. Tener mucho dinero (hasta el punto de resultar incalculable).
No sé cuántos. Además de su sentido literal, se utiliza para designar a una persona o cosa indeterminada o cuyo nombre se ignora: *Ha llamado el señor no sé cuántos (= Fulano).* Se emplea correlativamente con «no sé qué» para expresar asimismo algo indeterminado o que no vale la pena detallar: *Y no sé qué no sé cuántos...*
No sé qué. Lo que no se acierta a explicar. A veces lo precede el artículo: el o un no sé qué. *Sentí un no sé qué.*
No sé qué te diga. Comentario con que se expresa incertidumbre o duda: *¿Tú crees? Pues no sé qué te diga...*
Saber a poco. No tener suficiente de algo que resulta agradable, y desear disponer de más. *El espectáculo fue extraordinario; la verdad es que nos supo a poco. Este pastel me ha sabido a poco.*
Saber lo que es bueno. Sufrir los efectos de una situación adversa, enfrentarse a la propia responsabilidad. *Cuando esto te ocurra a ti sabrás lo que es bueno. Cuando se entere el jefe sabrás lo que es*

bueno. También se usa con verbos como enterarse (de), ver, etc.
Sabérselas todas. Tener amplia experiencia en un asunto o trabajo y, de modo más general, mostrar habilidad para desenvolverse con éxito en las más diversas circunstancias. *Ése no necesita que le expliques nada; se las sabe todas.*
Vete tú (o vaya usted) a saber. Frase con que se indica que una cosa es difícil de averiguar. *Vete tú a saber quién habrá sido.* También se dice, sencillamente, *a saber.*

SABOR

Dejar algo mal sabor de boca. Por analogía con el desagrado que produce algo que se come o se bebe, dejar una cosa mal recuerdo, producir su evocación desasosiego o desagrado. *La entrevista me dejó mal sabor de boca.* Con sentido opuesto se dice «dejar algo buen sabor de boca».

SACACORCHOS

Sacar a alguien las cosas con sacacorchos. Lo mismo que una botella que se resiste a ser descorchada, tener dificultades para que una persona se muestre explícita sobre algo. *Esperábamos que nos comunicara los datos que le pedimos, pero había que sacarle las palabras con sacacorchos.*

SACAR

Sacar a alguien de sí (o de sus casillas). Ponerle fuera de sí, excitar su ira, agotar su paciencia (= sacar de quicio).
Sacar a alguien o algo adelante. Llevar algo a feliz término (un asunto, una empresa, una carrera, la crianza de un hijo, etc.). *Haré lo posible por sacar adelante el caso.*
Sacar en claro o en limpio. Aclarar una cosa, comprenderla cabalmente, llegar a una conclusión satisfactoria: *Estuve hablando con él toda la tarde, pero no saqué nada en claro de nuestro asunto.*

SACIEDAD

Hasta la saciedad. Al máximo, plenamente, hasta no poder más (= hasta estar saciado, harto): *Se lo he pedido hasta la saciedad.*

SACO

Entrar a saco. Saquear. Apoderarse violentamente los soldados de cuanto hallan en un territorio conquistado: *Entraron a saco en la ciudad.* Robar la mayor parte de los bienes que se guardan en un sitio: *Los ladrones entraron a saco en el piso.* Plagiar una obra publicada u obtener de ella mucha información sin citarla: *Para es-*

cribir este artículo está claro que ha entrado a saco en la monografía de Fulano.
Meter en el mismo saco. Dar el mismo trato a varias personas que merecen distinta consideración. No diferenciar aquello que debe clasificarse aparte. *No tuvieron en cuenta las distintas categorías, y los metieron a todos en el mismo saco.*
No echar algo en saco roto. No olvidarlo, tenerlo en cuenta. (Lo que se echa en saco roto se pierde, cae por el agujero.) *No echó en saco roto su consejo.*

SAGRADO, A
Acogerse alguien a (o al) sagrado. Huir de una dificultad invocando una autoridad que todos respetan. Por analogía con quienes se refugiaban en suelo sagrado (templos y otros recintos bajo jurisdicción eclesiástica) huyendo de la justicia.

SAL
Sal y pimienta. Decir algo con intención, que puede ir desde la malignidad y el afán de mortificar, hasta lo picante y divertido. Es un evidente símil culinario. *El espectáculo hubiera resultado aburrido, de no haber sido por la sal y pimienta que puso la actriz Fulanita de Tal.*

SALIR
A lo que salga o salga lo que salga. Hacer algo sin preocuparse por el resultado: *Un trabajo comprometido como este no puede hacerse a lo que salga.*
Salir adelante. Avanzar, progresar, salvar los obstáculos, salir con bien. *Este trabajo tiene que salir adelante. El pobre Fulano no sale adelante.*
Salir algo de alguien. Obrar o decir algo de manera espontánea: *Al final le pidió excusas, pero porque se vio obligado; no salió de él* (= no le salió de dentro).
Salir de dudas. Poner fin a la ignoracia de un asunto o a las vacilaciones que suscita, procurándose la evidencia precisa para formarse un juicio definitivo: *Vayamos a verlo personalmente y así saldremos de dudas.*
Salir mal con uno. Acabar enemistado con él.
Salir pitando. Marcharse a toda prisa. Seguramente se trata de una analogía con la locomotora.
Salirle cara una cosa a alguien. Costarle cara. Sufrir las consecuencias adversas de algo. *Este error le saldrá caro* (= le costará, lo pagará).
Salirse con la suya. Hacer su voluntad, en especial contra el parecer de otros: *Fulano siempre acaba saliéndose con la suya.*

SALIVA

Gastar saliva. Hablar mucho: *Tuve que gastar mucha saliva para convencerlo.* Se emplea sobre todo cuando se intenta persuadir inútilmente a otro: *No vale la pena seguir hablando; ¿para qué gastar más saliva?*
Tragar saliva. Soportar sin protesta algo que ofende o disgusta (= morderse los labios o la lengua). Turbarse, no acertar a hablar.

SALÓN

De salón. Persona que desempeña un papel brillante en las reuniones de sociedad (en los salones), pero que no raya a la misma altura en el ejercicio de su profesión: *militar de salón.*

SALSA

En su propia salsa. En lo que a una persona le es propio, en lo que mejor define su personalidad, en donde mejor se desenvuelve (= en su elemento). Comparación con los alimentos que se cuecen en una salsa hecha con el propio jugo que desprenden. *En ese ambiente Fulano está en su propia salsa.*

SALTAR

Estar o andar a la que salta. Permanecer atento a cualquier oportunidad que pueda resultar beneficiosa: *Ése está siempre a la que salta.*
Saltar a la vista o saltar a los ojos. Resultar algo evidente y manifiesto: *Pero ¿no te has dado cuenta? ¡Si salta a la vista!*
Saltar en pedazos. Romperse, estallar. También en sentido figurado: *La alianza saltó en pedazos.*
Saltar por los aires. Estallar, saltar en pedazos, malograrse algo aparatosamente.

SALTO

A salto de mata. Huyendo por temor al castigo. *Vivir a salto de mata:* llevar una existencia precaria e insegura. Se refiere a que, al escapar precipitadamente, a campo traviesa, hay que ir saltando las matas (plantas de tallo bajo).
A saltos. Dando saltos, saltando de una cosa a otra, procediendo en un asunto de manera errática, sin continuidad ni rigor.
De o en un salto. En un momento, con prontitud: *Voy a su casa en un salto* (= en dos zancadas).

SALUD

Curarse en salud. Prevenir un mal cuando todavía no es más que una probabilidad: *Para curarse en salud, sacó una copia de cada documento.*

¡Salud! Exclamación de saludo (palabra ésta del mismo origen). Pone de manifiesto que se desea un bien a la persona a quien se dirige. Se dice en los brindis. En otro tiempo la emplearon quienes, por sus convicciones, evitaban los términos de significación religiosa, como «Jesús» o «adiós».
Vender salud. Gozar de excelente salud (= tener tanta, que sobra, y ese sobrante puede venderse).

SALUDAR
No saludar a alguien. No dirigirle la palabra, para manifestar su enfado: *Ésos ya ni se saludan.*

SALVO
A salvo. Fuera de peligro, sin haber sufrido daño alguno: *Los náufragos están a salvo.*
Salva sea la parte. La parte que se evita mencionar (una de las acepciones de salvar es, precisamente, evitar, eludir). Suele decirse de aquellas partes del cuerpo que a algunos les resulta violento llamar por su nombre. *Le dio un puntapié en salva sea la parte.*
Sano y salvo. En perfecta salud y sin daño alguno, por lo general después de haber sufrido algún contratiempo: *Los alpinistas fueron rescatados sanos y salvos.*

SANGRE
A sangre. En artes gráficas, los grabados que ocupan el margen del libro o folleto, esto es, los que sobresalen de la caja (la parte ocupada por el texto).
A sangre fría. Con tranquilidad, sin dejarse vencer por la emoción, con premeditación y cálculo: *Asesinato a sangre fría.*
A sangre y fuego. Destruyéndolo y arrollándolo todo, con la mayor violencia, sin respetar vidas ni haciendas: *El invasor irrumpió en el país a sangre y fuego.*
Arderle, bullirle o hervirle a uno la sangre. Exaltarse al máximo, hasta el punto de verse empujado a reaccionar con violencia: *Ante aquella provocación, sentí que me hervía la sangre.*
Chuparle la sangre a alguien. Provocar paulatinamente la ruina ajena en beneficio propio: *Cayeron en manos de usureros que les chupaban la sangre.* Alude a ciertos animales parásitos, que se alimentan de la sangre de otros, a los que van debilitando poco a poco.
Correr la sangre. Producirse riñas o disturbios en cuyo transcurso se derrame sangre: *Si no llegan pronto a un acuerdo las partes enfrentadas, correrá la sangre.*

Encenderle, quemarle, revolverle la sangre a uno. Experimentar gran indignación o impaciencia: *Cada vez que le oigo decir eso, se me revuelve la sangre.*
Hacerse uno mala sangre. Mortificarse, sentir enfado o incomodidad y no poder remediar las causas: *Deje usted de preocuparse por eso; no se haga mala sangre.*
Hacerse uno sangre. Causarse una herida y provocar con ello la efusión de sangre: *Me he pinchado y me he hecho sangre.*
Helársele la sangre (en las venas). Sufrir un gran susto: *Cuando vi aquello, se me heló la sangre en las venas.*
Llevar o tener algo en la sangre. Llevarlo muy dentro, ser inherente a su persona, por herencia, por ser innato o por íntima convicción: *Lleva la música en la sangre.*
No llegar la sangre al río. No tener una cosa consecuencias graves (comparando la situación con una batalla o una disputa con poco derramamiento de sangre): *El enfrentamiento de las dos partes es difícil de superar, pero creo que no llegará la sangre al río.*
No tener sangre en las venas. No ser capaz de reaccionar con la energía y decisión que demandan ciertas situaciones (= tener sangre de horchata): *¿Y después de lo que le dijo se quedó tan fresco? ¿Es que no tiene sangre en las venas?*
Pedir sangre. Exigir que algo se resuelva de manera violenta.
Subírsele a uno la sangre a la cabeza. Perder la serenidad, ser presa de la ira, no poder evitar una actuación impulsiva: *Al contemplar aquellos abusos, se me subió la sangre a la cabeza.*
Sudar sangre. Hacer un gran esfuerzo para conseguir algo: *Para llevar a cabo una obra como esta tuvimos que sudar sangre.*
Tener sangre de horchata. No saber reaccionar con energía; observar un comportamiento apático o pusilánime (= no tener sangre en las venas, que en el caso de la expresión que comentamos se sustituye por la conocida bebida dulce).

SANMARTÍN

Llegarle o venirle a uno su sanmartín. Llegarle a uno el momento de rendir cuentas, de sufrir las consecuencias de sus actos, de ser castigado, etc. En torno al día de san Martín, el 11 de noviembre, se procede a la matanza del cerdo, y de ahí que a veces esta locución se formule así: «A todo puerco le llega su sanmartín».

SANO, A

Cortar por lo sano. Por analogía con una intervención quirúrgica, en que se corta una parte todavía sana para evitar que el mal se extienda a ella, adoptar el procedimiento más expeditivo, sin consideración alguna, a fin de atajar inconvenientes, remediar posibles perjuicios, etc.

SANTÍSIMO, A

Hacerle a uno la santísima. Mortificarlo, causarle molestias. *Tengo un dolor aquí que me está haciendo la santísima. Su suegra no para de hacerle la santísima.* Santo y santísimo tienen la finalidad de reforzar ciertos nombres; así, se dice hacer uno su santa voluntad, tener santa paciencia, etc. En este caso parece que se sobreentiende «santísima puñeta» o expresión análoga.

SANTO, A

¿A santo de qué...? ¿Con qué motivo, con qué finalidad? *¿A santo de qué me pides eso?*

Alzarse con el santo y la limosna. Apropiarse de lo que a uno le corresponde y, además, de lo ajeno.

Desnudar a un santo para vestir a otro. Quitar algo a una persona para dársela a otra que no precisa más de ello que la primera. Quitar una cosa de un sitio para colocarla en otro donde, sin embargo, no hace más falta.

Írsele a uno el santo al cielo. Olvidarse de algo: *No acudí a la cita porque se me fue el santo al cielo.*

Llegar y besar el santo. Llegar a un sitio en el momento preciso para conseguir lo que allí se había ido a buscar. Lograr algo en el tiempo más breve. *¿Tuvisteis que esperar mucho rato para que os atendieran? No; fue llegar y besar el santo.* En la festividad de un santo, en la iglesia del que era titular se exponía la imagen a la veneración de los fieles, los cuales en ocasiones debían guardar cola. A esta espera alude, evidentemente, el dicho que comentamos.

No ser santo de su devoción. Desagradarle, profesarle antipatía: *Fulano no es santo de mi devoción.*

Quedarse para vestir santos. Permanecer soltera una mujer. En otro tiempo se suponía que la que no se casaba dedicaba una parte de su tiempo a las devociones y a colaborar en el arreglo de la iglesia. Se dice también «vestir imágenes».

Tener el santo de cara o de espaldas. Verse favorecido o no por la suerte. Era costumbre de algunas personas e incluso de comunidades religiosas poner de cara a la pared la imagen de un santo cuando consideraban que éste no atendía sus oraciones.

SARTÉN

Tener la sartén por el mango. Dominar una situación, ejercer el mando en un lugar o en un asunto (= llevar las riendas): *Nosotros no podemos hacer nada; ellos tienen la sartén por el mango.*

SATÉLITE

Vía satélite. Telecomunicación establecida entre dos o más puntos de la Tierra a través de un satélite artificial puesto en órbita con la finalidad de retransmitir señales de radio. *La ceremonia fue emitida por televisión a todo el mundo vía satélite. La comunicación telefónica ya no se establece mediante cable, sino vía satélite.*

SAZÓN

A la sazón. En aquel tiempo u ocasión: *Fulano de Tal, a la sazón director de la empresa...* Sazón significa ocasión, tiempo oportuno, y proviene del latín *satio*, siembra.

SECO, A

A secas. Una cosa sola, sin acompañamiento alguno: *No me llame don Fulano; llámeme Fulano a secas.*
En seco. Fuera del agua o del medio húmedo. Sin causa ni motivo. Sin medios para realizar algo: *quedarse en seco.* Bruscamente: *pararse en seco.*
Estar uno seco. Tener sed, necesitar beber algo. *Quedarse uno seco:* morir de repente. *Dejar a uno seco:* matarlo en el acto.

SEDA

Como una o la seda. Suave y placenteramente (como el tacto de la seda): *Todo fue como la seda.*
De seda. Se dice de lo que es muy suave: *piel de seda.*

SEGUIDO, A

En seguida. De inmediato, a continuación: *En seguida voy.*

SEGUIR

A seguir bien. Fórmula de despedida (= que usted siga bien, que usted lo pase bien, etc.).

SEGÚN

Según (y) como (o según y conforme). Según, de tal manera, igual que: *Lo dejé según y como lo encontré.* Si se dan las condiciones adecuadas: *¿Aceptarás el trabajo? Según y conforme.*

SEGUNDO, A

Con segundas. Con doble o con segunda intención: *Aquello me lo dijo con segundas.*

SEGURO, A

A buen seguro (o de seguro). Seguramente, con seguridad: *A buen seguro no vendrá.*
Sobre seguro. Con absoluta seguridad, sin correr el menor riesgo: *actuar, proceder, etc., sobre seguro.*

Tener algo por seguro. Considerarlo absolutamente cierto: *Ten por seguro que no lo voy a consentir.*

SEMANA

Entre semana. Los días que están en medio de la semana, los que no son sábado ni domingo, los días laborables: *Iré un día entre semana.*

SEMBLANTE

Componer el semblante. Adoptar una expresión de seriedad o modestia.
Mudar el semblante. Alterarse el rostro por efecto de la emoción, la contrariedad, etc.: *Cuando le dieron la noticia, (se le) mudó el semblante.*

SENSACIÓN

De sensación. Sensacional, que causa sensación: *éxito de sensación.*

SENTADO, A

Dar algo por sentado. Darlo por supuesto, por seguro: *Doy por sentado que él acudirá.* En el Diccionario de la Real Academia, la segunda acepción de sentar es dar por supuesta o por cierta una cosa (en latín, *sedeo* significa, además de sentarse, quedar algo decidido).
De una sentada. De una sola vez (esto es, sin levantarse), de forma ininterrumpida: *Esto lo hago yo de una sentada.*

SENTIDO

Con los (o mis, tus, sus, etc.) cinco sentidos. Con la mayor atención y cuidado, sin permitirse la menor distracción, con plenas facultades. *En este trabajo hay que poner los cinco sentidos (= hay que hacerlo con los cinco sentidos). Bebió mucho, pero conservó sus cinco sentidos (= se mantuvo con sus cinco sentidos, sus cinco sentidos no sufrieron merma). Poner los cinco sentidos en alguien:* Profesarle el mayor afecto.
De sentido común. De acuerdo con el buen juicio natural que se les supone a las personas. De lógica. *¿Cómo no se te ocurrió, si es algo de sentido común?*
Hacer perder (o quitar) el sentido. Experimentar una fuerte emoción (hasta el punto de desmayarse, aunque se suele emplear en sentido figurado): *Es algo tan maravilloso que te hace perder el sentido.*

SEÑA

Para (o por) más señas. Para precisar, para puntualizar las circunstancias que faciliten la comprensión de algo, para ampliar los datos relativos a algo. *El nuevo jefe es muy competente y, por más señas, pariente del director.*

SEPARADO, A

Por separado. Separadamente, con separación: *Cuéntelos por separado.*

SEPULTAR

Cavar alguien su (propia) sepultura (fosa, tumba). Crear uno mismo las condiciones de lo que ha de perjudicarle. Actuar de tal modo que se atrae su propia desgracia. *Cuando tomó aquella decisión fue como si se hubiera cavado su propia tumba.*

SEPULTURA

Dar sepultura. Enterrar un cadáver, sepultar: *Concluido el funeral, se procedió a dar sepultura a sus restos mortales.*

SER

Érase una vez o érase que se era. Fórmula con que tradicionalmente se da principio a los cuentos.
Ser de lo que no hay. Ser un caso único. Implica censura leve o incluso admiración: *Este Fulano de Tal es de lo que no hay.*
Ser muy suyo. Ser muy peculiar, ser impermeable a la influencia ajena, mostrarse inflexible y hacer prevalecer la propia voluntad.
Un si es no es. Ser algo en pequeña medida, serlo de manera limitada.

SERENATA

Dar la serenata. La serenata (palabra de origen italiano) es una música que se compone para ser interpretada en la calle o al aire libre y durante la noche, especialmente para festejar a una persona. A esta expresión suele dársele el sentido de molestar, sobre todo haciendo ruidos o dando voces que impiden dormir.

SERENO

Al sereno. A la intemperie por la noche: *dormir, quedarse, etc., al sereno.* Sereno proviene del latín *serum*, que significa la tarde o la noche (*sera* en italiano, *soir* en francés), y designa más concretamente la humedad que durante la noche impregna la atmósfera.

SERIE

En serie. Fabricación de muchos objetos iguales, según un mismo patrón y de acuerdo con idénticos procedimientos. A veces se aplica a las personas *(a estos chicos parece que los hagan en serie)* para significar que carecen de originalidad, que son del montón, que no las distingue ninguna característica propia.

SERIO, A

En serio. Con seriedad y rigor. Sin engaño ni burla. *Hay que tomarlo en serio. Te lo digo en serio.*
Ser algo una cosa seria. Ser muy digno de tenerse en cuenta. Ser grave, importante, de consideración. *Como profesional, Fulano es una cosa seria. Su enfermedad es una cosa seria.*

SERVICIO

Al servicio de. Dispuesto para servir a. Sirviendo a. A disposición de. *El espía estaba al servicio de una potencia extranjera. El político estaba al servicio de turbios intereses.*
De servicio. Sirviendo. Desempeñando la función que le corresponde durante el tiempo que se le ha asignado (militares, funcionarios, médicos, etc.). Se emplea con verbos como entrar, estar, salir, etc. *Mañana no puedo ir; estoy de servicio. Entro de servicio a las nueve.*
Hacer el servicio. Se sobreentiende el militar.
Hacer un flaco servicio. Causar perjuicio a alguien, a veces sin proponérselo: *Diciéndole eso a Fulano, me has hecho un flaco servicio.*

SERVIR

Ir uno servido. Salir perjudicado o chasqueado: *El jefe le ha echado una bronca que ya va (bien) servido.*
No servir de nada. Ser inútil: *La medicina no le sirvió de nada.*
Para servirte (servirle o servir a usted). Fórmula de cortesía con que uno se ofrece a otra persona, poniéndose a su disposición. Hoy está en desuso por considerarla, muy apropiadamente, servil, pero en otro tiempo era obligada en determinadas ocasiones, como cuando uno decía su nombre (sobre todo los niños, los caballeros al dirigirse a las señoras, las personas de rango social tenido por inferior, como empleados y otros subordinados, etc.): *Me llamo Fulanito, para servirle.* A veces se adornaba con añadidos del tenor de «para servir a Dios y a usted».

SESGO

Al sesgo. Sesgo es palabra de origen portugués, y significa oblicuamente, torcido. Aplicado a situaciones, proceder de manera torcida e indirecta. *Trató el asunto un tanto al sesgo.*

SESIÓN

Abrir o levantar la sesión. Comenzarla o concluirla. Sesión viene del latín *sessio*, acción de sentarse. En aquellas sesiones, reuniones o asambleas en las que hay un presidente, a él le corresponde establecer cuándo se abre y cuándo se levanta. En los espectáculos, donde no hay presidente, se dice que empieza o termina la sesión.

SESO

Calentarse o devanarse los sesos. Meditar mucho una cosa, sumirse en profundas cavilaciones: *No te devanes más los sesos y toma una decisión.* Devanar significa dar vueltas sucesivas a un hilo. Proviene del latín *depanare*, de *panus*, ovillo, y el cerebro, con sus circunvoluciones, parece tener forma de ovillo, de algo enrollado.

Perder el seso. Perder el juicio, enloquecer, perder el sentido (*sesus*, en latín, significa precisamente sentido): *Esa mujer le ha hecho perder el seso.*

Tener a alguien sorbido el seso o sorberle el seso. Tenerle dominado, ejercer sobre él una influencia absoluta: *Su novia le tiene sorbido el seso.*

SÍ

A que sí. Comentario con el que se busca la aprobación del interlocutor a lo que acaba de decirse (= a que esto es verdad, a que no me equivoco): *¿Tengo razón? ¡A que sí!* Se emplea también cuando dos personas disputan, y entonces tiene sentido de apuesta o desafío: *¿Que no soy capaz de hacerlo? ¡A que sí!*

Fuera de sí. Habiendo perdido la serenidad, el control de uno mismo. Exaltado. Furioso. (Fuera de sí= salir fuera de uno mismo.) *Cuando se lo comunicaron, se puso fuera de sí.*

Para sí o para sí mismo. Para el propio uso. Para uno mismo. Lo que no se comparte con los demás. Mentalmente, sin exteriorizarlo con palabras: *Dijo para sí* (= se dijo, pensó, reflexionó). Se emplea también con los pronombres mí y ti.

Por sí mismo o por sí solo. Por sus propios medios, sin ayuda de otro: *Lo hizo por sí mismo.*

Porque sí. Sin razón alguna, sin causa justificada, por capricho: *¿Crees que lo hice porque sí?*

Pues sí o pues sí que... Expresión con la que se asiente a lo que dice el interlocutor, cuando en realidad se le está haciendo ver lo contrario: *¿Y ha cometido esa estupidez? ¡Pues sí que es listo el muchacho!* (= pues sí que es tonto). También se emplea como exclamación: *¿Todavía no han llegado? ¡Pues sí qué...!*

SIEMPRE

De siempre. Desde siempre, desde que se tiene memoria, lo que permanece invariable. *Los que nos perjudican son los de siempre.*

Fulano es su consejero de siempre. Le recibieron con el afecto de siempre.
Desde siempre. De siempre: *Esto está aquí desde siempre* (= desde que se recuerda).

SIGLO

Del siglo. De este siglo.
Por los siglos de los siglos. Para la eternidad, hasta la consumación de los siglos (de la fórmula litúrgica *per [omnia] saecula saeculorum*). En el lenguaje común se emplea para indicar que algo tiene duración indefinida: *Yo me largo de aquí y no vuelvo por los siglos de los siglos.*

SILENCIO

En silencio. Guardando silencio, silenciosamente. *La concurrencia permanecía en silencio. Sufrió sus penas en silencio.*
Imponer silencio. Exigir quien tiene autoridad para ello que se guarde silencio: *Ante la persistencia de los murmullos, el presidente impuso silencio en la sala.*
Pasar en silencio una cosa. Omitirla, no mencionarla: *Pasó en silencio por las protestas que le habíamos hecho llegar.*
Reducir al silencio. Hacer callar, imponer silencio por la fuerza, impedir que alguien manifieste una opinión adversa: *Los disidentes fueron reducidos al silencio.*
Romper el silencio. Interrumpir el silencio con un ruido o una voz: *Los disconformes rompieron el silencio con sus protestas.*

SÍNTESIS

En síntesis. En resumen: *Nuestras conclusiones son, en síntesis, las siguientes...* Síntesis proviene del léxico filosófico y ha pasado al científico, sobre todo a la química. Significa composición, unión, integración, compendio, suma de las partes para constituir un todo (griego *syn*, juntamente, y *thésis*, colocación, disposición).

SISTEMA

Por sistema. Sistemáticamente, por principios o por costumbre: *Obstruye nuestro trabajo por sistema.*

SITIO

Dejar a uno (o quedarse alguien) en el sitio. Matar a alguien en el acto o morir alguien de repente. *Le pegó un tiro y lo dejó en el sitio. Sufrió un ataque y se quedó en el sitio.*
Poner a alguien en su sitio. Recordarle a uno, con mejores o peores modales, cuál es el lugar o el papel que le corresponde: *Se estaba tomando demasiadas confianzas y hube de ponerlo en su sitio.*

SO

So capa de. Con aspecto falso o pretexto (= bajo la capa de). Capa alude aquí al aspecto externo de una cosa, ya que una de sus acepciones es el color de la piel de los caballos y otros animales.
So color de. Locución de significado análogo a la anterior.
So pena de. Bajo la pena o castigo de. *Ver* **PENA.**
So pretexto de. Con el pretexto de (so= bajo, del latín *sub*): *Vino a verme so pretexto de saludarme, pero en realidad lo que pretendía era...*

SOBAQUILLO

De sobaquillo. Modo de poner las banderillas dejando pasar la cabeza del toro y clavándolas el banderillero hacia atrás al tiempo que escapa. Manera de lanzar las piedras por debajo del brazo izquierdo apartado del cuerpo.

SOBRA

De sobra. Abundantemente, con exceso, con más de lo necesario: *Llegamos con tiempo de sobra.*

SOCAIRE

Al socaire. Al abrigo, bajo la protección. La expresión proviene del léxico marinero y está tomada del portugués. Socaire es el abrigo o defensa que ofrece una cosa en su lado opuesto a aquel de donde sopla el viento.

SOCIEDAD

Presentar o presentarse en sociedad. Dar una fiesta con baile para celebrar que una muchacha (o un grupo de ellas) ha llegado a una edad (normalmente los dieciocho años) en que ya le está permitido concurrir a actos sociales. En lo sucesivo, por tanto, ya se la puede invitar a ellos. También se dice ponerse de largo (esto es, empezar a vestir trajes de noche).

SOGA

A soga. Modo de construir cuando la dimensión larga del ladrillo o sillar va colocada en la misma dirección del largo del paramento (pared). La expresión correlativa es «a tizón», esto es, cuando la dimensión larga del ladrillo se coloca perpendicular al paramento. *El muro estaba construido, alternativamente, a soga y a tizón.*
Estar con la soga al cuello. Hallarse en una situación muy apurada, verse amenazado por un riesgo grave: *Está con la soga al cuello: completamente arruinado y acosado por los acreedores.*
La soga tras el caldero. Se aplica a las personas que siempre van juntas: *Ahí vienen esos dos: la soga tras el caldero.*

Mentar (o nombrar) la soga en casa del ahorcado. Sacar a la conversación cuestiones que molesten o avergüencen a los circunstantes.

SOL

Arrimarse al sol que más calienta. Ponerse siempre de parte del más poderoso.
De sol a sol. Durante todo el día (= desde que sale el sol hasta que se pone): *trabajar de sol a sol.*
No dejar a alguien ni a sol ni a sombra. Perseguirlo o acosarlo continuamente, sin cejar un instante: *No sé cómo librarme de él; no me deja ni a sol ni a sombra.*
Picar o pegar el sol. Dar el sol en el momento en que sus rayos tienen más fuerza: *¡Hay que ver cómo pega hoy el sol!*

SOLFA

Poner en solfa. Disponer una cosa con orden y buena presentación: *Tengo el texto en borrador; ahora he de ponerlo en solfa.* Ridiculizar una cosa: *El caricaturista pone en solfa la actualidad política.* En sentido literal es escribir música (deriva de sol y fa).

SOLO, A

A solas. En soledad. Sin compañía alguna o con la mínima. *Permanecer a solas. Quedarse a solas con otra persona.*
Quedarse uno solo. Quedar desasistido de apoyo, ser abandonado por los demás: *Al principio todos le defendían, pero acabó quedándose solo.*

SOLTAR

Soltar alguien la lengua, soltarse de la lengua o soltársele la lengua a alguien. Decir lo que debe mantener en secreto, bien sea espontáneamente, impulsado por alguna circunstancia concreta (después de beber con exceso, por ejemplo) o presionado por alguien (= irse de la lengua).

SOMBRA

A la sombra. En la cárcel: *Lleva dos años a la sombra.*
A la sombra de. Con la protección de, aprovechando la influencia de: *Hizo fortuna a la sombra de su amigo Fulano de Tal.*
Hacer sombra a alguien. Impedir que otro sobresalga o prospere, ocultar sus méritos: *El jefe le hace (la) sombra porque sabe que es más competente que él.*
No haber ni sombra. No haber nada, ni rastro de lo que hubo.

No ser alguien o algo sombra de lo que era. Haber decaído de tal modo que resulta irreconocible. *Después de su enfermedad ya no es (ni la) sombra de lo que era. Debido a la emigración, este pueblo no es sombra de lo que era.*
Tener buena o mala sombra. Ser persona simpática y chistosa o desagradable y antipática (sombra = gracia, salero). Tener buena o mala suerte (sombra = fortuna).

SOMBRERO

Quitarse el sombrero. Por analogía con esta muestra de respeto y cortesía, manifestar admiración por alguien, generalmente por su actuación brillante, su proceder ejemplar, etc. *Su interpretación fue de las de quitarse el sombrero. Tuvo un gesto que es como para quitarse el sombrero.* Esta locución tiene diversas variantes, en las que la prenda de cabeza puede ser, por ejemplo, la boina o el gorro. También hay quien se limita a emplear la palabra francesa *chapeau.*

SON

¿A son de qué? ¿Con qué motivo? ¿A santo de qué?
Al son de. Con la música de (son = sonido agradable).
Bailar uno al son que le tocan. Acomodar la propia actuación a lo que le impone otro más fuerte. Contemporizar. Adaptarse, por interés o comodidad, a las circunstancias que a uno se le imponen.
En son de. De modo, con propósito de, a título de: *en son de guerra, de paz* (son en su acepción de manera, modo, tenor).
Sin ton ni son. Sin razón, fundamento o propósito concreto. *Ver* **TON.**

SONAR

Como suena o así como suena o tal como suena. Literalmente, con arreglo al sentido estricto de las palabras: *¿Cómo se escribe? Tal como suena.*
Lo que sea sonará. Ocurrirá lo que deba ocurrir. Se dice de aquello cuyo desenlace no puede preverse o resulta imposible de controlar. *No está en nuestra mano resolver este caso. Lo que sea sonará.*

SOÑAR

Ni soñarlo. Negativa rotunda. Ni pensarlo, queda totalmente descartado, de ninguna manera: *¿Irás a verle? ¡Ni soñarlo!*
Soñar despierto. Imaginar fantasías. *Te pasas el día soñando despierto.*

SOPA

A la sopa boba. Vivir a expensas de otro. Vivir sin trabajar a costa de los demás. Tener un empleo, conseguido por recomendación, en el que no se trabaja pero se cobra. La sopa boba era la comida que se repartía a los pobres en los conventos.

Dar sopas con honda. Descollar en una actividad, hasta el punto de imponerse indiscutiblemente a los demás: *Ése os da sopas con honda a todos vosotros.* Indudablemente se precisa una habilidad increíble para dar a alguien sopas (pedazos de pan empapados con algún alimento líquido) valiéndose de una honda (tira de cuero u otro material para tirar piedras –o, en este caso, las sopas– con violencia y a lo lejos).

Estar sopa. Estar muy acatarrado.

Hasta en la sopa. *Encontrarse a alguien hasta en la sopa:* encontrárselo en todas partes, sufrir su persecución, coincidir con él un número exagerado de veces en breve tiempo.

Ponerse como una sopa o hecho una sopa. Estar empapado, estar muy mojado (por lo general a causa de la lluvia).

SOPETÓN

De sopetón. De súbito (palabra de la que deriva), de improviso.

SORDINA

Con o en sordina. Silenciosamente, sin estridencias, con disimulo. La sordina es una pieza que se acopla a ciertos instrumentos musicales para disminuir la intensidad del sonido (volverlo más «sordo») y modificar el timbre.

SORPRESA

De sorpresa o por sorpresa. De súbito, sin que nadie lo esperara, sin previo aviso: *Se presentaron aquí por sorpresa.*

SUBIR

Subirse a la cabeza. Perder la claridad de juicio y el buen sentido por efecto de una bebida embriagante. También se dice del cargo, el éxito, el dinero, el poder, etc.

SÚBITO

De súbito. De pronto, de repente, sin previo aviso: *Surgió ante nosotros de súbito.*

SUCESIVO, A

En lo sucesivo. En adelante, en lo porvenir: *En lo sucesivo, procure no incurrir en este error.*

SUDOR

Con el sudor de mi (tu, su) frente. Con mi trabajo, con mi esfuerzo: *Este dinero lo he ganado con el sudor de mi frente.* La expresión proviene del castigo que Dios impuso a Adán por haberle desobedecido (Génesis 3,19).

SUECO, A

Hacerse el sueco. Desentenderse de algo, fingir que no se comprende: *Le llamé la atención, pero él se hizo el sueco.* Podría creerse que alguien se finge sueco (natural de Suecia) para hacer como que no comprende el español. Sin embargo, este sueco no es un gentilicio sino un tronco o tocón: del latín *soccus*, sandalia, zapato ligero, de donde deriva «zueco». Al tocón o tronco caído o partido se le llama así porque su forma recordaría la de ese calzado. En cuanto a hacerse el sueco, en esta expresión se asimila al sujeto a algo inanimado, que permanece inmutable oiga lo que oiga (= hablarle a la pared).

SUELA

De siete suelas. Fuerte, sólido, robusto (como cabe esperar de un calzado de siete suelas superpuestas). Suele emplearse en expresiones como *pícaro de siete suelas* (= pícaro redomado, grandísimo pícaro).

SUELDO

A sueldo. A cambio de un sueldo, recibiendo una retribución por un trabajo (el sueldo o sólido era una moneda romana). *Está a sueldo en esa empresa. Está a sueldo de intereses extranjeros. Es un asesino a sueldo. Eso no lo haría yo ni a sueldo.*

SUELO

Besar el suelo. Caerse de bruces (= medir el suelo).
Besar el suelo por donde pisa alguien. Manifestarle la más rendida admiración, afecto, agradecimiento, etc. *Desde que le sacó de aquel apuro, besa por donde él pisa.*
Dar consigo en el suelo. Caerse: *Resbaló y dio consigo en el suelo.*
Dar en el suelo con. Caérsele a alguien una cosa: *Dio en el suelo con todos los vasos.*
Poner por los suelos. Hablar mal de alguien, denigrarlo: *Le preguntamos su opinión sobre Fulano y lo puso por los suelos.*
Por el suelo o por los suelos. En el punto más bajo, en situación precaria o de abatimiento: *el ánimo, la economía, la moral, el prestigio, etc., por los suelos.*
Santo suelo. El suelo sin nada que atenúe el contacto con él: *Tuvimos que acostarnos en el santo suelo.*

SUEÑO

Coger el sueño. Dormirse: *Estaba nervioso y no lograba coger el sueño.*
Echar un sueño. Dormir breve rato: *Después de comer eché un sueño.*
Entre sueños. Dormitando, en duermevela: *Le oí llegar entre sueños.*
Ni en sueños. Negativa rotunda. De ningún modo, ni pensarlo: *No accedería ni en sueños.*
Perder el sueño por alguien. Preocuparse por él: *Que haga lo que quiera; no voy a perder el sueño por él.*
Quitar el sueño. Se dice de lo que causa inquietud y desasosiego: *Ese asunto en el que anda metido le quita el sueño.*

SUERTE

A suerte(s). Al azar, valiéndose de medios fortuitos o casuales para resolver algo: *Echemos a suertes quién va a hacerlo.*
De suerte que o de tal suerte que. De tal manera (suerte = estado, condición): *Se mezclaron con la multitud, de suerte que pasaron inadvertidos.*
En suerte. Lo que es objeto de sorteo: *Éstos son los premios que entran en suerte.* Quienes participan en un sorteo: *Al poseer un número, usted entra en suerte.*
Por suerte. Afortunadamente: *Por suerte, la herida no fue grave.*
Probar suerte. Tratar de verse favorecido por la suerte, intentando algo cuyo resultado es incierto, participando en un juego de azar, etc. *Seguramente se habrán agotado las localidades, pero vayamos a la taquilla a probar suerte.*
Tentar la suerte. Arriesgarse imprudentemente.
Tocar o caer en suerte. Resultar favorecido en un juego de azar o verse beneficiado casualmente por algo. A veces se emplea en sentido irónico: *Con este marido que me ha caído en suerte...*

SUMA

En suma. En resumen: *Lo que, en suma, quiero decir es que...*
Suma y sigue. En contabilidad, sumadas las cantidades de una página (suma parcial), continúa la suma en la siguiente.

SUMO, A

A lo sumo. Todo lo más, como máximo: *A lo sumo eran siete.*

SUPERFICIE

Salir o aflorar a la superficie. Ponerse de manifiesto aquello que permanecía oculto o reservado: *Finalmente, el escándalo salió a la superficie.*

SUPONER

Ser algo de suponer. Suponerse, considerar que necesariamente ha de ser así: *¿Y Fulano está enterado de eso? Es de suponer.*

SUPUESTO, A

Dar algo por supuesto. Darlo por cierto: *Doy por supuesto que usted ha estudiado bien el asunto.*
Por supuesto. Desde luego, ciertamente: *¿Me llamarás? Por supuesto.*

SUSTO

Caerse del susto. Causar gran conmoción un susto: *Cuando me lo dijeron, me caí del susto.*
Dar un susto al miedo. Se dice de las personas muy feas: *Fulano es como para darle un susto al miedo.*
No ganar para sustos. Sufrir un susto tras otro, experimentar una sensación continua de susto: *Desde que su hijo se ha comprado la moto, la pobre no gana para sustos.*

SUYO, A

Darle a alguien lo suyo. Darle su merecido.
De las suyas. Obrar según su costumbre, por lo general censurable: *Ya han estado otra vez por aquí esos gamberros haciendo de las suyas.*
De suyo. De por sí, en sí, lo que le es propio e intrínseco. Suele aplicarse a las cualidades de algo: *bueno, condenable, malo, perjudicial, etc., de suyo.*
Lo suyo. Locución con que se pondera la dificultad, mérito, importancia, etc., de algo o alguien. Suele construirse con verbos como costar, haber, tener, valer, etc. *Este trabajo tiene lo suyo* (= es difícil). *El coche le costó lo suyo* (= caro). *Desde aquí hasta el pueblo hay lo suyo* (= está lejos).
Ser alguien muy suyo. Ser muy peculiar, ser impermeable a la influencia ajena, mostrarse inflexible y hacer prevalecer la propia voluntad.

T

TABARRA

Dar la tabarra. Molestar, importunar insistentemente con algo: *Nos estuvieron dando la tabarra toda la tarde.* Tabarra viene de tabarro: tábano, abejorro.

TABLA

A raja tabla. Cueste lo que cueste, a todo trance, sin contemplaciones (aun a costa de rajar o hender la tabla o mesa): *Aplican el reglamento a raja tabla.* Suele escribirse rajatabla.

Hacer tabla rasa de algo. Prescindir o desentenderse de algo (como quien despeja la superficie de una mesa, aunque también podría significar hacer borrón y cuenta nueva, suprimiendo o rascando [latín *rado*] los nombres que figuraban en la *tabula* o lista de proscritos). *El nuevo jefe, decidido a implantar sus propios métodos, hizo tabla rasa de cuanto llevábamos hecho.*

Tener tablas. Tener un actor o actriz la soltura en el escenario que le da su sólida experiencia profesional (se refiere a las tablas del escenario). Por extensión, se dice de una persona que sabe desenvolverse con naturalidad en su profesión o fuera de ella.

TACADA

De una tacada. De una vez. La expresión está tomada del billar, en que de una sola tacada (golpe de taco) el jugador hábil puede conseguir varias carambolas. *He ido a las oficinas centrales y he resuelto los tres asuntos pendientes de una (sola) tacada.*

TAJADA

Sacar uno tajada de algo. Obtener algún beneficio. Sacar con mañas alguna ventaja, especialmente en lo que se reparte entre varios. *Ése siempre saca tajada. Fulano se las arregló para sacar la mayor tajada.* Tajada: porción cortada de una cosa, especialmente comestible (de tajar, cortar).

TAL

Tal cual. Tal como, igual. *Tal cual está, no lo quiero. Esto no lo han tocado; lo han dejado tal cual.*

Tal para cual. Expresión que denota semejanza moral entre dos personas. Suele implicar censura. *Ésos dos son tal para cual.*

TALLA

Dar la talla. Estar a la altura de lo que se espera de uno o de lo que demandan las circunstancias: *Le nombraron director, pero no da la talla.* Talla: estatura (dar la talla: alcanzar la estatura mínima exigida para un determinado propósito).

TALÓN

Pisarle a alguien los talones. Ir tras él a muy escasa distancia. *Nosotros acabamos de llegar, así que veníais pisándonos los talones. La policía le estaba pisando los talones al fugitivo.*

TAMIZ

Pasar algo por el tamiz. Someter algo a minucioso examen, con objeto de despojarlo de lo accesorio. Corregir o censurar algo, quitando lo que se considera improcedente. El tamiz (palabra de origen celta) es un cedazo muy espeso que sirve para separar las partes gruesas de las sutiles en materias en polvo, áridos, etc.

TÁNDEM

En tándem. Modo de montar ciertos aparatos para que funcionen simultáneamente. Hacer dos personas una cosa a la vez o complementándose. Del latín *tandem*, a lo largo (del tiempo, del espacio).

TANGENTE

Irse (escaparse o salirse) uno por la tangente. Valerse de un subterfugio para eludir algo que se desea evitar o que resulta desagradable. *Fui a pedirle explicaciones, pero se fue por la tangente.* En geometría son tangentes las líneas que se tocan (latín *tango*) pero no se cortan.

TANTO

A las tantas. Muy tarde. A veces de añade «de la noche», «de la madrugada», etc. *Llegaron a las tantas.*
Al tanto. Al corriente, enterado: *Yo no estoy al tanto de ese asunto.*
Apuntarse un tanto (a su favor). Símil deportivo: conseguir un éxito, añadir un mérito a los que ya se tienen. Tanto significa cantidad. *Al conseguir ese pedido tan importante para la empresa, Fulano se ha apuntado un (buen) tanto.*
Ni tanto ni tan calvo. Expresión con que se exhorta a alguien a que no exagere, a que se muestre más moderado. Parece que guarda relación con la compra de un paño o tejido, del que no se precisa

tanta cantidad como la que se ofrece, pero se exige que esté menos calvo, esto es, que no haya perdido tanto pelo (que no esté tan gastado).
¡Y tanto! Exclamación de asentimiento a lo que dice o pregunta otro: *¿Tienes suficiente? ¡Y tanto!*

TAPETE
Sobre el tapete. Ser un asunto objeto de tratamiento, examen o debate: *Hay que poner la cuestión sobre el tapete, y que se resuelva de una vez.* Tapete: alfombra pequeña; cubierta de paño que se coloca sobre una mesa.

TARDE
De tarde en tarde. De cuando en cuando, transcurriendo largo tiempo entre una vez y otra: *Viene a vernos de tarde en tarde.*

TARRO
Comer (se) el tarro. Comer(se) el coco. Tarro: cabeza.

TASCAR
Tascar el freno. Morder el caballo el bocado o moverlo entre los dientes (tascar viene del portugués y significa quebrar, romper). Resistir uno la sujeción que se le impone, sufriéndola a su pesar. *Lleva diez años tascando el freno.*

TÉ
Dar el té. Molestar, dar la lata, dar la tabarra.

TECLA
Pulsar o tocar alguna tecla. Llevar a cabo una gestión: *A ver qué tecla hay que tocar para que se resuelva nuestro asunto.*

TEJA
A toca teja. En dinero contante, sin dilación en el pago.
De tejas (para) arriba. Las cosas sobrenaturales (de tejas arriba = el cielo).

TEJO
Tirar los tejos a alguien. En el sentido actual y más común, tratar de entablar relación con una persona del otro sexo (= ligar). La frase está tomada de un juego que consiste en arrojar una pieza redonda (tejo) y tratar de introducirla en un determinado espacio o cavidad.

TELA
Haber tela marinera. Haber mucha abundancia de una cosa. Es difícil precisar el origen del adjetivo, que en principio podría inducir a pensar que se trata del velamen de una embarcación. Sin embargo, en el léxico marinero no suele emplearse tela en este sentido.

Poner en tela de juicio. Poner en duda una cosa. Aquí hay que entender tela en su acepción (en desuso) de disputa o controversia para dilucidar algo. *Puso en tela de juicio sus afirmaciones.*

TELARAÑA
Mirar las telarañas. Estar distraído, abstraído en cosas vanas (= papar moscas, pensar en las musarañas, etc.).

TEMPORADA
De temporada. Propio de la temporada: *fruta, hortaliza, etc., de temporada (del tiempo).*

TEMPORAL
Capear el temporal. Símil marinero. Evitar compromisos, trabajos y situaciones difíciles: *Pasó por momentos apurados, pero consiguió capear el temporal.*

TENAZA
No poder sacarle algo a alguien ni con tenazas. No conseguir que diga lo que se espera (= ni con sacacorchos).
No poderse coger algo ni con tenazas. No poder cogerse por la repugnancia que causa su suciedad: *Cuando se quitó la ropa, no se podía coger ni con tenazas.*

TENDER
Tender la mano. Extender la mano para saludar a alguien o ayudarle. En sentido figurado, prestarle ayuda. *Pude salir del apuro porque me tendió una mano.*

TENER
¿(Conque) esas tenemos? ¿Esa es la actitud (por lo común hostil) que adoptas?
No tener una persona o cosa por donde cogerla. No haber por donde cogerla (*Ver* **HABER**).
No tenerlas alguien consigo. No sentirse seguro, experimentar temor: *Cuando entré no las tenía todas conmigo.*
Ten con ten. Tiento, moderación, prudencia: *Aprecié cierto ten con ten en su actitud.*
Tener a bien. Considerar oportuno. Suele utilizarse como fórmula de cortesía en las peticiones: *Le ruego tenga a bien considerar...*
Tener que ver. Tener relación. *Yo no tengo nada que ver con ese asunto. Parece que esos dos tienen que ver.*

TENOR

A este tenor. Por el mismo estilo. Tenor (de tener): constitución de una cosa, contenido.
A tenor de. Según, de acuerdo con: *A tenor de lo dispuesto por la ley.*

TEORIA

En teoría. Teóricamente, en hipótesis, por lo que conocemos especulativamente, con independencia de su aplicación práctica: *En teoría, debería ser así.*

TERCERO, A

A terceros. A terceras personas, a otros que no son los que intervienen directamente en un asunto: *causar perjuicios a terceros, intervenir terceros, etc.*

TÉRMINO

En último término. En última instancia, en último lugar, como último recurso: *En último término, lo resolveríamos nosotros mismos.*
Poner término a algo. Terminarlo, darle fin: *puso término a su discurso, a su trabajo, a sus vacaciones, a su vida, etc.*

TERRENO

En su propio terreno. En el ámbito que le es propio, en sus dominios, allí donde se siente seguro y respaldado: *Fue un error enfrentarse a él en su propio terreno.*
Preparar el terreno. Disponer previamente las cosas para facilitar algo. Allanar dificultades y crear una situación favorable para que algo tenga éxito.
Saber uno el terreno que pisa. Saber por donde anda, conocer el asunto de que se trata, sentirse seguro en su modo de actuar: *No será fácil que se equivoque; sabe el terreno que pisa.*

TIBIO, A

Poner tibio a alguien. Increparle o reconvenirle, ponerle verde: *Me cogió por su cuenta y me puso tibio.*
Ponerse uno tibio. Darse un hartazgo: *Me invitaron a comer y nos pusimos tibios.*

TIEMPO

A tiempo. Con tiempo suficiente, en el momento adecuado: *Llegamos a tiempo.*
Al (mismo) tiempo. A la vez: *Vinieron al mismo tiempo.*

Con el tiempo. Andando el tiempo, con el transcurso del tiempo: *Con el tiempo, las cosas mejorarán.*
Con tiempo. Disponiendo de tiempo: *Esto se puede hacer con tiempo.*
Dar tiempo. Conceder tiempo suficiente: *Si me das tiempo, voy yo mismo.*
De tiempo en tiempo. De vez en cuando, de tarde en tarde, con intermitencias: *Me pasaré por allí de tiempo en tiempo.*
Del tiempo. Propio de la estación: *frutas, hortalizas, etc., del tiempo.* A temperatura ambiente: *¿Quieres agua fresca o del tiempo?*
En mis (tus, sus, etc.) tiempos. En los tiempos en que uno era joven: *En mis tiempos eso se hacía de otra manera.*
En tiempos. En otros tiempos, en el pasado: *En tiempos esta casa estuvo habitada por la familia Tal.*
Faltarle a alguien el tiempo para. Apresurarse para, obrar con la mayor celeridad y diligencia para: *En cuanto se enteró, le faltó tiempo para contárnoslo.*
Ganar tiempo. Dejar transcurrir el tiempo, de modo que le favorezca a uno: *Mientras ellos se deciden, nosotros ganamos tiempo.* Tomar alguna iniciativa para aprovechar mejor el tiempo: *Si tomamos esa carretera ganaremos tiempo.*
Hacer tiempo. Ocupar el tiempo mientras llega la hora fijada para algo concreto: *Como aún faltaba media hora para la cita, hice tiempo mirando escaparates.*
Matar el tiempo. Ocuparse en algo para que el tiempo se haga más corto: *Matamos el tiempo jugando al parchís.*
Perder el tiempo. No aprovecharlo, permaneciendo ocioso u ocupándose en cosas inútiles. *¿Qué hacéis ahí perdiendo el tiempo? Tratar de convencerle es perder el tiempo. Continuar con este trabajo es perder el tiempo.*

TIENTA

A tientas. Sirviéndose del tacto para orientarse y reconocer las cosas allá donde hay oscuridad: *Avanzaba a tientas y tropecé con una silla.*

TIERRA

A ras de tierra. En la superficie de la tierra. En sentido figurado, lo que demuestra carencia de imaginación e idealidad, lo que es vulgar: *Tiene una inspiración muy a ras de tierra.*
Besar la tierra. Besar el suelo, caerse de bruces.
Dar en tierra con. Dar en el suelo con, tirar o dejar caer algo.
Echar algo por tierra. Destruirlo. Tratándose de ideas, argumentos, etc., impugnarlos, desmentirlos.
Echar tierra sobre algo. Ocultarlo. Se aplica a los asuntos enojo-

sos o escandalosos que no se desea trasciendan al público. *Como había implicadas personas influyentes, echaron tierra al caso.*
Irse o venirse a tierra. Caer, derrumbarse.
Poner tierra por medio. Huir (poner tierra entre uno y sus perseguidores): *Cometió el robo y puso tierra por medio.*
Quedarse alguien en tierra. No alcanzar a tomar un medio de transporte: *Llegó tarde al aeropuerto y se quedó en tierra.*
Sacar algo de debajo de la tierra. Obtener algo con gran esfuerzo, debido a su inaccesibilidad: *Encontraré ese dinero aunque tenga que sacarlo de debajo de la tierra.*
Tierra adentro. Lejos del mar: *Tierra adentro el clima cambia mucho.*
Tomar tierra. Aterrizar un avión.
¡Trágame tierra! Exclamación con que se expresa el deseo de desaparecer instantáneamente, para no enfrentarse a una situación adversa, a la vergüenza, etc.
Tragárselo a uno la tierra. Desaparecer sin dejar rastro: *¿Dónde anda Fulano? Parece como si se lo hubiera tragado la tierra.*

TIESO, A

Dejar tieso. Causar en alguien una impresión tal, que lo deja inmóvil, sin reaccionar. Matar a una persona.
Quedarse uno tieso. Quedarse estupefacto, sin reaccionar. Estar muerto.
Tenérselas tiesas. Disputar, manteniéndose firmes (rígidas, tiesas) las personas que se enfrentan.

TIESTO

Mear o regar fuera del tiesto. Salirse de la cuestión tratada, decir algo que no viene al caso.
Sacar alguien los pies del tiesto o salirse del tiesto. Se dice de quien, después de haber observado una actitud comedida y respetuosa, de pronto se comporta con audacia y atrevimiento (= sacar los pies del plato).

TIGRE, ESA

Oler a tigre. El olor desagradable que impregna la atmósfera de un recinto reducido cuando han permanecido en él varias personas durante un tiempo y no se ha ventilado: *El compartimiento del tren olía a tigre.*

TIJERA

Echar o meter tijera. Empezar a cortar algo con este utensilio. Atajar u obviar los inconvenientes que se presentan en el desarrollo de un asunto.

TILÍN

Hacer tilín. Caer en gracia, despertar simpatía o afecto, lograr aprobación. Tilín es voz onomatopéyica y evoca el sonido de una campanilla. *Esa chica me hace tilín.*

TINTA

Cargar o recargar las tintas. Exagerar: *El asunto no es tan grave; creo que habéis cargado las tintas.* Por analogía con el relieve tipográfico que se da a un texto cuando se quiere destacar su contenido.

Correr tinta (o correr ríos de tinta) sobre algo. Ser objeto de abundante tratamiento en libros y otras publicaciones: *Sobre este episodio han corrido ríos de tinta.*

De buena tinta. De buena fuente, de un informador bien enterado, por un conducto digno de crédito. Se emplea con el verbo saber: *Lo sé de buena tinta.*

Sudar tinta. Realizar un trabajo con mucho esfuerzo: *Lo conseguimos, pero nos hicieron sudar tinta.*

TINTERO

Dejarse algo en el tintero. Olvidar u omitir una cosa. No se emplea la frase en sentido literal, ya que no ha de tratarse necesariamente de algo escrito. *Dijo cosas interesantes, pero lo principal se lo dejó en el tintero.*

TÍO, A

Cuéntaselo a tu tía. Expresión de incredulidad: *Eso no me lo creo; ¡cuéntaselo a tu tía!*

No hay tu tía. No haber esperanza, ser inevitable: *Se trata de una enfermedad incurable y no hay tu tía.* En realidad debería decirse «no hay atutía», pero habiendo caído en desuso este término, la voz popular lo ha sustituido por otro más familiar. La atutía (del árabe *at-tutiya,* cinc o antimonio) era un ungüento hecho, fundamentalmente, de óxido de cinc, y además de las aplicaciones propias de este producto en dermatología (tratamiento de grietas, ulceraciones, eccemas, escoriaciones), se consideraba que tenía propiedades como contraveneno. Cuando una situación era desesperada y la muerte resultaba inevitable, no había, pues, atutía (antídoto) que pudiera remediarla.

Tener un tío en América. Contar uno con la ayuda económica de una persona rica o influyente.

TIPO

Jugarse el tipo. Arriesgarse: *Yo no me juego el tipo por ése.* Tipo: cuerpo o la persona misma.

Mantener el tipo. Aguantar dignamente la adversidad. Conservar el vigor pese a la avanzada edad. *Animo, hombre; hay que mantener el tipo.*
Ser una persona el tipo de otra. Responder, por el aspecto físico y las cualidades morales, a sus gustos y preferencias: *Esa mujer es mi tipo.*

TIRA
Hacer tiras. Hacer pedazos.
La tira. En gran cantidad.

TIRADA
De (o en) una tirada. Una de las acepciones de tirada es distancia entre dos lugares. Esta expresión significa, por tanto, ir de un sitio a otro en una sola etapa, sin detenerse.

TIRAR
A todo tirar. Como máximo, a lo sumo: *Tardaremos en volver un mes a todo tirar.*
Ir tirando. Mantenerse trabajosamente, durar (casi siempre en situación precaria). *¿Cómo se encuentra usted? Voy tirando.* También se dice *tirandillo. Este abrigo aún tirará un par de inviernos más.*
Tira y afloja. Alternancia del rigor y la suavidad, la intransigencia y la flexibilidad: *Las negociaciones transcurrieron en un continuo tira y afloja.*
Tirar a matar (o con bala). Emprender una iniciativa con el propósito de denunciar o perjudicar a alguien: *¿Has leído lo que escribe ese periodista sobre el ministro? ¡Tira con bala!*
Tirar alguien para algo. Manifestar tendencia o predisposición: *Este chico tira para músico.*
Tirar por la calle de en medio. Lanzarse a resolver algo actuando sin miramientos: *Hay que terminar el trabajo como sea, así que tiremos por la calle de en medio.* También se dice el camino de en medio.

TIRO
A tiro. Ponerse al alcance de alguien: *En cuanto se me ponga a tiro se lo diré.*
A tiro hecho. A cosa hecha, con propósito deliberado (apuntando con las máximas probabilidades de no errar): *No tendremos que esperar; vamos a tiro hecho.*
A tiro limpio. A tiros, con ánimo de herir o matar, sin preocuparse de que puedan salir perjudicadas terceras personas. *Los delin-*

cuentes se enfrentaron a la policía a tiro limpio. Se abrió paso a tiro limpio.
Como un tiro. Se dice de lo que perjudica: *Me sentó como un tiro* (unas palabras, una comida, etc.).
De tiros largos. Se aplica a las personas que visten de gala. Los tiros largos no tienen nada que ver con la largura del atavío, sino con el tiro largo de caballos: sólo los reyes y los grandes de España podían llevar en sus carrozas el tiro delantero a cierta distancia del resto del enganche (tirantes largos). Su finalidad era distinguirse de los demás carruajes, aunque éstos llevaran mayor número de caballos.
Ni a tiros. De ninguna manera, sin poder vencer la resistencia: *Las matemáticas no le entran ni a tiros.*
No ir por ahí los tiros. No ser esas las intenciones: *No se propone lo que tú crees; no van por ahí los tiros.*
Salir el tiro por la culata. Suceder algo al contrario de lo previsto, chasqueándolo a uno.

TIRÓN
De un tirón. De una vez, de un golpe: *Me leí el libro de un tirón.*

TÍTERE
No dejar o quedar títere con cabeza. Destrozar, desordenar, criticar o hablar mal de todo el mundo. *Reorganizaron la sección y no dejaron títere con cabeza. Le preguntamos su opinión sobre la directiva actual y no dejó títere con cabeza.* Títere es voz onomatopéyica y designa los muñecos de guiñol.

TÍTULO
A título de. Con el título de, en calidad de. Con motivo o causa de. Con la excusa de. Título proviene del latín *titulus*: inscripción, rótulo, y también pretexto. *Vamos a hacerlo a título de ensayo. ¿A título de qué viene este señor a decirnos lo que hemos de hacer?*

TIZÓN
A tizón. *Ver* **Soga, a.**

TOALLA
Tirar o arrojar la toalla. Desistir de algo, abandonar una tarea. La expresión proviene del deporte del boxeo, y es la señal de que uno de los contrincantes renuncia a seguir combatiendo. *Estoy tan harto de este trabajo, que voy a tirar la toalla.*

TOCANTE
(En lo) tocante a. Por lo que respecta a, en lo relativo a: *En lo tocante al asunto que nos ha reunido hoy aquí...*

TOCAR

En (o por) lo que toca algo. En lo tocante, en lo referente.

TODO, A

A todo (o a toda). Todo lo posible, al máximo: *a todo (o a toda) color, correr, gas, máquina, meter, orquesta, potencia, riesgo, vela, velocidad, etc.*

A todo esto. Mientras tanto, entre tanto: *A todo esto ya se ha hecho la hora de irnos.*

Así y todo. Aun así, con todo, no obstante: *Las circunstancias son adversas, pero así y todo lo conseguiremos.*

Con todo o con todo y con eso. Así y todo, no obstante, a pesar de.

De todas todas. Con seguridad, inevitablemente: *Ése lo consigue de todas todas.*

Después de todo. Al fin y al cabo, en definitiva: *Después de todo estaba en su derecho.*

Jugarse el todo por el todo. Aventurarlo todo, correr el mayor riesgo para alcanzar un fin: *No lo hagas; eso es jugarte el todo por el todo.*

Ser todo uno. Suceder dos o más cosas de manera simultánea o casi simultánea: *Proponerlo Fulano y protestar Mengano fue todo uno.*

Todo lo más. Como máximo: *Vendrán todo lo más cuatro personas.*

Y todo. Hasta, también, incluso, añadiendo algo: *Le dieron un premio y todo.*

TOLE

Tomar uno el tole. Marcharse precipitadamente. Tole viene del verbo latino *tollo*, levantar, quitar, y más en concreto del clamor del pueblo de Jerusalén para que Pilato crucificara a Jesús: *tolle eum* (crucifícale, ya que uno de los sentidos del verbo comentado es crucificar: *in crucem tollere*). En español, el significado primario de tole es griterío, rumor de protesta o desaprobación.

TOMAR

¡Toma! Exclamación de diversos sentidos: alarma, alegría, contrariedad, sorpresa, etc.

Toma y daca. Una cosa a cambio de otra, toma y da (daca es contracción de dar y acá): *Le hacemos un favor a cambio de otro: toma y daca.*

Tomarla con alguien o algo. Profesarle antipatía, buscar continuamente la ocasión de reñir, reprender, perjudicar, etc.: *Ese profesor la tiene tomada conmigo.*

TOMATE

Ponerse alguien como un tomate. Ruborizarse, ponerse rojo (= como la grana, como un pimiento): *Le afeó públicamente su conducta y él se puso como un tomate.*

TOMO

De tomo y lomo. De mucho bulto y peso. De consideración e importancia. *Es un frescales de tomo y lomo.* Se compara, mediante un juego de palabras, con un libro (tomo) voluminoso, que tiene un grueso lomo (parte del libro opuesta al corte delantero, por donde se cosen o pegan los pliegos con la cubierta).

TON

Sin ton ni son. Sin razón, fundamento o propósito concreto: *actuar, comportarse, hablar, etc., sin ton ni son.* Es juego de palabras (ton es apócope de tono; son, sonido que suena agradablemente al oído).

TONO

A tono. Adecuado, de tal modo que no discrepe («desentone») de un conjunto, situación, etc.: *Estar a tono con las circunstancias.*
Bajar uno el tono. Contenerse, después de haber hablado a gritos o con arrogancia: *Si quieres que nos entendamos, primero baja el tono.*
Darse tono. Darse importancia: *No me gusta; se da un tono...*
De buen o mal tono. Propio de personas bien o mal educadas: *Fue una reunión de buen tono.*
Fuera de tono. Fuera de lugar, de manera inconveniente: *Hizo una observación fuera de tono.*
Subido de tono. Atrevido. Se dice sobre todo del lenguaje, y en especial de las alusiones poco delicadas a la sexualidad. *Contó chistes subidos de tono.*

TONTO, A

A lo tonto. De manera tonta, con tontería, sin justificación ni propósito: *Lo hizo por hacerlo; a lo tonto.* Tonto viene del latín *attonitus*: herido por el rayo, aturdido, estupefacto, absorto.
A tontas y a locas. Sin orden ni concierto, sin rigor ni método, de cualquier manera: *Hay que meditarlo bien; no podemos actuar a tontas y a locas.*
Hacer el tonto. Comportarse como tal, hacer tonterías: *¿Quieres dejar de hacer el tonto y ponerte a trabajar en serio?*
Hacerse el tonto. Fingir simpleza para obtener provecho de ello, aparentar no comprender las cosas o no darse cuenta de ellas por conveniencia: *Se lo dije, pero él se hizo el tonto.*

TOPE

A tope. Al máximo posible: hasta el tope (extremo, de top, voz onomatopéyica para denotar un choque). *Diversión a tope.*
Hasta el tope o los topes. Ir atestado de viajeros un tren o tranvía (vehículos que tienen topes) y, por extensión, estar repleto cualquier lugar público.

TORERO, A

Saltarse algo a la torera. Omitir despreocupadamente el cumplimiento de una obligación o compromiso. Saltar a la torera es saltar sobre algo (antiguamente, el toro) apoyando en ello las manos y pasando por encima con los pies juntos, sin tocarlo.

TORNA

Volverse las tornas. Cambiar el sentido de la marcha de un asunto: *La situación nos favorecía, pero ahora se han vuelto las tornas.* Las tornas (de tornear: girar, dar la vuelta) son unos obstáculos o taludes que se alzan con el fin de desviar un curso de agua (con fines de riego, etc.).

TORNILLO

Apretarle a alguien los tornillos. Apremiarle, obligarle a actuar de manera determinada (= apretarle las clavijas): *No acaba de decidirse; habrá que apretarle los tornillos.*
Faltarle a alguien un tornillo o tener flojos los tornillos. Tener poco seso, estar algo loco. Comparación con un mecanismo que no puede funcionar satisfactoriamente.

TORO

Ciertos son los toros. Expresión con que se corrobora la certeza de una cosa, por lo general previsible y desagradable.
Coger el toro por los cuernos. Enfrentarse resueltamente a una situación.
Pillar el toro a alguien. Hacerse realidad una amenaza, verse perjudicado por algo previsible pero difícil o imposible de controlar: *No pude terminar el trabajo a tiempo y, claro, me pilló el toro.*
Ver o mirar los toros desde la barrera. Presenciar algo sin intervenir ni correr peligro alguno: *Este negocio es muy arriesgado y no voy a entrar en él; me dedicaré a ver los toros desde la barrera.*

TORTA

Costar la torta un pan. Costar algo más de lo que en realidad vale.
Ni torta. Nada en absoluto: *No sabe ni torta.*

TORTILLA

Dar la vuelta a la tortilla. Cambiar radicalmente la situación.

Hacer(se) tortilla. Hacerse polvo (puré, fosfatina, etc.), quebrantarse: *Se cayó de un quinto piso y se hizo tortilla.*

TOSER

Toser una persona a otra. Competir con ella, tratar de imponérsele: *A ése no hay quien le tosa.*

TOSTADA

Olerse la tostada. Entrar en sospechas, adivinar o descubrir algo oculto (descubrir, por el olor, que están haciendo tostadas): *A mí no me engañaron porque me olí la tostada.*

TOUR

Tour de force. Expresión francesa que significa proeza, hazaña, empresa difícil, logro que requiere esfuerzo. Se ha incorporado al español sin sufrir transformación alguna: *Si queremos terminar este trabajo tendremos que hacer un* tour de force.

TRABAJO

Con trabajo. Con esfuerzo, penosamente: *Lo consiguió, pero con trabajo.* También se dice «no sin»: *Lo consiguió, pero no sin trabajo.* Trabajo viene del latín *tripalium*, un dispositivo de tres palos para sujetar las caballerías, pero al parecer designaba también un instrumento de tortura.

Costar trabajo. Costar esfuerzo, requerir dedicación: *Lo he convencido, pero mi trabajo me ha costado.*

Tomarse el trabajo de. Tomarse la molestia de, arrostrar el esfuerzo de: *No te tomes el trabajo de ir; no vale la pena.*

TRAER

Traer a colación (o a cuento). Mencionar, sacar a la conversación, plantear un asunto: *¿Y por qué traes eso a colación precisamente ahora?* Colación (del latín *collatio*, reunión, encuentro, y también comparación, confrontación) era la conferencia o conversación que tenían en otro tiempo los miembros de una congregación religiosa sobre asuntos de religión.

Traer a la memoria (o a la cabeza). Recordar, evocar, sugerir: *Sus palabras me trajeron a la memoria algo que pasó hace años.*

Traer a uno a mal traer. Molestarlo, maltratarlo, hacerle la vida imposible, causarle gran inquietud.

Traer a uno al fresco. Traerle sin cuidado. no importarle nada: *A mí me trae al fresco que lo haga o no.*

Traer consigo. Aportar, traer algo personalmente: *Trajo consigo los documentos que le pedimos.*
Traer cuenta una cosa. Ser beneficiosa, convenir: *Déjalo, que no te trae cuenta.*
Traer de acá para allá (o de aquí para allí). Tener a uno en continuo movimiento, no dejarlo parar en ningún lugar: *Su trabajo lo trae de acá para allá.*
Traérselas. Lo que tiene más intención, malicia o dificultades de lo que a primera vista parece. *Es un trabajo que se las trae. Fulano se las trae.*

TRAGAR

No tragar a alguien. Profesarle antipatía, no poderlo ver: *A ése (es que) no lo trago.*

TRANCA

A trancas y barrancas. Pasando sobre todos los obstáculos: *A trancas y barrancas lo conseguimos.* Con dificultades y sin brillantez alguna: *Sacó el curso a trancas y barrancas.* Tranca: palo grueso. Barranca: barranco, despeñadero. Juego de palabras que reúne dos elementos que pueden representar otros tantos obstáculos en un camino.

TRANCE

A todo trance. A toda costa, resueltamente, sin reparar en riesgos. Trance: momento crítico y decisivo (del francés *transe*, y éste del latín *transeo*: pasar, ir de un sitio a otro, ir más allá [y de ahí nuestros «tránsito», «transeúnte», etc.]).

TRÁNSITO

De o en tránsito. De paso, de modo transitorio: *mercancías, pasajeros, etc., en tránsito.*

TRAPILLO

De trapillo. Vestido como para estar por casa, con ropa informal y poco costosa.

TRAPO

A todo trapo. Al máximo, aportando todo el esfuerzo posible. Es símil marinero: a toda vela.
Dejar (o poner) a uno como (o hecho) un trapo. Reprenderle agriamente; decirle palabras ofensivas o enojosas. En sentido literal, dejarlo maltrecho: *Esta gripe me ha dejado hecho un trapo.*

Estar (o quedar, acabar...) uno como (o hecho) un trapo. Quedar maltrecho, en condiciones físicas deplorables.
Sacar o salir los trapos sucios a relucir. Hacer públicas las faltas o defectos de alguien. Se dice también «sacar... al sol». *En el calor de la discusión, él sacó a relucir los trapos sucios de toda la familia.*
Soltar el trapo. Romper a llorar o a reír abrupta e inconteniblemente, después de haberse contenido un tiempo. Símil marinero: soltar o largar el trapo es desplegar las velas.
Tratar a alguien como un trapo (sucio o viejo). Ponerlo como un trapo. Tratarlo mal.

TRASLUZ

Al trasluz. Colocar el objeto entre la luz y el ojo. Pasar la luz a través de un cuerpo translúcido.

TRASTE

Dar alguien al traste con una cosa. Destruirla, echarla a perder, malbaratarla. *Su pésima gestión dio al traste con una empresa hasta entonces próspera.* Traste: trasto. Por tanto, convertirla en un trasto, asimilarla a un trasto, arrojarla con los trastos o cosas inservibles.
Irse una cosa al traste. Perderse, destruirse, malograrse.

TRECE

Mantenerse (o seguir) uno en sus trece. Mantener inflexiblemente una actitud u opinión.

TRECHO

A trechos. Por breves etapas, con intermitencias, a ratos: *Se detenía a trechos.* Trecho: espacio, distancia (del latín *tractus*).
De trecho en trecho. A trechos, de un lugar a otro, de un tiempo a otro.

TREMENDO, A

Tomar una cosa a o por la tremenda. De modo desconsiderado, violento, exagerando su gravedad: *No te lo tomes a la tremenda, que no es para tanto.* Tremendo viene del latín *tremo*: temblar, estremecerse de miedo, temer.

TREN

A todo tren. Sin faltar detalle, con el mayor lujo, con lo que es propio de personas ricas: *Viven a todo tren.* Aquí debe entenderse tren en su acepción de ostentación o pompa. (Del francés *train*: paso, marcha. También en este idioma se dice *mener [quelqu'un] bon train* en el mismo sentido que el ejemplo consignado.) A toda velocidad, a toda potencia: *Pasó por aquí a todo tren.*

Estar como un tren. Tener un físico particularmente agradable: *La chica está como un tren.* Esta locución se incorporó, sin demasiada lógica, al habla popular hacia la década de 1950.
Estar en tren de. Estar a punto de, estar en disposición de. Es galicismo que debe evitarse, traducción literal de *être en train de* + infinitivo.
Para parar un tren. Locución que denota cantidad, calidad o excelencia. *Está como para parar un tren (= está como un tren). Tiene dinero como para parar un tren. Había suciedad como para parar un tren.*

TRES
Ni a la de tres. De ninguna manera: *El motor no arranca ni a la de tres.* Por analogía con la costumbre de contar hasta tres antes de emprender ciertas acciones, sobre todo cuando se llevan a cabo entre varios: «a la una, a las dos... ¡y a las tres!».

TRIGO
No ser trigo limpio. Ser sospechoso un asunto o la conducta de una persona que, a primera vista, parece honorable: *Por lo visto ese negocio no es trigo limpio.* Se refiere, como es lógico, al trigo una vez segado, trillado, aventado y limpiado, listo para ir al molino.

TRINAR
Estar alguien que trina. Estar que rabia, que exterioriza violentamente su impaciencia: *Tu padre está que trina.* Trino es voz onomatopéyica que designa el gorjeo de los pájaros.

TRIPA
Echar uno (hasta) las tripas. Vomitar con violencia y muchas ansias.
Hacer alguien de tripas corazón. Esforzarse por disimular el miedo o la contrariedad, y sobreponerse a las adversidades o emprender con fingido buen ánimo una empresa desagradable.
¿Qué tripa se te (le, os, etc.) ha (o habrá) roto? Pregunta, un tanto desabrida, que se formula quien se queja o precisa de la ayuda de otra persona. A veces se dice: «¿Se puede saber qué tripa...».
Revolvérsele a uno las tripas. Experimentar gran repugnancia o indignación. *El espectáculo le revolvía a uno las tripas. Se me revolvían las tripas ante tamaña injusticia.*

TRIPLICADO

Por triplicado. Multiplicado por tres, repetido tres veces. Se emplea sobre todo tratándose de papeles: *Debe presentar la solicitud por triplicado.*

TRIS

En o por un tris. Por poco, estar a punto de que suceda algo: *Estuvimos en un tris de naufragar.* Tris es una onomatopeya con que se designa, entre otras cosas, un espacio de tiempo muy breve (el tiempo de quebrarse algo, de hacer tris).

TRIUNFO

Costar algo un triunfo. Costar un gran esfuerzo o sacrificio: *Le convencimos, pero nos costó un triunfo.* Parece analogía con el triunfo de los juegos de naipes.
En triunfo. Entre aclamaciones, siendo objeto de demostraciones públicas de agasajo: *El general entró en triunfo en la ciudad recién liberada.*

TRIZAS

Hacer trizas. Destruir una cosa, hacerla pedazos menudos. *Como lo encuentre, lo hace trizas. Estoy hecho trizas* (= muy fatigado). Es expresión sinónima de hacer pedazos, picadillo, puré, etc. Triza es un pedazo pequeño o partícula de un cuerpo (del latín *tritus*: triturado, trillado, desgastado, molido, desmenuzado).

TROMBA

En tromba. Impetuosamente: *Irrumpieron en tromba.* La tromba es una columna de agua que se levanta del mar por efecto de un torbellino (proviene de trompa, por su forma, y se llama también manga).

TROMPICONES

A trompicones. A tropezones, a empujones, a golpes, de manera vacilante, con dificultades. *Caminaba a trompicones. Terminó la carrera a trompicones. Hablaba (o leía) a trompicones.* El término proviene de trompo (peonza).

TRONCO

Dormir como un tronco. Dormir profundamente, sin que nada perturbe el sueño. Este tronco no es el de un árbol, sino que se refiere a la acepción de este término que designa una persona muy torpe (en latín *truncus* puede emplearse con propósito injurioso: zoquete). Ello parece concordar con la expresión equivalente «dormir como un ceporro». Esta última palabra significa también torpe, simple.

TROPA

En tropa. En grupos, sin orden ni formación (= en tropel). Tropa significa primariamente turba, muchedumbre.

TROPEL

En tropel. Con movimiento acelerado y violento. Muchedumbre de personas sin orden, confusamente (= en tropa). *El público acudió en tropel a las rebajas.*

TROPEZÓN

A tropezones. Tropezando, con impedimentos y dilaciones, con torpeza.

TROTE

Al trote. Trotando. Modo natural de caminar las caballerías, algo acelerado y a pequeños saltos. En las personas, correr, darse prisa: *Se me hacía tarde y tuve que ir al trote.*

No estar para muchos o esos trotes. No permitirle su salud o su fortaleza física determinados esfuerzos. También se aplica a las cosas gastadas. *Mi madre no nos acompañará en este viaje; la pobre ya no está para esos trotes. Este invierno aún llevaré el abrigo gris, aunque no está para muchos trotes.*

Para o de todo trote. Para todo uso. Se dice principalmente de las prendas de vestir. *Esta chaqueta la dejo para todo trote.*

TÚ

Hablar o tratar con alguien de tú a tú. Tratarlo en pie de estricta igualdad. Compenetrarse bien dos personas por tener muchas cosas en común, por estar al mismo nivel, compartir idénticos intereses, etc. *Ése se trata de tú a tú con varios premios Nobel.*

Hablar o tratar de tú. Tutear. Tratar con familiaridad y confianza.

TUBO

Por un tubo. En gran cantidad y continuamente, como lo que se suministra a través de un tubo.

TUÉTANO

Hasta los tuétanos. Hasta lo más hondo, hasta lo más íntimo. Se dice de los sentimientos, la vocación, etc. Tuétanos: médula ósea.

TUMBA

Lanzarse a tumba abierta. A toda prisa, atropellándolo todo: *Entró en su despacho a tumba abierta.*

Revolverse alguien en su tumba. Suceder algo que desaprobaría una persona ya fallecida: *Si tu abuelo viera lo que hacéis, se revolvería en su tumba.*
Ser alguien una tumba. Guardar celosamente un secreto: *Puedes confiar en mí; soy una tumba.* Por lógica analogía con el silencio de los sepulcros.

TUMBO

Dando tumbos. Volcándose, dando volteretas: *Cayó por un precipicio dando tumbos.* Yendo de un lado a otro en situación precaria, con tropiezos y dificultades: *Ha ido dando tumbos por varios países y ahora se ha establecido aquí.*

TURNO

De turno. Persona o cosa a la que corresponde actuar o prestar un servicio en un momento dado, según una alternancia previamente establecida: *En esta empresa se trabaja en turnos las veinticuatro horas del día.*

TUYO, A

De las tuyas. Con el verbo hacer: obrar según lo que tienes por costumbre. Suele implicar censura. *¿Ya estás haciendo de las tuyas?*

U

ÚLTIMO

A la última. Se sobreentiende a la última moda. Se construye con verbos como estar e ir: *Fulanita siempre va a la última.*
Estar en las últimas. Estar a punto de morir, estar en los últimos momentos de la vida: *Yo ya estoy en las últimas.*
Ser una cosa lo último. Estar en el límite de lo tolerable, ser lo último que se puede consentir: *¡Que se haya atrevido a eso es ya lo último!*

UNÍSONO, A

Al unísono. Que suena igual, que tiene el mismo tono o sonido que otra cosa. Sin discrepancia, con unanimidad: *actuar, decir, manifestar, proceder, etc., al unísono.*

UNO, A

A una. A un tiempo, a la vez, conjuntamente: *Todos a una.*
No dar (acertar, coger, etc.) una (o ni una). Errar continuamente, equivocarse de manera regular y sistemática: *No sigas con ese trabajo, que hoy no das una.*
Ser todo uno. Ser o parecer varias cosas la misma, o producirse un hecho tan a continuación de otro, como su consecuencia forzosa, que parecen el mismo: *Llegar Fulano y surgir problemas fue todo uno.*
Una de. Se sobreentiende una película: *Ayer vimos una de tiros.*
Una de dos. Contraposición en disyuntiva de dos cosas o ideas: *Una de dos: o lo hacemos ahora mismo o lo dejamos correr definitivamente.*
Uno por uno. De uno en uno, uno tras otro, diferenciando uno del siguiente: *Vayan entrando de uno en uno.*

UÑA

A uña de caballo. A todo correr el caballo. Se usa también referido a personas, cuando deben hacer algo a marchas forzadas o cuan-

do sufren persecución. *Como se nos echaba el tiempo encima, hube de terminar el trabajo a uña de caballo. Huyó perseguido a uña de caballo por sus enemigos.*
Con uñas y dientes. Esforzada, denodadamente: *Luchó con uñas y dientes para conseguirlo.*
De uñas. Con predisposición adversa, con ánimo agresivo: *Nos recibió de uñas.*
Dejar(se) las uñas en algo. Aportar a una tarea el máximo esfuerzo, tener que luchar duramente para llevarla a buen fin.
Enseñar (mostrar o sacar) uno las uñas. Dar a entender que uno es capaz de ser agresivo en la defensa de algo, advertir a otro que, de persistir en su propósito, corren el riesgo de enemistarse: *En cuanto le mencionamos el asunto, (nos) sacó las uñas.*
Ser uña y carne. Estar dos personas íntimamente compenetradas (tan pegadas e inseparables como la uña y la carne del dedo). También se dice invirtiendo los téminos: «ser carne y uña».

USO

Al uso. Según se usa o acostumbra en un momento preciso: *No soy partidario de las soluciones al uso* (= de cómo se acostumbra hoy día a solucionar el caso).
En uso o fuera de uso. Estar o no en funcionamiento o vigente una cosa: *Mientras no la reparen, la máquina está fuera de uso.*

UVA

De uvas a brevas o de uvas a peras. Muy de tarde en tarde, habiendo transcurrido mucho tiempo (= de higos a brevas). La vendimia se efectúa en septiembre, época que coincide con el final de la estación de las peras (agosto- septiembre). Las brevas maduran a principios del verano.
Estar alguien de mala uva. Estar de mal humor.
Tener mala uva. Tener mala intención, gozar perjudicando a los demás.

V

VACA

Las vacas flacas. Período de escasez, de penuria. Según la narración que se hace en el Génesis 41, el faraón de Egipto tuvo una serie de sueños premonitorios que José fue capaz de interpretar. En uno de esos sueños vio siete vacas flacas, que representaban «siete años de escasez, que harán se olvide toda la abundancia en la tierra de Egipto, y el hambre consumirá la tierra».
Las vacas gordas. Período de prosperidad. Se complementa con el dicho anterior y tiene idéntico origen: «Las siete vacas [gordas] son siete años... de gran abundancia en toda la tierra de Egipto» (Génesis 41,26-29).

VACÍO, A

Caer en el vacío una cosa. Ser inútil, malograrse, perderse: *Mis propuestas cayeron en el vacío.*
De vacío. Vacío, sin nada, sin haber obtenido resultado alguno. *El autobús se dirigía a la cochera, de vacío. Hemos mantenido una larga reunión con él, pero venimos de vacío; no hemos llegado a ningún acuerdo.*
Hacer el vacío a alguien. Ignorarle, eludir su trato, hacerle sentir la enemistad o la aversión de todos: *Tuvo que marcharse porque allí todos le hacían el vacío.*

VAGO, A

Hacer el vago. Mantenerse ocioso, entregarse a la pereza, negándose a trabajar o a ocuparse de cosas provechosas: *Te pasas el día haciendo el vago.* Del latín *vagus*: vagabundo, errante.

VALER

Hacer valer. Conseguir que los demás reconozcan el valor o el mérito de algo: *Hizo valer sus méritos.*
Vale. Expresión conclusiva, de asentimiento o conformidad, muy en uso en los últimos años, al parecer por influencia de los primeros

telefilmes (década de 1960), que venían doblados de América. Se utiliza lo mismo para despedirse dos personas que para mostrar acuerdo (valer = servir), pero es frecuente que su significado resulte ambiguo y no pase de simple latiguillo. No guarda relación con el *vale* latino (imperativo de *valeo*) que equivalía a nuestro adiós, que lo pases bien, etc.
Valer la pena. Merecer el esfuerzo o la molestia: *Déjalo, no vale la pena.*

VALOR
Armarse de valor. Adoptar una actitud audaz y resuelta para enfrentarse a una situación de peligro o de grave compromiso: *Me armé de valor y fui a exigirles explicaciones.*
De valor. Valioso, de elevado precio: *objetos de valor.*

VANGUARDIA
A (la) vanguardia o en vanguardia. Delante, adelantándose a los demás, precediéndoles en la renovación de algo: *en vanguardia de la técnica.* Vanguardia es término militar y significa parte de una fuerza armada que precede al cuerpo principal (de avante, delante, y guardia).
De vanguardia. Propio de la vanguardia, de la avanzada de un grupo: *arquitectura de vanguardia.*

VANO, A
En vano. Inútilmente, sin necesidad: *Hice el viaje en vano.* Del latín *vanus*: vacío, hueco, inconsistente (*in vanum* es expresión equivalente a la nuestra).

VAPOR
Al vapor. Forma de cocción consistente en someter los alimentos a la acción del vapor, colocándolos sobre una parrilla puesta sobre un líquido en ebullición.

VARA
Tener vara alta. Tener autoridad, influencia, ascendiente: *Ve a ver a Fulano, que tiene vara alta en el Ministerio.* Se relaciona con la vara que portan el alcalde y otras autoridades y jerarquías y que es símbolo de su cargo.

VASO
Ahogarse en un vaso de agua. Dejarse abrumar o afligir por algo de poca importancia: *Fulano es de los que se ahogan en un vaso de agua.*

VEJEZ

A la vejez, viruelas. Comentario que se hace cuando las personas que han dejado atrás la juventud actúan como si fueran jóvenes (asimilando la enfermedad de la viruela con los pocos años).

VELA

A dos velas. Sufrir carencia o escasez de algo, principalmente de dinero. Estas velas son las de alumbrar, no las de navegar. *Se han arruinado; están a dos velas.*
A toda vela. Navegar la embarcación a todo viento (= a todo trapo, con velas desplegadas). Por analogía, entregarse uno con toda diligencia y denuedo a la ejecución de una cosa, dedicarse a algo de lleno y sin reservas.
Aguantar (sujetar o sostener) la vela. Ayudar servilmente a alguien, como si estuviera alumbrándole mientras ejecuta algo.
Como una vela o más derecho (o tieso) que una vela. Sometido a una disciplina exigente, rígida: *En ese colegio los hacen ir (los llevan) derechos como velas.*
En vela. Velando, sin dormir: *pasar la noche en vela.*
No darle a uno vela en este entierro. No haber justificación para que se entrometa, no tener autoridad, motivo ni pretexto para intervenir en algo. *¿Qué hace usted aquí?¿Quién le ha dado vela en este entierro?*
Poner una vela a Dios (o a san Miguel) y otra al diablo. Esforzarse en contemporizar, en contentar a unos y otros, incluso a quienes se muestran más incompatibles. *Tienes que decidirte a apoyarles a ellos o a nosotros; no se puede andar poniendo una vela a Dios y otra al diablo.* La alusión a san Miguel se explica porque la iconografía representa a este arcángel como vencedor del diablo.
Recoger velas. Símil marinero. Moderarse, desistir, ceder en las pretensiones o en el enfado: *Vino con muchas exigencias, pero luego fue recogiendo velas.*

VELO

Correr o echar un tupido velo. Callar u omitir algo que resulta molesto, inconveniente, embarazoso, etc.: *Sobre ese asunto, mejor será correr un tupido velo* (tupido: espeso).
Tomar una mujer el velo. Hacerse monja.

VENA

Darle o entrarle a uno la vena. Sentirse impulsado a tomar una resolución, emprender un asunto, etc. Casi siempre se trata de algo que parece extraño a los ojos de los demás. *Dejadlo, que ahora le ha dado la vena de trabajar de noche.* Vena debe entenderse aquí

en sus acepciones de inspiración, humor, disposición variable del ánimo.
Estar uno en vena. Estar inspirado o predispuesto para llevar a cabo una tarea.

VENABLO
Echar uno venablos. Prorrumpir en expresiones de cólera y enfado. Venablo: dardo o lanza corta arrojadiza (del latín *venabulus*, de *venor*, cazar).

VENDA
Quitar a alguien una venda de los ojos. Desengañarlo, ayudarle a salir del estado de ignorancia en que se hallaba. Si alcanza a captar la verdad por sí solo, se dice *caérsele... Esta situación es insostenible; alguien tiene que quitarle la venda de los ojos.*
Tener alguien una venda en los ojos. Desconocer la verdad por ofuscación del entendimiento.

VENDER
Vender cara una cosa. Lograr que a otro le cueste mucho esfuerzo conseguirla. Presentarla como de superior calidad a la que tiene. *Vender cara la propia vida:* No rendirse y pelear hasta el final procurando causar los mayores daños y mortandad al enemigo.
Venderse caro alguien. No prodigar su presencia. A veces se emplea como fórmula de cortesía para instar a alguien a que acuda de visita con más frecuencia: *Qué caro se vende usted, a ver si no se vende usted tan caro,* y otras frases parecidas.

VENDIDO, A
Estar o ir vendido. Hallarse uno en una situación difícil, que otros pueden dominar, con el consiguiente perjuicio para él. No tener una idea cabal de un asunto, y desenvolverse entre quienes sí la tienen. *En su nuevo trabajo, rodeado de toda esa gente tan competente y veterana, el pobre Fulano va vendido.*

VENIR
¡Venga! Exclamación de ánimo, exhortación, resolución, urgencia, etc. *¡Venga, hazlo! ¡Venga, vámonos! ¡Venga, empecemos! ¡Venga, que es tarde!*, etc.
Venir alguien o algo a menos. En personas, empeorar su situación económica, obligándoles a llevar un tren de vida inferior al que acostumbraban, con la consiguiente pérdida de relevancia social: *Gente venida a menos.* En cosas, menguar, decaer, deteriorarse: *Desde la última vez que estuvimos, este pueblo ha venido muy a menos.*

VENTANA

Arrojar o echar o tirar algo por la ventana. Malograrlo, echarlo a perder, desaprovecharlo: *Tiró por la ventana los mejores años de su vida.*

VENTURA

A la (buena) ventura. Al azar, a la buena de Dios, sin tener nada previsto: *Viajábamos a la ventura.* Del latín *venturus*, infinitivo futuro de *venio*, venir: lo que ha de venir.
Por ventura. Quizá, acaso: *¿Por ventura lo habéis visto?* Es expresión más literaria que propia del lenguaje hablado.
Probar ventura. Probar suerte.

VER

A mi (o tu, su, etc.) ver. Según mi (tu, su, etc.) manera de ver, según mi opinión y criterio: *A mi ver, eso es un error.*
A ver. Locución con que solicita ver o reconocer algo. *A ver cómo anda ese asunto. A ver eso que traes.* También se emplea como exclamación, sola o formando parte de una frase: *¿Te aburres mucho? ¡A ver! ¡A ver qué se ha creído!*
A ver si... Expresión que denota expectativa. *A ver si vienen. A ver si lo que buscamos está aquí. A ver si mejoran las cosas.* También puede significar desafío, apuesta. *A ver si te crees que soy tonto. A ver si os atrevéis.*
¡Habráse visto! Exclamación con que se recrimina a alguien o se manifiesta sorpresa o escándalo: *¡Habráse visto desvergüenza!* Equivale a la muy común *hay que ver.*
No poder ver a alguien. Profesarle antipatía, enemistad (= no tragarlo): *El padre de su novia no lo puede ver.*
No veas o que no veas. Frase ponderativa. *Hacía un frío que no veas. Se armó un lío que no veas. Tiene una mala uva que no veas.*
Que no veo (ves, ve...). Que me (te, le, etc.) abruma, que puede conmigo, que me deja anulado. *Tengo un dolor de cabeza que no veo. Tienes un sueño que no ves.*
Verás (o verá usted, veréis, etc.). Advertencia, amenaza o pronóstico que se dirige a una persona. *Tú no estudies y verás. Si me agotas la paciencia, verás. Espera un poco y verás. Cásate y verás.*
Veremos. Se dice para diferir la resolución de un asunto, para eludir una respuesta concluyente o para manifestar duda. *Por el momento no se puede hacer nada; más adelante, veremos. ¿Vas a hacerlo o no? No sé; veremos. Estoy seguro de que lo vamos a conseguir. ¿Tú crees? Ya veremos.* A veces se ironiza sobre el abuso que algunas personas hacen del «veremos» para evitar pronunciarse o decidirse, añadiendo: «decía el ciego».

Verlas venir. Permanecer uno como espectador, asistiendo sin comprometerse al desarrollo de un asunto, para intervenir cuando le convenga: *Yo me quedo a verlas venir.*
Vérselas con alguien. Enfrentarse a él: *Cuando llegue el momento, ya ma las veré con ése.*
Vérselas y deseárselas. Costarle mucho trabajo y esfuerzo conseguir algo: *Logré convencerle, pero me las vi y me las deseé.*

VERDAD
A decir verdad. La verdad es que, en realidad: *A decir verdad, no estoy seguro.*
De verdad. La verdad, de veras. *Te lo digo de verdad. Es bueno de verdad.*
Decirle o cantarle a alguien cuatro verdades o las verdades del barquero. Decirle sin miramientos verdades que sin duda han de herirle.
En verdad. De verdad, verdaderamente.

VERDE
Poner verde a uno. Hablar mal de él, insultarle, reconvenirle.

VEREDA
En vereda. Obligado a ajustarse a una disciplina, a cumplir con unos deberes. Se emplea con el verbo entrar. *Ése lo que necesita es que le hagan entrar en vereda.* La vereda (del beréber *abred*, senda) es un camino angosto destinado al tránsito de peatones y ganados. Recibían también este nombre las vías por las que discurrían los ganados trashumantes. La expresión alude sin duda a las reses que se salían de la vereda y a las que era preciso devolver a ella.

VERGÜENZA
Perder uno la vergüenza. Abandonar toda consideración a los demás, prescindir del sentido del honor y adoptar actitudes ofensivas y provocativas. *Hay que ver cómo se ha vuelto Fulano; desde luego ha perdido la vergüenza.*

VESTIDURA
Rasgarse las vestiduras. Escandalizarse, mostrar indignación: *No exageréis; tampoco es para rasgarse las vestiduras.* Los judíos se rasgaban las vestiduras en señal de duelo, y también por motivo de escándalo, como cuando escuchaban una blasfemia: «El pontífice, rasgando sus vestiduras...» (al oír de labios de Jesús que él era el Mesías; Marcos 14,63).

VESTIR

El mismo que viste y calza. El mismo, la misma persona de quien se habla: *¿Es usted? El mismo que viste y calza.*

VEZ

A mi (tu, su, etc.) vez. Por mi (tu, su, etc.) parte, en lo que a mí concierne, en lo que me toca (según un orden sucesivo y alternado).
A veces. En ocasiones: *A veces viene por aquí.*
De una vez. A la vez, de una sola vez, con una sola acción: *Lo resolvió todo de una vez.*
De vez en cuando (o de vez en vez). De cuando en cuando, de tiempo en tiempo, sin continuidad ni regularidad: *Venid a verme de vez en cuando.*
En vez de. En lugar de, sustituyendo a. *Lo hará Fulano en vez de Mengano. Nos veremos el martes en vez del lunes.*
Hacer las veces de. Desempeñar el papel de, sustituir a: *En torno a la mesa había unos cajones que hacían las veces de sillas.*
Rara vez. Raramente, en muy pocas ocasiones, de manera infrecuente: *Rara vez llega antes de las nueve.*
Tal vez. Acaso, quizá, podría darse el caso: *Tal vez llueva.*
Una vez que. Concluida o resuelta una cosa: *Una vez que hayáis terminado, marchaos cuanto antes.*

VÍA

De vía estrecha. De poca categoría. Tiene sentido despectivo. *Político de vía estrecha.* Por analogía con los ferrocarriles de vía estrecha, más modestos y de menos recorrido que la red nacional.
Dejar vía libre. Dejar en libertad de acción: *Tiene usted vía libre para resolver ese asunto según su criterio.*
En vía muerta. Sin posibilidad de avanzar, estancado: *El caso ha entrado en vía muerta; creo que será preciso abandonarlo.* Es símil ferroviario: la vía muerta no tiene salida y se hace servir como apartadero.
En vías. En proceso, en curso, en trámite: *en vías de desarrollo, negociación, solución, etc.*

VIAJE

De un viaje. De una vez.
Para este viaje no se necesitan alforjas. Para resolver esta cuestión, esas ayudas son innecesarias. Para estos resultados, no hacían falta esos esfuerzos. Alforjas: bolsas grandes que se llevaban a ambos lados (sobre todo las caballerías).

VICARÍA

Llevar a alguien a la vicaría. Casarse con él: *¿Has visto cómo lo persigue? Esa acabará llevándolo a la vicaría.* Aquí vicaría se em-

plea familiarmente en el sentido de sacristía o despacho parroquial, dependencia de la iglesia donde se tramita el expediente de matrimonio, donde se firma el acta después de la boda, etc.
Pasar por la vicaría. Casarse.

VÍCTIMA

Hacerse alguien la víctima. Lamentarse de su destino, quejarse del trato recibido presentándose como víctima: *Lo más cómodo es hacerse la víctima.*

VICTORIA

Cantar uno victoria. Proclamarse vencedor, atribuirse el éxito en un asunto: *Hasta que esto no concluya definitivamente, no cantes victoria.*

VIDA

Buscar o buscarse la vida. Acudir a expedientes diversos para ganarse el sustento. Se aplica sobre todo a quienes carecen de trabajo fijo y de fortuna, y tienen que ingeniárselas continuamente para subsistir. También, por extensión, a quienes, gozando de una posición estable, muestran habilidad para negocios y actividades que les permiten mejorar sus condiciones de vida.
De mi vida. Lo más importante de mi vida, lo que me va a durar toda mi vida. *El caso, el hombre o mujer, el libro, la oportunidad, etc., de mi vida.*
De toda la vida. De siempre, desde que se recuerda: *Es vecino del barrio de toda la vida.*
De vida alegre. Se decía de las mujeres dedicadas a la prostitución (= de vida airada).
Dejarse la vida. Esforzarse hasta poner en peligro la vida, consumir la vida: *Se ha dejado la vida en el cargo.*
En la (o mi, tu, su, etc.) vida. Nunca en la vida: *En mi vida pienso volver.*
Enterrarse uno en vida. Llevar una vida de reclusión, reduciendo al mínimo los contactos con el mundo exterior: *Lleva años sin salir de casa; es como si estuviera enterrado en vida.*
Ganarse la vida. Procurarse el sustento, trabajar. *Fulano se gana la vida trabajando en una oficina. Mengano se gana bien la vida.*
Hacer la vida imposible. Molestar continuamente, impedir que alguien viva con tranquilidad: *Su vecino les hace la vida imposible.*
La gran vida o la vida padre. La vida regalada, de abundancia y comodidades.
La otra vida o la vida eterna o futura. La que sigue a la muerte.

Mala vida. *Llevar mala vida:* Observar una conducta relajada, viciosa, delictiva.
Pasar uno a mejor vida. Morirse.
Tener uno siete vidas (como los gatos). Salir incólume de riesgos, peligros y enfermedades que normalmente serían causa de muerte. Las siete vidas del gato se explican por la probada supervivencia de este felino a las caídas, en virtud de la especial configuración de su cuerpo, que le permite caer siempre de pie.

VIDRIO

Pagar uno los vidrios rotos. Arrostrar uno solo una responsabilidad que debiera compartir con otros (= pagar el pato).

VIENTO

A los cuatro vientos. A los cuatro puntos cardinales, en todas direcciones. *Decir o proclamar algo a los cuatro vientos:* hacerlo público.
A tomar viento o los vientos. Frase de rechazo: a paseo, a freír espárragos, al cuerno, etc.
Beber uno los vientos por alguien. Estar enamorado de él: *Fulano (está que) bebe los vientos por Mengana.* El «beber» los vientos podría guardar relación con los frecuentes suspiros que convencionalmente se atribuyen a los enamorados.
Como el viento. Se emplea en frases en que se pondera la rapidez: *rápido como el viento.*
Con viento fresco. Esta expresión es propia de manifestaciones de rechazo, como *largarse con viento fresco, a tomar viento fresco,* etc.
Contra viento y marea. Venciendo todas las adversidades, en contra de toda oposición y resistencia: *Se salió con la suya contra viento y marea.* El claro símil marinero exime de cualquier aclaración.
Correr malos vientos. Correr malos tiempos, ser adversa la situación: *Ahora corren malos vientos para la gente de mi oficio.* También se dice «soplan malos vientos».
Viento en popa. El que sopla en la misma dirección que lleva la embarcación, lo que favorece a ésta porque la empuja. En sentido figurado, marchar los asuntos de la manera mejor y más favorable: *Mi negocio va (o marcha) viento en popa.*

VILLADIEGO

Tomar o coger las de Villadiego. Ausentarse precipitadamente, por lo general huyendo de un riesgo, compromiso o situación desagradable: *A los diez minutos ya no aguantaba más, y cogí las de Villadiego.* Se refiere a las calzas que se fabricaban en esta localidad burgalesa. La locución significa, por tanto, vestirse, disponerse a partir.

VINO

Bautizar (o cristianar) el vino. Aguarlo.
Tener alguien buen o mal vino. Reaccionar mal o bien a una ingestión excesiva de vino, tener una borrachera apacible o conflictiva: *No dejéis que Fulano siga bebiendo; ya sabéis que tiene mal vino.*

VIRGEN

Ser alguien un viva la Virgen. Ser frívolo, despreocupado, irresponsable. El origen de esta expresión hay que buscarlo en la marina, pues así se llamaba al marinero más torpe de a bordo. Cuando en otro tiempo se formaba a la marinería en cubierta para pasar lista, era costumbre que el último dijera «viva la Virgen» (hay que suponer la del Carmen, patrona de las gentes del mar).

VIRTUD

En o por virtud de. Como consecuencia o resultado de: *En virtud de lo dispuesto por la superioridad, se comunica que...*

VIRUELA

Picado de viruela. Con señales en la cara de haber sufrido viruelas. La caída de las pústulas que se formaban como consecuencia de esta enfermedad, confería al rostro el aspecto de haber sido picoteado. La preceptiva vacuna de hoy día ha hecho desaparecer estos casos.

VIRULÉ

A la virulé. Desordenado, torcido, estropeado, en mal estado: *Le pusieron un ojo a la virulé.* Proviene del francés *bas roulé*, media enrollada, una moda que al parecer imperó en otro tiempo. La media se enrollaba en la parte superior y los hombres la mostraban así. Las medias reciben este nombre porque designan, en realidad, las medias calzas. Las calzas (enteras) llegaban a la cintura, las medias (calzas) al muslo, y los calcetines, mínima expresión de este progresivo acortamiento, cubren sólo hasta las pantorrillas.

VIS

Vis a vis. Cara a cara. Del francés *vis-à- vis*, frente a frente. En español parece innecesario recurrir a este galicismo, pero en los últimos tiempos se ha extendido su uso porque designa las visitas en privado que hacen a los internos de las cárceles sus esposas y compañeras.

VISTA

A la vista. Viéndose, al descubierto. *Se abrió la puerta y quedó a la vista un amplio salón. Los resultados a la vista están.* En las cajas de ahorro se llama «a la vista» la libreta o cuenta de libre disposición, esto es, la que no tiene restricciones de plazo para poder retirar dinero de ella.

A la vista de. En vista de, dado que: *A la vista de los últimos sucesos, hemos creído conveniente...*

A primera o a simple vista. Tras una mirada superficial, en un primer análisis, sin profundizar. *A primera vista me pareció Fulano. A primera vista, el asunto presenta mal cariz.*

A vista de pájaro. Desde arriba, vista aérea o desde una altura: *Desde lo alto de la torre se divisa toda la ciudad a vista de pájaro.*

Comerse con la vista. Mirar algo intensamente y con deseo. *Se comía con la vista los pasteles del escaparate. Se comía a Fulanita con la vista.*

Conocer a una persona de vista. Conocerla por haberla visto, pero no haberla tratado: *Lo conozco de vista porque vive en mi calle.*

Echar alguien la vista (encima) a una persona. Verla, encontrársela: *¡Que se prepare cuando le eche la vista encima!* (= cuando me lo eche a la cara).

Echar la vista a una cosa. Fijarse en ella y elegirla entre varias: *En cuanto entré en la tienda eché la vista a aquel jersey.*

En vista de. Dado que, puesto que, considerando que. *En vista de que no viene, será mejor no seguir esperando. En vista de la situación, habría que tomar medidas.*

Hacer la vista gorda. Fingir no ver algo sobre lo que se tiene alguna responsabilidad: *Los agentes hacían la vista gorda con los infractores.*

Hasta la vista. Fórmula de despedida (= hasta más ver).

No perder de vista. No cesar en la vigilancia, observar continuamente. *No pierdas de vista a ese sujeto. Este asunto no hay que perderlo de vista.*

Perder de vista. Dejar de observar, dejar de ver: *Lo perdí de vista en medio de la aglomeración.*

Poner alguien la vista en una persona o cosa. Fijar la atención en ella, interesarse por ella, desearla: *Ha puesto la vista en esa casa y quiere comprarla.*

Volver la vista atrás. Mirar hacia atrás. En sentido figurado, recordar sucesos pasados. *¿Para qué volver la vista atrás? Es mejor olvidar todo aquello.*

VISTO, A

Bien o mal visto. Bien o mal considerado: *Está muy bien visto entre los de su profesión.*
Está visto. Está claro, es evidente y manifiesto: *Está visto que se propone perjudicarnos.*
Lo nunca visto. Lo insólito, lo que carece de precedentes.
Por lo visto. Al parecer, según consta: *Por lo visto tiene mucho trabajo.*
Visto para sentencia. Concluida la vista de una causa, no quedar pendiente más que el fallo del tribunal. En sentido figurado, estar un asunto a punto de llegar a su desenlace.
Visto que. En vista de que, habida cuenta que, puesto que: *Visto que no acepta nuestras condiciones...*
Visto y no visto. Lo que sucede con gran rapidez: *Desapareció ante nuestros propios ojos: visto y no visto.*

VIVIENTE

Ser una enciclopedia viviente. Poseer una persona vastos y variados conocimientos.

VIVIR

No dejar vivir a alguien una persona o cosa. No dejarla en paz, atosigarla, molestarla continuamente.
No vivir. Llevar una existencia muy desdichada. Estar angustiado y con gran inquietud. *Siempre abrumado por las preocupaciones; ¡esto no es vivir!*
¡Viva! Exclamación de júbilo.
Vivir para ver. Comentario de sorpresa, recriminación, escándalo, etc., suscitado por algo insólito, atrevido o condenable.

VOLCÁN

Estar una persona o cosa sobre un volcán. Estar amenazado de un peligro, ordinariamente sin saberlo.

VOLVER

Todo se (me, te, le, etc.) vuelve. Esta expresión, seguida de un infinitivo, indica la actividad a la que se entrega el sujeto: *Todo se le volvía mirar atrás.*
Volver en sí. Recuperar el sentido que uno había perdido al desmayarse, sufrir una conmoción, etc.: *Después del golpe en la cabeza, tardó unos minutos en volver en sí.*

Volverse alguien atrás. Arrepentirse de una decisión y considerarla nula, desdecirse: *Al principio se mostraba conforme, pero luego se volvió atrás.*

VOTAR

¡Voto a...! Exclamación en forma de voto o juramento, hoy en desuso.

VOTO

Hacer votos por. Manifestar deseos de que: *En el brindis, hizo votos por la felicidad de los recién casados.*

VOX POPULI

Vox populi. Locución latina que significa la voz del pueblo: *La* vox populi *reclama justicia para los culpables.* Proviene de un adagio que decía *Vox populi, vox Dei* (la voz del pueblo es la voz de Dios).

VOZ

A una voz. Por unanimidad, de común acuerdo, sin discrepancia alguna.
A voces. A gritos.
A voz en grito. En voz muy alta, gritando.
De (o a) viva voz. Lo que se dice de palabra: *Me lo dijo de viva voz.*
Llevar uno la voz cantante. Llevar la iniciativa, mandar, dirigir, imponerse a los demás, ostentar la representación de otros y hablar en su nombre.
Pedir a voces. Pedir a gritos. Se emplea en sentido figurado, para significar que algo es muy necesario, que se impone objetivamente la necesidad de algo: *Esta máquina está pidiendo a gritos una reparación.*
Ser la voz de su amo. Repetir alguien las palabras de otro a quien reconoce superioridad. Carecer de criterio propio y actuar mandado por otro. La expresión está tomada de una conocida marca discográfica.

VUELCO

Darle a alguien un vuelco el corazón. Sufrir un gran sobresalto: *Cuando llamaron a la puerta me dio un vuelco el corazón.*

VUELO

Al vuelo. Mientras vuela, coger una cosa antes de que caiga al suelo. En sentido figurado, captar las palabras e ideas apenas las formula alguien. Se emplea con los verbos agarrar, cazar, coger, etc.

De altos (o de cortos) vuelos. De gran (o pequeño) alcance, categoría, calidad.
Levantar el vuelo. Echar a volar: *El avión levantó el vuelo.* Emanciparse, empezar un joven a vivir fuera del hogar paterno. Huir, escapar: *Cuando llegó la policía, habían levantado el vuelo.*
Tomar vuelo una cosa. Adelantar, tomar incremento, aumentar.

VUELTA
A la vuelta de la esquina. En la inmediata proximidad en el tiempo o el espacio. *La escuela está a la vuelta de la esquina. Los exámenes están a la vuelta de la esquina.*
A vuelta de correo. Contestar a una carta inmediatamente después de recibirla.
Buscarle a uno las vueltas. Buscar la ocasión para cogerle descuidado, o la oportunidad para engañarle o causarle perjuicio.
Cogerle las vueltas. Adivinar los propósitos de uno, conocer cuál es su humor y su proceder habitual y, llegado el caso, aprovecharse de ese conocimiento: *No me ha sorprendido nada su reacción; yo ya le cogí las vueltas.*
Dar(se) alguien una vuelta. Darse un paseo, ir a un lugar concreto con el propósito de observar o vigilar algo. *¿No os apetece salir a dar una vuelta? Ya me daré una vuelta por allí de vez en cuando y echaré un vistazo.*
Dar vueltas. Andar alrededor. Andar buscando una cosa sin encontrarla: *Llevo toda la mañana dando vueltas buscando esos papeles.* Cavilar, meditar sobre un asunto: *Ayer estuve dándole vueltas a lo que me dijiste.*
Darle cien vueltas a alguien. Mostrar superioridad sobre él, aventajarle mucho en conocimientos o habilidad.
Estar de vuelta. Estar de antemano enterado de algo de lo que se le cree ignorante. Tener experiencia en un asunto o situación.
Estar una persona a vueltas con alguien o algo. Estar ocupada, enfrentada, reñida.
Media vuelta. La mitad de una vuelta. Dar un cuerpo un giro de 180 grados.
No tener vuelta de hoja. Ser indiscutible, no precisar de demostración, no poder ser de otro modo.
Ponerle a uno de vuelta y media. Hablar mal de él, increparle, insultarlo (= ponerlo verde, como un trapo, etc.).

Y

YO

Yo de ti (o usted, él, etc.) o yo que tú (o usted, él, etc.). Yo en tu (su, etc.) lugar: *Yo que tú no lo haría.*

YUGO

Sacudirse uno el yugo. Librarse de la opresión o el dominio: *El pueblo se sacudió el yugo del invasor.* Yugo: instrumento de madera al cual se uncen por el cuello las bestias de carga o labor (mulas, bueyes).

Z

ZAGA

A la zaga. Detrás. *Ir a la zaga:* ir tras de alguien, ir retrasado. Zaga (del árabe *saqa*, retaguardia): parte posterior de una cosa.
No ir (no irle o no quedarse) a la zaga. No ser menos, no quedar retrasado o en posición de inferioridad con respecto a él: *Fulano no le va a la zaga a Mengano en cuanto a capacidad de trabajo.*

ZANCADA

En dos zancadas. Ir a un sitio próximo en breve tiempo: *Voy en dos zancadas a la tienda de la esquina.* Zancada: paso largo (de *zanca*, voz onomatopéyica que recuerda el sonido de una pisada).

ZAPA

Labor (o trabajo) de zapa. Por analogía con la tarea de los zapadores, que excavan galerías subterráneas, procurar minar o perjudicar desde dentro y con disimulo un asunto, institución, etc. *El régimen cayó por la labor de zapa de la oposición clandestina.* Zapa: pala especial que usan los zapadores.

ZAPATO

No llegarle a alguien a la suela del zapato. No igualar su categoría, ser muy inferior: *En conocimientos y capacidad, no me llega a la suela del zapato.*
Saber alguien dónde le aprieta el zapato. Saber lo que más le conviene. Conocer bien las circunstancias en que se desenvuelve.

ZARANDILLO

Traerle (o llevarle) a uno como un zarandillo. Hacerle ir frecuentemente de un lado para otro. Zarandillo: zaranda (criba o cedazo) pequeña que es preciso mover de un lado a otro para que cumpla su función. Zaranda: voz onomatopéyica, del ruido que hace el grano al ser cernido. De ella deriva también zarandear.

ZORRO, A

Estar hecho unos zorros. Estar cansado, maltrecho (= hecho papilla). Zorros: conjunto de tiras de piel unidas y sujetas con un mango, que sirve para sacudir el polvo de muebles y paredes.
No tener ni zorra (o zorra idea). Eufemismo por no tener ni puta idea. Zorra: prostituta.

ZUMBAR

Zumbando. Arreando, pitando, a todo correr: *Me voy zumbando.*

ZURCIR

Que te zurzan o que le zurzan. Frase de rechazo (= que te den morcilla, que te den dos duros, etc.).

ÍNDICE ALFABÉTICO

A

B

C

D

E

F

G

H

J

L

N

O

P

S

U

V

Y

Z